Sergii Gnatiuk/Shutterstock

Direito constitucional: primeiras linhas
Alexandre Coutinho Pagliarini

inter saberes

Rua Clara Vendramin, 58 • Mossunguê
CEP 81200-170 • Curitiba • PR • Brasil
Fone: (41) 2106-4170
www.intersaberes.com
editora@intersaberes.com

conselho editorial • Dr. Alexandre Coutinho Pagliarini
Dra Elena Godoy
Dr. Neri dos Santos
Dr. Ulf Gregor Baranow

editora-chefe • Lindsay Azambuja

gerente editorial • Ariadne Nunes Wenger

assistente editorial • Daniela Viroli Pereira Pinto

preparação de originais • Letra & Língua Ltda. - ME

edição de texto • Caroline Rabelo Gomes

capa • Charles L. da Silva

projeto gráfico • Raphael Bernadelli

adaptação de projeto gráfico • Sílvio Gabriel Spannenberg
Laís Galvão

designer responsável • Charles L. da Silva

diagramação • Carolina Perazzoli

iconografia • Regina Claudia Cruz Prestes

Dado internacionais de Catalogação na Publicação (CIP)
(Câmara Brasileira do Livro, SP, Brasil)

• • •

Pagliarini, Alexandre Coutinho.
  Direito constitucional: primeiras linhas/Alexandre Coutinho Pagliarini. Curitiba: InterSaberes, 2022.

  Bibliografia.
  ISBN 978-65-5517-257-7

  1. Direito constitucional 2. Direito constitucional - Brasil I. Título.

21-90234   CDU-342(81)

• • •

Índices para catálogo sistemático:
1. Brasil: Direito constitucional 342(81)

Cibele Maria Dias – Bibliotecária – CRB-8/9427

1ª edição, 2022.

Foi feito o depósito legal.

Informamos que é de inteira responsabilidade do autor a emissão de conceitos.

Nenhuma parte desta publicação poderá ser reproduzida por qualquer meio ou forma sem a prévia autorização da Editora InterSaberes.

A violação dos direitos autorais é crime estabelecido na Lei n. 9.610/1998 e punido pelo art. 184 do Código Penal.

Sumário

Dedicatória, 9

Apresentação, 11

Como aproveitar ao máximo este livro, 14

capítulo um Constituição e Direito Constitucional, 18

    1.1   Teoria da Constituição, 20

    1.2   Conceito de Direito Constitucional, 28

    1.3   Supremacia da Constituição, 32

capítulo dois Poder Constituinte, 42

    2.1   Classificação tradicional, 44

    2.2   Poder Constituinte tradicional nacional (originário), 45

    2.3   Poder Constituinte derivado (reformador) e difuso, 53

    2.4   Poder Constituinte decorrente, 57

    2.5   Poder Constituinte originário da *International Community*, 58 *capítulo três*   História das gerações de direitos fundamentais no constitucionalismo ocidental, 70

- 3.1   Um pouco de história, 72
- 3.2   Nomenclatura: gerações, dimensões ou o quê?, 86
- 3.3   A essencialidade da compreensão da primeira geração, 87
- 3.4   A essencialidade da compreensão da segunda geração, 99
- 3.5   A terceira geração, 107
- 3.6   A quarta geração, 108
- 3.7   A quinta geração, 109
- 3.8   A sexta geração, 111
- 3.9   A inflação geracional e a pulverização da essencialidade daquilo que de fato é direito fundamental, 112

capítulo quatro   Panorama da formação e evolução constitucional do Brasil, 120

- 4.1   Constituição Imperial de 1824, 122
- 4.2   Constituição de 1891, 124
- 4.3   Constituição de 1934, 125
- 4.4   Constituição de 1937, 126
- 4.5   Constituição de 1946, 127
- 4.6   Constituição de 1967, 127
- 4.7   Constituição de 1988, 128

capítulo cinco **Direitos fundamentais na Constituição de 1988, 134**

- 5.1 A fundamentalidade do meio ambiente, 140
- 5.2 A nacionalidade como direito humano e sua proeminência entre os demais direitos, 142
- 5.3 Os direitos fundamentais das pessoas com transtorno do espectro autista e das pessoas com deficiência, 148
- 5.4 Aproximações e distanciamentos entre expressões que querem ou não significar a mesma coisa, 150

capítulo seis **Processo constitucional: controle de constitucionalidade e remédios constitucionais, 162**

- 6.1 Controle de constitucionalidade, 164
- 6.2 Remédios constitucionais, 177
- 6.3 Esquemas de todas as ações constitucionais, 193

capítulo sete **Princípios e normas constitucionais: interpretação, aplicação e eficácia, 202**

- 7.1 Normas-princípios constitucionais e normas-regras constitucionais, 209
- 7.2 Normas constitucionais estruturantes do Estado, 225
- 7.3 Aplicação e eficácia das normas constitucionais, 225
- 7.4 Interpretação da Constituição e questões correlatas ao processo interpretativo, 231

capítulo oito   Direito Internacional e Direito Constitucional, 244

       8.1   Noções gerais de Direito Internacional Público (DIP), 248

       8.2   Normas internacionais: Artigo 38 do Estatuto da Corte Internacional de Justiça, 248

       8.3   Hierarquia dos tratados internacionais perante o direito brasileiro, 253

capítulo nove   Relações Internacionais, Ciência Política e Teoria Geral do Estado: disciplinas independentes, 268

Consultando a legislação, 277

Considerações finais, 278

Referências, 280

Respostas, 288

Sobre o autor, 293

Dedicatória

Dedico este livro à minha editora e irmã em Cristo, a Professora Lindsay Azambuja da Silva Sperry, e às minhas duas copistas, orientandas e amigas, as advogadas Maria Fernanda Augustinhak Schumacker Haering Teixeira e Maria Luísa Altoé Nieweglowski. Muito obrigado! Também dedico esta obra aos autistas: eles são muito melhores que o mundo que os quer padronizados. A Michelle, Mathias e Flora: *avec amour...*

Apresentação

Inicialmente, vou falar na primeira pessoa do singular e de modo curto e seco: ficarão para o próximo livro os seguintes assuntos: (1) tripartição dos Poderes (Legislativo, Executivo e Judiciário); (2) teoria geral do federalismo (União, estados, Distrito Federal e municípios); (3) princípios da Administração Pública; (4) defesa e segurança. Esses quatro tópicos são inseríveis na categoria genérica que eu gosto de chamar de *estruturação do Estado*. Por essa razão, já estamos apalavrados eu próprio (autor deste livro) e a Professora Lindsay Azambuja (a Editora-Chefe e Diretora da InterSaberes) no sentido de lançarmos, também em 2022, outro livro, que se intitulará *Direito Constitucional: segundas linhas*, o segundo de uma série de dois aqui inaugurada com a obra especificada no próximo parágrafo.

O livro aqui prefaciado e, neste exato momento, lançado e lido por você, ilustre estudante ou preclaro operador do Direito, intitula-se ***Direito Constitucional: primeiras linhas***. Este livro debutante trata genérica e introdutoriamente das temáticas que seguem: (1) teoria da Constituição; (2) direitos humanos; (3) ações (remédios) constitucionais para a garantia, o gozo e a fruição dos direitos humanos fundamentais, com especial ênfase às pessoas com deficiência e com transtorno do espectro autista; (4) controle de constitucionalidade; (5) Direito Constitucional, Direito Internacional Público, relações internacionais, ciência política e teoria geral do Estado: aproximações e distanciamentos.

Que fique bem claro que este livro é a primeira parte – ou tomo I – de um verdadeiro Curso de Direito Constitucional, que trata dos assuntos mencionados no parágrafo anterior. Após a publicação deste livro, então será escrita e publicada a segunda parte – ou tomo II –, cujos tópicos já foram preanunciados no primeiro parágrafo.

Não sei se estou me fazendo entender. Serei **ainda** mais claro. O Direito Constitucional é uma disciplina tão importante que eu e a Professora Lindsay percebemos que a obra ora lançada deveria ser dividida em duas partes, quais sejam: (a) a primeira, contemplando, sobretudo, os direitos humanos e suas garantias, bem como uma introdução prévia à teoria da Constituição; (b) a segunda, tratando das normas estruturantes do Estado. Essa decisão da Editora InterSaberes e do autor deste livro é bastante **importante** e é cientificamente plausível, razão pela qual se preferiu fazer a divisão em dois livros, e o primeiro está sendo aqui lançado e lido sob o título ***Direito Constitucional: primeiras linhas***, mesmo porque a estrutura editorial dos dois livros – *Direito Constitucional: "primeiras" e "segundas" linhas* – é uma decorrência lógica das duas funções clássicas da norma constitucional. E quais são essas duas funções? São elas: (a) definir e garantir direitos humanos; (b) estruturar o Estado, limitando o poder. Assim, nós dois, a Editora InterSaberes e eu, **temos a certeza de que estamos apresentando ao mercado editorial brasileiro algo inédito pela simples razão de se tratar de dois livros, cada qual abordando uma das funções clássicas do Direito Constitucional.** Afora essa questão científica e metodologicamente corretíssima, ainda podemos baratear custos ao leitor em dois livros menos extensos.

Eis aqui uma homenagem ao Direito Constitucional brasileiro, a começar por este livro ***Direito Constitucional: primeiras linhas***.

Curitiba, na estiagem do verão de 2022.

Alexandre Coutinho Pagliarini

Como aproveitar ao máximo este livro

Empregamos nesta obra recursos que visam enriquecer seu aprendizado, facilitar a compreensão dos conteúdos e tornar a leitura mais dinâmica. Conheça a seguir cada uma dessas ferramentas e saiba como elas estão distribuídas no decorrer deste livro para bem aproveitá-las.

Conteúdos do capítulo
Logo na abertura do capítulo, você fica conhecendo os conteúdos que serão nele abordados.

Após o estudo deste capítulo, você será capaz de:
Antes de iniciarmos nossa abordagem, listamos as habilidades trabalhadas no capítulo e os conhecimentos que você assimilará no decorrer do texto.

Conteúdos do capítulo:
- Teoria da Constituição.
- Conceito de Direito Constitucional.
- Supremacia da Constituição.

Após o estudo deste capítulo, você será capaz de:
1. compreender o que é uma Constituição;
2. saber diferenciar a Constituição de outros documentos normativos positivados por escrito;
3. explicar as razões pelas quais uma Constituição é hierarquicamente superior em relação a outros documentos normativos escritos, tais como leis, decretos etc.

Síntese

O Poder Legislativo, no contexto da teoria da tripartição dos Poderes, é o responsável pela elaboração e positivação das normas gerais e abstratas, sobretudo das leis. Pois bem, neste capítulo, compreendemos que a Constituição é uma coisa e que a lei é outra. A Constituição é elaborada pelo Poder Constituinte originário, não pelo Poder Legislativo. Este último só tem a prerrogativa de reformar a Constituição, e tal Poder de reforma também é conhecido como *Poder Constituinte derivado*.

Neste mesmo capítulo, evidenciamos, ainda, que os estados-membros de uma federação também são dotados de um Poder Constituinte que se qualifica como *decorrente*. Por fim, visualizamos já existente um Poder Constituinte internacional, criador de normas mundiais de estruturação da comunidade internacional, inclusive de direitos humanos.

Questões para revisão

1. Sobre o Poder Constituinte que positivou a Constituição imperial brasileira de 1824, é correto considerar que:
   a. Dom João VI de fato tinha autoridade para outorgá-la.
   b. Dom Pedro I era detentor do Poder Constituinte originário, por isso a outorgou.
   c. a Assembleia Nacional Constituinte só a aprovou em 1891.
   d. não houve Poder Constituinte algum em 1824.

2. Em pleno século XXI, diferentemente do que se defendia nos tempos de Sieyès, o Poder Constituinte originário **não** pode:
   a. estruturar o Estado.
   b. definir direitos fundamentais.

Síntese
Ao final de cada capítulo, relacionamos as principais informações nele abordadas a fim de que você avalie as conclusões a que chegou, confirmando-as ou redefinindo-as.

Questões para revisão
Ao realizar estas atividades, você poderá rever os principais conceitos analisados. Ao final do livro, disponibilizamos as respostas às questões para a verificação de sua aprendizagem.

Questões para reflexão

1. Os direitos sociais proclamados nas Constituições afastam os direitos individuais, como em uma luta entre ideologias liberais e socialistas?
2. O Estado comunista aboliu a propriedade privada no decorrer de sua existência no século XX. Suponha que um governo comunista assuma a Presidência da República e que é desejo do novo presidente a supressão da propriedade privada, a qual é um direito fundamental previsto no art. 5º da Constituição brasileira de 1988. Isso será possível?

Questões para reflexão
Ao propor estas questões, pretendemos estimular sua reflexão crítica sobre temas que ampliam a discussão dos conteúdos tratados no capítulo, contemplando ideias e experiências que podem ser compartilhadas com seus pares.

Consultando a legislação
Listamos e comentamos nesta seção os documentos legais que fundamentam a área de conhecimento, o campo profissional ou os temas tratados no capítulo para você consultar a legislação e se atualizar.

Consultando a legislação

As normas gerais e abstratas que inspiram o cientista do Direito Constitucional são, em primeiro lugar, a Constituição, depois, os tratados internacionais de direitos humanos e aqueles outros que estruturam a comunidade internacional na qual se insere o Estado.

No sentido exposto no parágrafo anterior, neste livro intitulado *Direito constitucional: primeiras linhas*, foram analisadas a Constituição da República Federativa do Brasil de 1988, bem como a Carta da ONU (Organização das Nações Unidas, 1945), a Declaração de Direitos Humanos (ONU, 1948), os dois Pactos Internacionais de Direitos (Civis e Econômicos, ONU, 1976) e o Pacto de São José da Costa Rica (Organização dos Estados Americanos, 1969). Todos eles, somados, formam o arcabouço normativo que inspiram a Constituição **material** (não a formal) brasileira.

Em razão do princípio da integração constitucional, inúmeras normas infraconstitucionais brasileiras e estrangeiras foram igualmente citadas neste livro.

Todo o conjunto normativo ora mencionado encontra respaldo nas referências que constam ao final deste livro.

(Kelsen), para outros, um fruto não só do Direito, mas de outros fatores ao Direito conjugados, tais como a antropologia, a sociologia, a economia. Quanto ao fenômeno estatal, preferimos nos fazer acompanhar de Hans Kelsen. Quanto ao objeto da Teoria Geral do Estado (TGE), acompanhamos Orlando Magalhães Carvalho (1951, p. 33) para dizer que a TGE "tem como objeto o conhecimento sistemático do Estado. É ela a ciência do Estado".

Assim, perceba bem o leitor, em português bem claro e acessível, que: o DC é uma coisa; o DIP é outra coisa; o DIPRI é outra coisa; a Ciência Política é outra coisa; e, por fim, a TGE também é coisa distinta disso tudo. Note que todas as siglas e nomenclaturas constantes neste parágrafo foram exaustivamente explicadas nas páginas anteriores.

Para saber mais

Para aprofundamento, indicamos a sequência dos vídeos "História das Relações Internacionais I", do professor Peter Demant:

UNIVESP - Universidade Virtual do Estado de São Paulo. **História das Relações Internacionais I**. Disponível em: <https://www.youtube.com/playlist?list=PLaI8Can9yAHdeo-EG99oR6IyJAaTksojr>. Acesso em: 18 jan. 2022.

Indicamos também a consulta aos seguintes livros do professor Orlando Magalhães Carvalho:

CARVALHO, O. M. **Caracterização da teoria geral do Estado**. Belo Horizonte: Kriterion, 1951.

CARVALHO, O. M. **O mecanismo do governo britânico**. Belo Horizonte: Amigos do Livro, 1943.

Para saber mais
Sugerimos a leitura de diferentes conteúdos digitais e impressos para que você aprofunde sua aprendizagem e siga buscando conhecimento.

capítulo um

Constituição e Direito Constitucional

Conteúdos do capítulo:

- Teoria da Constituição.
- Conceito de Direito Constitucional.
- Supremacia da Constituição.

Após o estudo deste capítulo, você será capaz de:

1. compreender o que é uma Constituição;
2. saber diferençar a Constituição de outros documentos normativos positivados por escrito;
3. explicar as razões pelas quais uma Constituição é hierarquicamente superior em relação a outros documentos normativos escritos, tais como leis, decretos etc.

1.1 Teoria da Constituição

O que é uma Constituição?

Para responder a essa pergunta, primeiramente esclareceremos o que uma Constituição não é.

Ela não é o Código Penal, porque este contém tipos que servirão para a aferição das condutas previstas no próprio código (que é uma lei federal) como lesivas à sociedade. Por exemplo, é a partir do art. 121[1] do Código Penal que se percebe a existência da relação entre duas pessoas: aquele que violou a norma penal e praticou o crime de homicídio; e a vítima, ou seja, o defunto, sendo também a sociedade uma vítima representada pelo Estado na nova relação que do homicídio decorre: o Ministério Público como acusador do réu. Note: nas relações penais, sempre existem duas pessoas, o suposto criminoso e a suposta vítima; ou o Ministério Público contra o acusado, que é aquela mesma pessoa que supostamente cometeu o delito.

A Constituição também não é o Código Civil[2], porque neste sempre encontramos a relação entre, no mínimo, dois sujeitos: comprador e vendedor; marido e mulher; pai e filho; devedor e credor; e assim vai. Citamos como exemplo a norma sobre o casamento constante no rodapé. A partir dela, notamos que, quando os cônjuges manifestam a vontade de casar perante o juiz, este os declarará vinculados matrimonialmente, o que significa que o casamento é um contrato e, como todo e qualquer contrato, requer uma relação jurídica entre duas pessoas.

Pois bem, tanto no exemplo do Código Penal quanto no exemplo do Código Civil, os leitores se deparam com a palavra *relação*. Ora, a agressão do criminoso contra a vítima e a acusação do

---

1 "Art. 121. Matar alguém: Pena – reclusão, de seis a vinte anos. [...]" (Brasil, 1940).

2 "Art. 1.514. O casamento se realiza no momento em que o homem e a mulher manifestam, perante o juiz, a sua vontade de estabelecer vínculo conjugal, e o juiz os declara casados" (Brasil, 2002).

Ministério Público contra o réu são relações. Do mesmo modo, o casamento entre marido e mulher também é uma relação. Mas essa palavra – *relação* – não é importante só para o Direito Penal e para o Direito Civil. Sua essencialidade se alarga para todo o Direito infraconstitucional. Mas o que é Direito infraconstitucional? Infra? Vamos lá, *infra* é o prefixo de origem latina que significa "sob", "abaixo". Logo, Direito infraconstitucional são todas as normas jurídicas (leis, códigos etc.) que não são a Constituição, ou seja: é tudo, menos a Constituição, o que quer dizer que a Constituição é mais importante do que todas (Pagliarini, 2002)[3] as normas jurídicas de um país. Dito isso, já estamos adiantando a realidade da supremacia constitucional, peculiaridade esta que quer dizer justamente que a Constituição é maior do que todo o resto do sistema jurídico nacional, sendo, por essa razão, que muitos países – como o Brasil – têm mecanismos judiciais de controle de constitucionalidade para declarar inválida a lei (ou outra norma qualquer) que viole o texto constitucional. Mas é hora de voltar ao assunto: já vimos que a Constituição não é o Código Penal nem é o Código

---

3 Leis complementares, leis ordinárias, medidas provisórias, resoluções do Senado, sentenças judiciais, portarias do prefeito e todas as demais normas jurídicas – gerais e abstratas ou individuais e concretas – que compõem o Direito brasileiro. Uma explicação: geral e abstrata é a norma que se aplica a toda e qualquer pessoa ou situação no território nacional, por exemplo um decreto do presidente da República. Individual e concreta é a norma jurídica que se aplica a uma situação específica, por exemplo quando o prefeito homologa o processo licitatório vencido pela empresa X para a construção da ponte na rua tal. Tratados internacionais não constam no art. 59 da Constituição em vigor, e isso é um erro porque todo e qualquer tratado internacional deve tramitar pelo Congresso Nacional para a obtenção da respectiva aprovação parlamentar; nesse sentido, o trâmite de um tratado comum no Congresso requer a aprovação de cada uma das Casas Legislativas por maioria simples, ao contrário do que ocorre com os tratados internacionais de direitos humanos que requerem do Congresso o trâmite igual ao da Emenda Constitucional, com duas votações no Senado e duas votações na Câmara, ambas mediante a aprovação da maioria qualificada dos seus membros (3/5 dos votos, em quatro turnos – dois na Câmara e dois no Senado –, conforme prescreve o parágrafo 3º do art. 5º da CF/1988). Doutrinariamente falando, já temos de sustentar que todos os tratados internacionais ratificados pelo Brasil são inferiores hierarquicamente à Constituição, exceto os tratados internacionais de direitos humanos, que têm hierarquia constitucional, ou seja, são iguais à Constituição em termos de estatura e peso, sendo esta a doutrina que defendemos há 20 anos (Pagliarini, 2002). Confirmem isso também no parágrafo 3º do art. 5º da CF/1988: "Os tratados e convenções internacionais sobre Direitos Humanos que forem aprovados, em cada Casa do Congresso Nacional, em dois turnos, por três quintos dos votos dos respectivos membros, serão equivalentes às emendas constitucionais" (Brasil, 1988).

Civil, assim como afirmamos que a Constituição não é o resto do Direito **infra**constitucional. Veja bem: Direito infraconstitucional é tudo o que não é Constituição, reafirmamos; portanto, todos os outros ramos do Direito são infraconstitucionais, ou seja, estão abaixo da Constituição. Neste ponto da escrita, já queremos dizer que, na Constituição, não encontramos normas prevendo a relação entre sujeitos, ao contrário do que já vimos no Direito Penal e no Direito Civil. De fato, nas normas constitucionais, não há contratante e contratado, marido e mulher, agressor e vítima, Fisco e contribuinte. Isso ocorre porque as normas constitucionais nasceram para cumprir duas funções: (1) estruturar o Estado; (2) definir e garantir direitos fundamentais. Esse assunto – o das funções das normas constitucionais – será visto mais para frente. O que queremos frisar aqui é que o Direito infraconstitucional reporta-se a relações entre pessoas, ao passo que o Direito Constitucional não se reporta a relações entre pessoas. Querem mais um exemplo sobre essa coisa relacional? Vamos lá.

No Direito Tributário, sempre há o Fisco e o contribuinte. O primeiro é credor, e o segundo é devedor. Portanto, entre essas duas pessoas – Fisco e contribuinte – existe uma relação jurídica tributária. É o que ocorre quando o contribuinte municipal João recebe da prefeitura o carnê para pagamento do Imposto Predial e Territorial Urbano (IPTU). Seja lá qual for o tributo, existirá, de um lado, o Fisco (federal, estadual, municipal ou do Distrito Federal) e, de outro lado, o contribuinte; é assim no Imposto de Renda porque nele o Leão (a Receita Federal, órgão da União Federal) estabelece uma relação com o contribuinte que tenha aferido renda suficiente para pagamento desse imposto.

Os parágrafos anteriores sobre Direito Penal, Direito Civil e Direito Tributário anunciam verdadeiramente relações entre sujeitos. Não daremos mais exemplos de nenhum outro ramo do Direito infraconstitucional, porque já afirmamos que, em todos os ramos do Direito infraconstitucional, o leitor sempre encontrará uma relação entre sujeitos (pessoas físicas ou jurídicas).

Já no Direito Constitucional, não encontramos relações entre sujeitos para a constituição do fato relevante juridicamente. Entenda o seguinte: é fato relevante juridicamente a união de cônjuges perante o juiz, isso porque essa relação tem como consequência jurídica o casamento, contrato matrimonial previsto pelo Direito na forma da lei já demonstrada, e isso é uma relação jurídica que se enquadra naquilo previsto pelo Direito Civil (hipótese de incidência). Do mesmo modo, podemos pensar na constituição jurídica do crime de homicídio, em que há relação entre agressor e vítima e relação entre Ministério Público e réu, relações estas que são constituintes de toda a construção dos eventos ocorridos dentro de um processo penal. Igualmente no Direito Tributário, a hipótese de incidência está prevista na lei, e a incidência propriamente dita ocorrerá quando o contribuinte João deixar de pagar o IPTU e tal omissão for percebida pelo Fisco (conforme prescreve a lei). Nos três casos – o penal, o civil e o tributário –, existem relações entre sujeitos previstas em lei, e essas relações previstas em lei são os fatos juridicamente relevantes que levarão o juiz a algum convencimento, e é nesse convencimento judicial devidamente justificado em leis que o juiz produzirá a sentença. Estamos adotando os Direitos Tributário, Penal e Civil como mostruários de todo o Direito infraconstitucional para afirmar que este, o Direito infraconstitucional, todo ele, baseia-se em relações entre sujeitos, relações estas que não existem no Direito Constitucional, porque este nunca foi destinado a conter normas para incidirem em fatos jurídicos entre pessoas determinadas para a criação de certa situação juridicamente relevante. Em resumo, reiteramos: o Direito Constitucional não é relacional; o Direito infraconstitucional é relacional.

A primeira frase deste capítulo é a pergunta: "O que é uma Constituição?". Para respondê-la, dissemos o que não é uma Constituição. Ao afirmarmos que a Constituição não é o Código

Penal, nem o Código Civil, nem o Código Tributário, falamos, consequentemente, sobre o próprio Direito Constitucional, bem como sobre o tributário, o penal e o civil. A grande diferença entre o Direito Constitucional e os três outros é que estes definitivamente não são Direito Constitucional; a consequência disso é que todas as normas jurídicas que não estão na Constituição fazem parte do Direito infraconstitucional, seja lá qual for este.

A primeira definição do que vem a ser a Constituição é a seguinte: é o documento, ao mesmo tempo normativo e político, que contém normas (constitucionais) cumpridoras de duas funções: (1) estruturar o Estado; e (2) definir e garantir direitos fundamentais. Expliquemos essa primeira definição de Constituição.

A Constituição é um **documento normativo estruturante**: isso significa que ela prescreve como deve ser e estar organizado o Estado. Por exemplo, a Constituição Federal (CF) brasileira em vigor, de 1988, desenha o Estado brasileiro como **republicano**[4] (ou seja, não é uma monarquia); **federal**[5] (ou seja, não é um Estado unitário como a França – país em que as regiões não têm autonomia política, administrativa, econômica e financeira); **presidencialista**[6] (ou seja, aqui não temos primeiro-ministro como chefe de governo), com os **Poderes**[7] repartidos em três (Executivo, Legislativo e Judiciário); e **democrático**[8] (ou seja, não é uma ditadura). De fato,

---

4 "Art. 1º A República Federativa do Brasil, formada pela união indissolúvel dos Estados e Municípios e do Distrito Federal, constitui-se em Estado Democrático de Direito e tem como fundamentos: [...]" (Brasil, 1988, grifo nosso).

5 "Art. 1º A República Federativa do Brasil, formada pela união indissolúvel dos Estados e Municípios e do Distrito Federal, constitui-se em Estado Democrático de Direito e tem como fundamentos: [...]" (Brasil, 1988, grifo nosso).

6 "Art. 76. O Poder Executivo é exercido pelo Presidente da República, auxiliado pelos Ministros de Estado" (Brasil, 1988, grifo nosso).

7 "Art. 2º São Poderes da União, independentes e harmônicos entre si, o Legislativo, o Executivo e o Judiciário" (Brasil, 1988, grifo nosso).

8 "Preâmbulo – Nós, representantes do povo brasileiro, reunidos em Assembleia Nacional Constituinte para instituir um Estado Democrático, destinado a assegurar o exercício dos direitos sociais e individuais, a liberdade, a segurança, o bem-estar, o desenvolvimento, a igualdade e a justiça como valores supremos de uma sociedade fraterna, pluralista e sem preconceitos, fundada na harmonia social e comprometida, na ordem interna e internacional, com a solução pacífica das controvérsias, promulgamos, sob a proteção de Deus, a seguinte Constituição Da República Federativa Do Brasil". E também o parágrafo único do artigo 1º: "Todo o poder emana do povo, que o exerce por meio de representantes eleitos ou diretamente, nos termos desta Constituição" (Brasil, 1988, grifo nosso).

a história do Direito Constitucional demonstra que essa função de estruturar como vai ser o Estado é importantíssima; tanto isso é verdade que a primeira e única Constituição dos Estados Unidos da América, de 1787, só continha normas estruturantes da federação presidencialista norte-americana até o momento da aprovação das dez primeiras emendas[9], que incluíram – tardiamente – alguns direitos fundamentais.

---

9 Em português, as Dez Emendas de Direitos Fundamentais são as que seguem (emendas acrescentadas à Constituição dos Estados Unidos, ou que a emendam, propostas pelo Congresso e ratificadas pelas Legislaturas dos vários Estados, de acordo com o Artigo 5 da Constituição Original): "EMENDA I – O Congresso não legislará no sentido de estabelecer uma religião, ou proibindo o livre exercício dos cultos; ou cerceando a liberdade de palavra, ou de imprensa, ou o direito do povo de se reunir pacificamente, e de dirigir ao Governo petições para a reparação de seus agravos. EMENDA II – Sendo necessária à segurança de um Estado livre a existência de uma milícia bem organizada, o direito do povo de possuir e usar armas não poderá ser impedido. EMENDA III – Nenhum soldado poderá, em tempo de paz, instalar-se em um imóvel sem autorização do proprietário, nem em tempo de guerra, senão na forma a ser prescrita em lei. EMENDA IV – O direito do povo à inviolabilidade de suas pessoas, casas, papéis e haveres contra busca e apreensão arbitrárias não poderá ser infringido; e nenhum mandado será expedido a não ser mediante indícios de culpabilidade confirmados por juramento ou declaração, e particularmente com a descrição do local da busca e a indicação das pessoas ou coisas a serem apreendidas. EMENDA V – Ninguém será detido para responder por crime capital, ou outro crime infamante, salvo por denúncia ou acusação perante um Grande Júri, exceto em se tratando de casos que, em tempo de guerra ou de perigo público, ocorram nas forças de terra ou mar, ou na milícia, durante serviço ativo; ninguém poderá pelo mesmo crime ser duas vezes ameaçado em sua vida ou saúde; nem ser obrigado em qualquer processo criminal a servir de testemunha contra si mesmo; nem ser privado da vida, liberdade, ou bens, sem processo legal; nem a propriedade privada poderá ser expropriada para uso público, sem justa indenização. EMENDA VI – Em todos os processos criminais, o acusado terá direito a um julgamento rápido e público, por um júri imparcial do Estado e distrito onde o crime houver sido cometido, distrito esse que será previamente estabelecido por lei, e de ser informado sobre a natureza e a causa da acusação; de ser acareado com as testemunhas de acusação; de fazer comparecer por meios legais testemunhas da defesa, e de ser defendido por um advogado. EMENDA VII – Nos processos de direito consuetudinário, quando o valor da causa exceder vinte dólares, será garantido o direito de julgamento por júri, cuja decisão não poderá ser revista por qualquer tribunal dos Estados Unidos senão de acordo com as regras do direito costumeiro. EMENDA VIII – Não poderão ser exigidas fianças exageradas, nem impostas multas excessivas ou penas cruéis ou incomuns. EMENDA IX – A enumeração de certos direitos na Constituição não poderá ser interpretada como negando ou coibindo outros direitos inerentes ao povo. EMENDA X – Os poderes não delegados aos Estados Unidos pela Constituição, nem por ela negados aos Estados, são reservados aos Estados ou ao povo" (Estados Unidos da América, 1787, tradução nossa).

A Constituição é um **documento normativo definidor de direitos fundamentais**[10]: já fica aqui consignado que direitos fundamentais e direitos humanos são expressões sinônimas (Pagliarini, 2021). Pois bem, de fato a Constituição escrita, desde que nasceu na tradição moderna no final do século XVIII, define direitos humanos (os direitos propriamente ditos, tais como vida, liberdade e propriedade privada), além de prever instrumentos jurídicos de garantia desses direitos humanos (tais como o *habeas corpus* e o

---

10 "Art. 5º Todos são iguais perante a lei, sem distinção de qualquer natureza, garantindo-se aos brasileiros e aos estrangeiros residentes no País a inviolabilidade do direito à vida, à liberdade, à igualdade, à segurança e à propriedade, nos termos seguintes: [...]. Art. 6º São direitos sociais a educação, a saúde, a alimentação, o trabalho, a moradia, o transporte, o lazer, a segurança, a previdência social, a proteção à maternidade e à infância, a assistência aos desamparados, na forma desta Constituição. Art. 7º São direitos dos trabalhadores urbanos e rurais, além de outros que visem à melhoria de sua condição social: [...]. Art. 8º É livre a associação profissional ou sindical, observado o seguinte: [...]. Art. 9º É assegurado o direito de greve, competindo aos trabalhadores decidir sobre a oportunidade de exercê-lo e sobre os interesses que devam por meio dele defender. Art. 12. São brasileiros: I – natos: [...]; II – naturalizados: [...]. Art. 14. A soberania popular será exercida pelo sufrágio universal e pelo voto direto e secreto, com valor igual para todos, e, nos termos da lei, mediante: I – plebiscito; II – referendo; III – iniciativa popular. Art. 225. Todos têm direito ao meio ambiente ecologicamente equilibrado, bem de uso comum do povo e essencial à sadia qualidade de vida, impondo-se ao Poder Público e à coletividade o dever de defendê-lo e preservá-lo para as presentes e futuras gerações" (Brasil, 1988). Merece comentário nosso o seguinte: os direitos fundamentais constitucionais brasileiros não constam só no caput do art. 5º; nem se encontram no Título II da Constituição. Eles estão em todo o Título II e também em outros artigos constitucionais espalhados pela Carta Magna brasileira. Essa técnica de ter espalhado os direitos fundamentais em vários artigos desprovidos de uma sequência lógica ou não inseridos em um só Título ou em uma só classe é muito ruim, porque foge daquilo que se entende por pertinência sistemática. Tal falha não cometeu o Poder Constituinte de Portugal, isso porque a Constituição portuguesa é dividida em duas partes: na primeira, encontram-se todos os direitos fundamentais e seus instrumentos processuais de garantia; na segunda parte, estão as normas constitucionais definidoras e estruturadoras da República Portuguesa. A técnica portuguesa no exercício do Poder Constituinte foi influenciada pelo Deputado constituinte e Professor Jorge Miranda (2016a).

mandado de segurança)¹¹. Ao definir e garantir direitos fundamentais, a Constituição é impositiva, tanto quanto o é ao estruturar o Estado, mesmo porque os direitos fundamentais (humanos) são de aplicação imediata¹².

A Constituição é um **documento político**: político no sentido de *pólis*, de Estado organizado, isso porque a organização do Estado, além de ser uma determinação normativa, é também uma opção política (a palavra *política* vem justamente do grego *pólis*) tomada pelo criador da Constituição que é o Poder Constituinte¹³ originário.

Nos três parágrafos anteriores, explicamos a definição de Constituição que foi lançada no parágrafo que antecedeu esses três.

Visto o que não é e o que é uma Constituição, surge uma nova dúvida: O que é Direito Constitucional?

---

11 As ações constitucionais (remédios constitucionais) constam nos seguintes incisos do art. 5º da Constituição de 1988: "LXVIII – conceder-se-á habeas corpus sempre que alguém sofrer ou se achar ameaçado de sofrer violência ou coação em sua liberdade de locomoção, por ilegalidade ou abuso de poder; LXIX – conceder-se-á mandado de segurança para proteger direito líquido e certo, não amparado por habeas corpus ou habeas data, quando o responsável pela ilegalidade ou abuso de poder for autoridade pública ou agente de pessoa jurídica no exercício de atribuições do Poder Público; LXXI – conceder-se-á mandado de injunção sempre que a falta de norma regulamentadora torne inviável o exercício dos direitos e liberdades constitucionais e das prerrogativas inerentes à nacionalidade, à soberania e à cidadania; LXXII – conceder-se-á habeas data: a) para assegurar o conhecimento de informações relativas à pessoa do impetrante, constantes de registros ou bancos de dados de entidades governamentais ou de caráter público; b) para a retificação de dados, quando não se prefira fazê-lo por processo sigiloso, judicial ou administrativo; LXXIII – qualquer cidadão é parte legítima para propor ação popular que vise a anular ato lesivo ao patrimônio público ou de entidade de que o Estado participe, à moralidade administrativa, ao meio ambiente e ao patrimônio histórico e cultural, ficando o autor, salvo comprovada má-fé, isento de custas judiciais e do ônus da sucumbência; [...]" (Brasil, 1988).

12 "Art. 5º [...]. § 1º As normas definidoras dos direitos e garantias fundamentais têm aplicação imediata" (Brasil, 1988).

13 Haverá espaço exclusivo no qual estudaremos o fazedor da Constituição e das normas constitucionais, que é o Poder Constituinte.

1.2 Conceito de Direito Constitucional

Qualquer ramo do Direito que comece pela expressão *Direito* quer significar que nele – no Direito – estão contidas normas jurídicas que se comunicam pelas linguagens da obrigação (O), da permissão (P) ou da proibição (= vedação = V). Disso decorre que a linguagem do Direito é prescritiva, ou seja, é no Direito e em seu desencadeamento normativo que se encontram o dever ser (*sollen*, em alemão) e a sanção (*sanktion*, em alemão). Do Direito, portanto, decorre necessariamente a seguinte fórmula lógica:

$$(p \to q) \lor (\neg q \to S)^{14}$$

Por tudo o que já explanamos até aqui, podemos afirmar que o Direito é um objeto cultural prescritor de condutas que se comunica pelas linguagens da obrigação, da proibição e da permissão, cujos preceitos inobservados desencadearão uma sanção imposta pela autoridade estatal competente.

Já que, nas linhas anteriores, demos uma ideia do que é o Direito e de como ele se formula aos olhos da lógica deôntica, agora cabe explicar o que é a ciência do Direito. Pois bem, Direito é uma coisa e ciência do Direito é outra. Sobre o que vem a ser o objeto

---

14 O p minúsculo pode ser preenchido com qualquer situação de direito. Por exemplo: dado o fato de João da Silva ser pai do menor Joãozinho Jr., então deve ser a conduta q, caso em que o dever ser é substituído pela seta para a direita ($\to$) e o q significará a consequência do fato de o velho João ser pai do menor Joãozinho; trocando em miúdos: dado o fato de João ser pai do menor Joãozinho, deve ser o pagamento de pensão alimentícia pelo pai ao filho; é o que significa a primeira parte da norma jurídica, qual seja: (p $\to$ q). Na mesma fórmula, o v minúsculo significa "ou" na linguagem da lógica deôntica de Von Wright. Esmiuçando isso, vejamos a seguinte situação: (a) João é pai de Joãozinho; (b) por ser pai de Joãozinho, João deve pagar-lhe pensão alimentícia porque seu filho é menor e desprovido de meios de subsistência; (c) mas João, como qualquer ser humano, é dotado de livre-arbítrio, o que significa que João pagará a pensão se quiser; (d) todavia, se optar pelo não pagamento, e já que este está previsto em lei, João sofrerá as consequências de sua opção, e isso se encontra na segunda parte da norma jurídica, naquela em que ele receberá uma sanção (S) pelo fato de não ter observado o mandamento do antecedente da norma primária (–q). Eis o significado da fórmula da norma jurídica completa. Os dizeres aqui constantes podem ser confirmados em Wright (2017).

cultural chamado Direito, já destacamos *supra*. Mas é bom lembrar que o Direito é um objeto, é uma coisa cuja linguagem própria é prescritiva: é obrigatória a conduta X; é proibida a conduta Y; é permitida a conduta Z; e caso não (**–q**) se observe o antecedente da norma, advirá a sanção (**S**). É por isso que a linguagem do Direito é prescritiva, e sempre prescritiva. Já a ciência do Direito não é o Direito propriamente dito. Trata-se ela, a ciência do Direito, da técnica descritiva das normas jurídicas, ou seja, descritiva e explicativa do próprio Direito, uma vez que o Direito nada mais é do que um conjunto formado por normas jurídicas postas pelas autoridades competentes. Disso decorrem duas perguntas: (1) Quem faz o Direito? (2) Quem faz a ciência do Direito?

O Direito é posto pelas autoridades competentes no que disponibilizam no ordenamento jurídico – ou seja, no Direito positivo – normas gerais e abstratas e normas individuais e concretas, todas elas marcadas pela fórmula de Von Wright. A diferença entre gerais e abstratas e individuais e concretas é a seguinte: as **normas gerais e abstratas** valem para toda uma coletividade (por isso são gerais), independentemente da concretude de qualquer caso (por isso são abstratas), de modo que são gerais e abstratas a Constituição, os tratados internacionais, as leis complementares, as leis ordinárias etc. Já as **normas individuais e concretas** são as normas que partem da generalidade e da abstração para que sejam aplicadas naquela individualidade específica do caso concreto: é o que faz o magistrado ao prolatar uma sentença de acordo com a Constituição, com a lei e com algum tratado internacional, fazendo-o em um caso concreto para solucionar certo litígio. É o que também faz o Governador do Estado quando homologa o resultado final de um concurso público para preenchimento de cargos da Administração direta. Desse modo, elucidada a diferença entre as normas gerais e abstratas e as normas individuais e concretas, ressurge a pergunta: "Quem faz o Direito?". Ora, o Direito geral e abstrato é positivado pelo Congresso Nacional, mediante sanção do presidente da República, bem como pelas emendas constitucionais aprovadas pelo mesmo Congresso, pelos tratados internacionais e pelas demais espécies normativas previstas no art. 59[15] da Constituição Federal (CF) de 1988. Do mesmo modo ressurge igualmente a pergunta "Quem faz a ciência do Direito?": a considerar que a ciência do Direito utiliza-se de uma linguagem descritiva, isso quer dizer que ela descreve alguma coisa, e esta alguma coisa só pode ser o Direito, de modo que fazem ciência do Direito os professores de Direito, os escritores de Direito e os jurisconsultos. Ruy Barbosa (1932), Hans Kelsen (2009), Caio Mário da Silva Pereira (2020), Miguel Reale (2012), Paulo Bonavides (2020), Jorge Miranda (2016a) e Orlando Magalhães Carvalho (1951) são bons exemplos de cientistas do Direito, pois descrevem as normas e as estruturas do Direito Constitucional, do Direito Civil e de outros ramos normativos inseridos na classe[16] chamada *Direito*. Por fim, ao passo que os estudiosos da semiótica (Souza, 2010) identificam no objeto – nesse caso, no Direito – aquilo que chamam de *linguagem-objeto* – que, no Direito, é prescritiva –, os mesmos estudiosos identificam nas ciências em geral e, consequentemente, na própria ciência do Direito, uma espécie de linguagem que classificam com a designação *metalinguagem*.

Agora é dado o momento de definir o que é o Direito Constitucional. Para seguir a lógica da nossa praxe, relembraremos que o Direito Constitucional, ao contrário do Civil, do Penal e do Tributário, não cuida da relação entre sujeitos ou pessoas, isso porque a função das normas constitucionais é, em primeiro lugar, a de estruturar o Estado e, em segundo lugar, a de definir e garantir direitos humanos. Logo, a estrutura linguística do

---

15 "Art. 59. O processo legislativo compreende a elaboração de: I – emendas à Constituição; II – leis complementares; III – leis ordinárias; IV – leis delegadas; V – medidas provisórias; VI – decretos legislativos; VII – resoluções. Parágrafo único. Lei complementar disporá sobre a elaboração, redação, alteração e consolidação das leis" (Brasil, 1988).

16 Para aprofundamento na teoria das classes ou dos sistemas, consultar: Canaris (2002).

Direito Constitucional **é muito mais declarativa do que prescritiva**. Mas alguém pode questionar: "Ora professor, se o Direito Constitucional não é prescritivo, então ele não é Direito?!". A resposta ao curioso será a seguinte: Sim, o Direito Constitucional, por ocupar o ápice do sistema normativo, atrai para si as normas infraconstitucionais em uma construção absolutamente perfeita que redundará igualmente na fórmula **[(p → q) v (–q → S)]**. Expliquemos isso com um exemplo: a Constituição garante a vida como um direito fundamental inalienável e imprescritível (art. 5º, *caput*). Juntam-se a esse mandamento supremo da Carta Magna dois dispositivos do Código Penal brasileiro para o fim de obter a seguinte interpretação, em uma única hermenêutica possível: (a) é proibido o aborto[17]; (b) é proibida a eutanásia[18]. Aliás, tendo em vista dispositivos constitucionais parelhos na Constituição de

---

17 "Art. 124. Provocar aborto em si mesma ou consentir que outrem lho provoque: Pena – detenção, de um a três anos. Art. 125. Provocar aborto, sem o consentimento da gestante: Pena – reclusão, de três a dez anos. Art. 126. Provocar aborto com o consentimento da gestante: Pena – reclusão, de um a quatro anos. Parágrafo único. Aplica-se a pena do artigo anterior, se a gestante não é maior de quatorze anos, ou é alienada ou débil mental, ou se o consentimento é obtido mediante fraude, grave ameaça ou violência. Art. 127. As penas cominadas nos dois artigos anteriores são aumentadas de um terço, se, em consequência do aborto ou dos meios empregados para provocá-lo, a gestante sofre lesão corporal de natureza grave; e são duplicadas, se, por qualquer dessas causas, lhe sobrevém a morte" (Brasil, 1940).

18 Já que no sistema jurídico brasileiro não há um tipo penal específico para a eutanásia, tal conduta pode ser enquadrada como auxílio ao suicídio, homicídio praticado por motivo piedoso ou até omissão de socorro. Perceba-se isso no Código Penal em vigor, que tem a previsão de pena de reclusão de 2 a 6 anos ao agente que "induzir ou instigar alguém a suicidar-se", conforme art. 122 (Brasil, 1940). É possível também enquadrar a conduta da eutanásia com base no art. 121 do Código Penal, equiparando-a ao crime de homicídio, nos seguintes termos: "Matar alguém. Pena: reclusão, de seis a vinte anos" (Brasil, 1940). Não existe qualquer excludente de ilicitude apta a eximir a punição do agente ativo que realiza essa conduta. Além da possível interpretação da eutanásia à luz dos arts. 121 e 122, fala-se em crime de omissão de socorro, consubstanciado, no caso, na falta de prestação de assistência à "pessoa inválida ou ferida", nos termos do art. 135 do mesmo Código. A omissão de socorro prevê a sanção de detenção de 1 a 6 meses, ou multa. Nesse sentido, quem pratica a eutanásia incorrerá criminalmente no art. 121, parágrafo 1º, no art. 122 ou no art. 135, todos do Código Penal vigente, a depender das particularidades do caso concreto, tudo isso sendo interpretado à luz da superioridade normativa do *caput* do art. 5º da Carta Magna, segundo o qual "todos têm direito à vida" (Brasil, 1988).

Portugal, Jorge Miranda[19] (2016a), o pai da Constituição lusitana e mais influente constitucionalista do mundo lusófono, não tem dúvidas em opinar que quaisquer leis ou referendos que permitam o aborto ou a eutanásia são absolutamente contrários à própria letra e ao espírito de uma Constituição.

Pelo exposto, fica definido o Direito Constitucional como o conjunto de normas postas na Constituição, pelo Poder Constituinte originário ou pelo derivado, responsáveis pelo cumprimento daquelas duas funções já comentadas, quais sejam: (1) estruturar a comunidade política denominada *Estado*; (2) definir e garantir os direitos fundamentais, chamados de *humanos*. Eis o conceito definitivo de Direito Constitucional.

1.3 *Supremacia da Constituição*

Por *supremacia* devemos entender "superioridade hierárquica", sempre e em qualquer situação. Por exemplo, se eu perguntar ao João se a feijoada tem supremacia em relação à macarronada conforme o paladar dele, e se João disser que sim, então eu deverei, inexoravelmente, entender que João gosta mais de feijoada do que de macarronada. Logo, feijoada, pelo menos para o João – e para mim também! – é melhor do que macarronada. Traduzindo: na pirâmide gastronômica de João, a feijoada tem supremacia em relação à macarronada. Com exemplos de tamanha simplicidade, aqui afirmamos que a tradição constitucional advinda dos finais do século XVIII fixou a Carta Magna – *magna* vem de *maior* e significa "mais que" – como documento normativo supremo dentro

---

19 "Mais do que ideológica – que também o é –, a linha que separa os especialistas partidários do "sim" e do "não" é esse artigo. Jorge Miranda considera que a morte assistida "colide" com a Constituição. "Atentar contra a vida humana, seja no início [referindo-se ao aborto], seja no fim colide com esse princípio ético", refere o professor universitário ao DN. [...]" (Miranda, 2016b).

de um ordenamento jurídico. Todavia, a garantia da supremacia constitucional não pode apoiar-se exclusivamente na história.

No caso da Constituição Federal (CF) brasileira de 1988, a supremacia decorre da seguinte realidade normativa: para modificar a Constituição pela via da emenda constitucional, a ser votada pelo Poder Constituinte derivado, que é o Congresso Nacional, são mais dificultosos o quórum e o trâmite. Nesse sentido, compare-se o processo de modificação da Constituição com o da feitura da lei ordinária e o da lei complementar: para passar uma emenda constitucional, deve haver duas votações por maioria qualificada (3/5) na Câmara dos Deputados, e duas votações por maioria qualificada (3/5) no Senado da República, e, caso aprovada, será ela, então, promulgada pela Mesa do Congresso Nacional, pela presidência do Senado, que é, ao mesmo tempo, o presidente do próprio Congresso Nacional (Câmara + Senado). Para a aprovação da lei complementar, haverá uma votação única no Senado e uma única na Câmara, e a lei complementar estará aprovada se obtiver maioria absoluta dos votos dos membros de cada Casa Legislativa, devendo ser sancionada, promulgada e publicada pelo presidente da República. O processo legislativo da lei ordinária é o mesmo da lei complementar, com a diferença de que as votações requerem só maioria simples, desde que presente a maioria absoluta dos membros da Casa no momento da votação.

Com isso, percebemos que modificar a Constituição é muito mais difícil do que modificar ou fazer leis, e é por conta dessa diferenciação numérica que a Constituição brasileira, **quanto à estabilidade**, é classificada como **rígida**, lembrando que há até uma super rigidez no que tange à impossibilidade de se suprimir ou de se modificar para pior as chamadas *cláusulas pétreas* constantes no parágrafo 4º do art. 60[20] da CF/1988.

Só há supremacia constitucional no caso de rigidez constitucional. O contrário de rigidez é flexibilidade. As Constituições **flexíveis** são tão facilmente modificáveis quanto as leis ordinárias. Exemplo de flexibilidade constitucional é a Carta Magna da Holanda[21], que pode ser modificada até por tratado internacional.

É possível ainda o regime semirrígido, também chamado de **semiflexível**. Em casos assim, parte da Constituição é rígida, e outra parte é flexível. A primeira Constituição brasileira (de 1824)[22] era desse modo; também o *Statuto Abertino*[23], que foi a primeira Constituição do Reino de Itália, de 4 de março 1848.

Há o caso do Direito Constitucional do Reino Unido, onde vários documentos normativos estruturantes do Reino foram positivados desde 1215, bem como vários documentos normativos definidores de direitos fundamentais. O que nunca aconteceu a partir do Parlamento britânico foi a aprovação de uma Constituição escrita. Isso significa que a Constituição britânica é **consuetudinária**, ou seja, costumeira, nem havendo como fazer referência em nota de

---

20 "Art. 60. A Constituição poderá ser emendada mediante proposta: I – de um terço, no mínimo, dos membros da Câmara dos Deputados ou do Senado Federal; II – do Presidente da República; III – de mais da metade das Assembleias Legislativas das unidades da Federação, manifestando-se, cada uma delas, pela maioria relativa de seus membros. § 1º A Constituição não poderá ser emendada na vigência de intervenção federal, de estado de defesa ou de estado de sítio. § 2º A proposta será discutida e votada em cada Casa do Congresso Nacional, em dois turnos, considerando-se aprovada se obtiver, em ambos, três quintos dos votos dos respectivos membros. § 3º A emenda à Constituição será promulgada pelas Mesas da Câmara dos Deputados e do Senado Federal, com o respectivo número de ordem. § 4º Não será objeto de deliberação a proposta de emenda tendente a abolir: I – a forma federativa de Estado; II – o voto direto, secreto, universal e periódico; III – a separação dos Poderes; IV – os direitos e garantias individuais. § 5º A matéria constante de proposta de emenda rejeitada ou havida por prejudicada não pode ser objeto de nova proposta na mesma sessão legislativa" (Brasil, 1988).

21 HOLANDA. **Constituição**. Disponível em: <https://www.government.nl/topics/constitution>. Acesso em: 18 jan. 2022.

22 BRASIL. Constituição (1824). **Diário Oficial [da] República dos Estados Unidos do Brasil**, Rio de Janeiro, 22 abr. 1824. Disponível em: <http://www.planalto.gov.br/ccivil_03/Constituicao/Constituicao24.htm>. Acesso em: 18 jan. 2022.

23 ITÁLIA. **Statuto Albertino**. E-book.

rodapé (Carvalho, 1943, p. 209) de uma Constituição que, formalmente, nunca existiu.

Nas linhas anteriores, analisamos a questão da supremacia constitucional no Brasil e no direito comparado. Isso criou ensejo para que teçamos algumas palavras sobre **outras classificações** que a Constituição merece, lembrando que é quanto à estabilidade que se fala em rigidez ou flexibilidade constitucional.

- **Quanto à positividade (ou forma)**, a Constituição é costumeira ou escrita.
- **Quanto ao ato de criação** pelo Poder Constituinte, ela é democrática (Brasil, 1988) ou outorgada (Brasil, 1824).
- **Quanto à rigidez**, as Cartas Magnas são rígidas, flexíveis ou semirrígidas (semiflexíveis). Isso quer dizer o seguinte: Qual é o grau de dificuldade em se modificar o texto constitucional? Se for mais difícil modificar a Constituição do que fazer a lei, então a Constituição será rígida. Se somente parte da Constituição for rígida e a outra for tão facilmente modificável quanto as leis, então a Constituição é semirrígida (ou semiflexível). Se todo o texto constitucional for tão facilmente modificável quanto as leis, então a Carta é totalmente flexível. Logo, *rigidez* ou *flexibilidade* querem dizer nada mais do que "estabilidade". Cumpre deixar claro aqui que isso se trata de uma escolha do Poder Constituinte originário no momento da positivação da Constituição original, razão pela qual esse assunto voltará à tona no capítulo que trata do Poder Constituinte.
- **Quanto à essência**, a Constituição é material ou formal. Formais são sempre as Constituições escritas aprovadas por um Poder Constituinte originário. Em uma Constituição material, levemos em conta o seguinte: historicamente, o Direito Constitucional ocupa-se da estruturação do Estado e da positivação de direitos fundamentais. Logo, toda norma

constitucional que trate de um desses dois assuntos é chamada de *norma materialmente constitucional*, por ser isso da essência do Direito Constitucional. Para descomplicar: O que é matéria merecedora de ser posta em qualquer Constituição ocidental do mundo? Ora, as duas matérias merecedoras de se transformarem em normas constantes em uma Constituição são aquelas estruturantes do Estado e definidoras de direitos humanos, e só elas. Isso é possível até no Direito Constitucional consuetudinário britânico, quanto mais nos países de Constituição escrita (todos os demais 192 do mundo, menos o Reino Unido). No caso das Constituições escritas, as normas materialmente constitucionais são as normas essencialmente constitucionais, tais como as constantes nos cinco primeiros artigos da Constituição brasileira em vigor. Todavia, a mesma Carta Política contém normas que só são formalmente constitucionais, mas que, de modo algum, jamais fizeram parte da essência constitucional, tais como as que regulam a situação de seringueiros[24] do Estado do Pará e mencionam o Colégio Pedro II[25], do Rio de Janeiro. Trocando em miúdos, as normas materialmente constitucionais são sempre importantes; já as normas formalmente constitucionais só são importantes porque estão formalmente (por escrito) dentro da Constituição, mas nem sempre são merecedoras de tão nobre posição normativa formal, como é o caso do Colégio Pedro II e dos seringueiros.

---

24 "Art. 54. Os seringueiros recrutados nos termos do Decreto-Lei nº 5.813, de 14 de setembro de 1943, e amparados pelo Decreto-Lei nº 9.882, de 16 de setembro de 1946, receberão, quando carentes, pensão mensal vitalícia no valor de dois salários mínimos. [...]" (Brasil, 1988).

25 "Art. 242. O princípio do art. 206, IV, não se aplica às instituições educacionais oficiais criadas por lei estadual ou municipal e existentes na data da promulgação desta Constituição, que não sejam total ou preponderantemente mantidas com recursos públicos. § 1º O ensino da História do Brasil levará em conta as contribuições das diferentes culturas e etnias para a formação do povo brasileiro. § 2º O Colégio Pedro II, localizado na cidade do Rio de Janeiro, será mantido na órbita federal" (Brasil, 1988).

Há várias outras classificações constitucionais. Todavia, aqui elas não terão espaço porque não são tão importantes e, também, porque este livro tem uma feição manualística e bastante didática.

Para saber mais

A melhor doutrina portuguesa sobre teoria da Constituição, Direito Constitucional e supremacia constitucional é:

MIRANDA, Jorge. **Teoria do Estado e da Constituição**. 5. ed. Rio de Janeiro: Forense, 2019.

A melhor doutrina brasileira sobre as mesmas temáticas ora indicadas é:

FERREIRA FILHO, M. G. **Curso de direito constitucional**. 40. ed. São Paulo: Saraiva, 2015.

No campo do cinema, o filme que melhor retrata o espírito constitucionalista é:

LA RÉVOLUTION Française. Direção: Robert Enrico; Richard Heffron. França, 1989. 360 min.

Síntese

Para compreender o significado, o alcance e a supremacia da Constituição, analisamos aqui sua teoria geral. Desse modo, ao final, constatamos que o conjunto de normas constitucionais forma o Direito Constitucional cumpridor de duas funções: (1) estruturar o Estado; (2) definir e garantir direitos fundamentais.

Questões para revisão

1. A Constituição é superior hierarquicamente em relação às demais normas do sistema. Isso ocorre porque:
   a. a Constituição é lei.
   b. a rigidez constitucional faz com que o processo de modificação da Constituição seja mais dificultoso do que é o da criação da lei.
   c. a Constituição é a regra suprema do Estado.
   d. a Constituição escrita nasceu nos tempos de Jesus Cristo.

2. Assinale a alternativa que melhor conceitua o Direito Constitucional.
   a. São as normas penais.
   b. São as normas das relações entre Fisco e contribuinte.
   c. São as normas que regem as relações entre pessoas humanas.
   d. Compõe-se de normas estruturantes do Estado e definidoras e garantidoras de direitos fundamentais.

3. A primeira Constituição do Brasil foi:
   a. outorgada pelo imperador Dom Pedro I.
   b. outorgada pelo imperador Dom Pedro II.
   c. democraticamente elaborada por uma Assembleia Nacional Constituinte eleita.
   d. elaborada por uma Assembleia Nacional Constituinte.

4. Quando e por quais razões surgiu o movimento constitucionalista escrito?

5. Qual é a diferença entre Constituição material e Constituição formal?

Questões para reflexão

1. A Constituição brasileira trata sobre o Colégio Pedro II, no Rio de Janeiro. Pense criticamente e reflita se esse tema (Colégio Pedro II) é assunto essencialmente (materialmente) constitucional.

2. O Reino Unido, encabeçado pela Inglaterra, nunca teve uma Constituição escrita. Tal realidade nos autoriza a considerar que uma sociedade tão avançada quanto a britânica nunca teve Constituição nenhuma? Reflita sobre o assunto e investigue o significado da expressão "Constituição consuetudinária".

capítulo dois

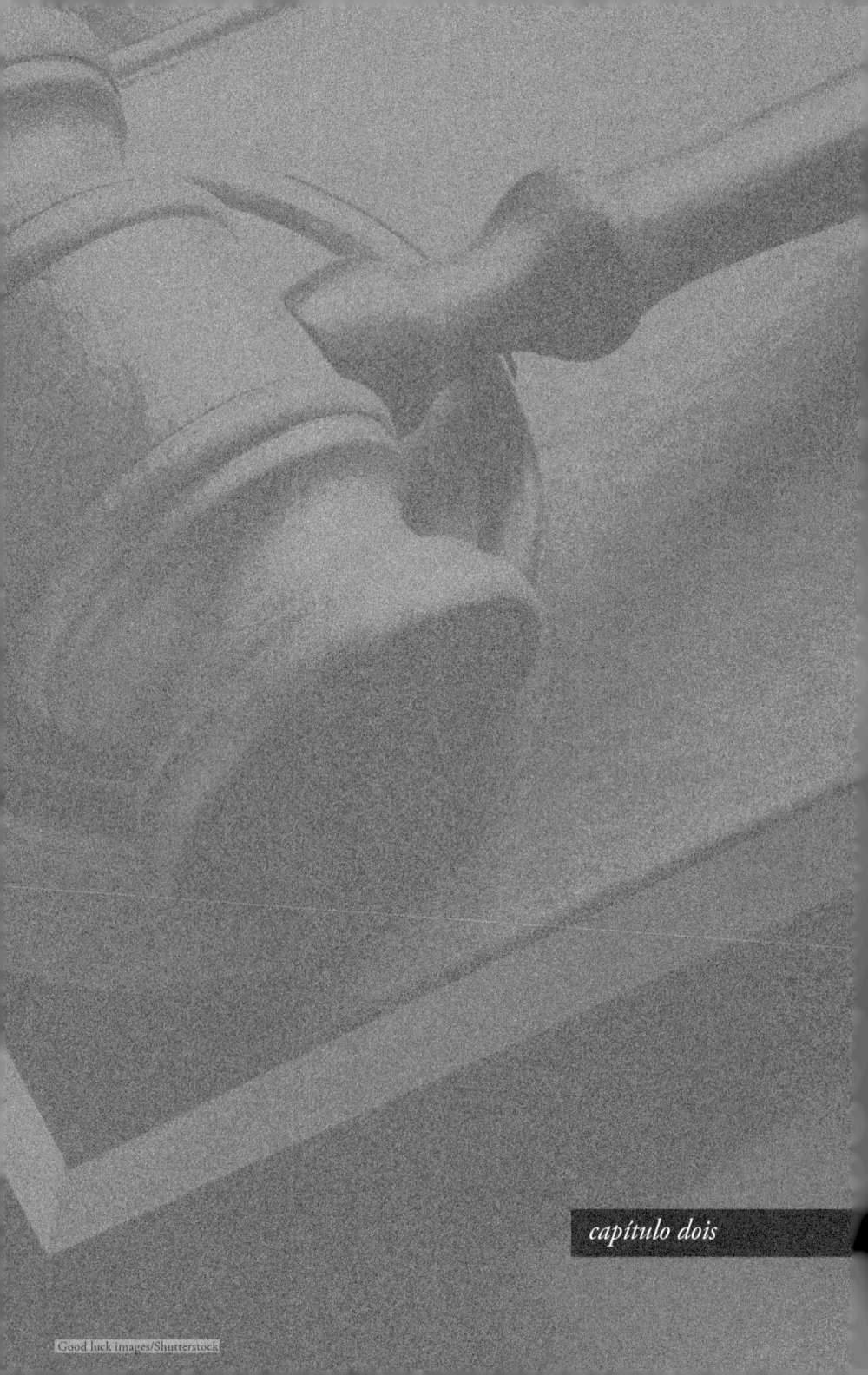

Good luck images/Shutterstock

Poder Constituinte[1]

---

[1] O teor deste Capítulo IV tem como fonte o que já lecionamos no Instituto Brasiliense de Direito Público (IDP). Atualizações foram levadas a cabo pelo próprio autor deste livro. O texto-base está disponível em: PAGLIARINI, A. C. Tribunal constitucional internacional e Mundus Novus. **Revista Direito Público**, Porto Alegre, v. 13, n. 73, p. 57-74, 2017. Disponível em: <https://www.portaldeperiodicos.idp.edu.br/direitopublico/article/view/2677/pdf>. Acesso em: 18 jan. 2022.

Conteúdos do capítulo:

- Poder Constituinte (originário) tradicional nacional.
- Poder Constituinte derivado (reformador) e difuso.
- Poder Constituinte decorrente.
- Poder Constituinte originário da *International Community*.

Após o estudo deste capítulo, você será capaz de:

1. saber que quem elabora a Constituição, originariamente, não é o Congresso Nacional, mas sim uma força sociopolítica em latência denominada *Poder Constituinte originário*;
2. diferenciar o Poder Constituinte originário – que é a capacidade de construir uma Constituição "do zero", "do nada", desde o início – do Poder Constituinte derivado, cuja melhor nomenclatura é a que usa a palavra *reformador* em vez de *derivado*;
3. compreender que o Poder de reforma é de competência do Congresso Nacional, do Parlamento;
4. entender a estrutura federal brasileira e o fato de que cada estado da federação (por exemplo, Minas Gerais, Paraná, etc.) elabora sua própria Constituição, mas que esta é hierarquicamente inferior à Constituição Federal;
5. iniciar-se nos estudos da Comunidade Internacional (*International Community*), que, segundo a doutrina que adotamos, tem uma capacidade constituinte em âmbito mundial.

2.1 Classificação tradicional

Tradicionalmente, a doutrina classifica o Poder Constituinte conforme exposto na Figura 2.1, a seguir.

Figura 2.1 – Classificação do Poder Constituinte

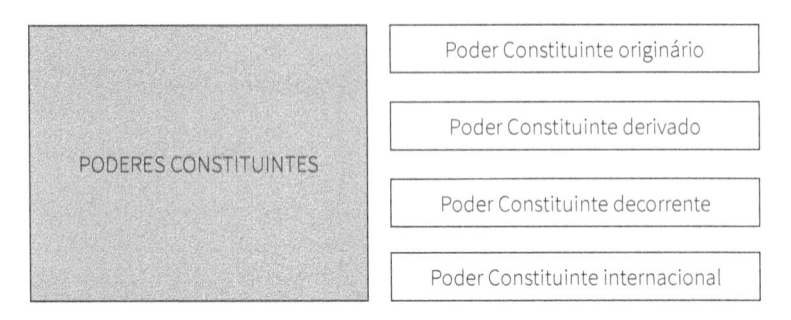

```
                              ┌─────────────────────────────────┐
                              │  Poder Constituinte originário  │
                              ├─────────────────────────────────┤
┌──────────────────────────┐  │  Poder Constituinte derivado    │
│  PODERES CONSTITUINTES   │  ├─────────────────────────────────┤
└──────────────────────────┘  │  Poder Constituinte decorrente  │
                              ├─────────────────────────────────┤
                              │  Poder Constituinte internacional│
                              └─────────────────────────────────┘
```

- **Poder Constituinte originário**: é o poder de fazer a Constituição toda, do zero, do nada, ou uma nova Constituição de um país. Como será visto nas páginas que seguem, o Poder Constituinte originário ou resulta de um movimento político contrário à ordem jurídica que se quer ultrapassar, ou pode ser previsto na própria ordem jurídica que se quer ultrapassar; na primeira hipótese, ele resultará de um golpe de Estado; na segunda, ele resultará da própria ordem constitucional posta, que conta com previsão de cláusula constitucional por meio da qual o povo elegerá uma nova Assembleia Nacional Constituinte. O Poder Constituinte originário não é um poder jurídico, mas sim uma latência, uma realidade em *stand-by* muito melhor enquadrável como um fenômeno sociológico, econômico ou político, jamais jurídico pelo simples fato de que o direito positivo não é uma teoria dos golpes de Estado.
- **Poder Constituinte derivado**: é o poder de modificar a Constituição, geralmente posto sob a responsabilidade do Parlamento do Estado.

- **Poder Constituinte decorrente**[2]: é o poder que cada Estado-membro da Federação brasileira detém para elaborar sua própria Constituição estadual. No caso do Distrito Federal, para a elaboração da Lei Orgânica do Distrito Federal[3].
- **Poder Constituinte internacional**: trata-se de uma nova modalidade ainda não aceita pela doutrina xenófoba e nacionalista. O Poder Constituinte internacional cumpre, na comunidade internacional, as mesmas funções que o Poder Constituinte nacional cumpre no restrito espaço de um país soberano, quais sejam: (a) estruturar a Comunidade Política; (b) nela, definir e garantir direitos fundamentais. A diferença do Poder Constituinte nacional para o Poder Constituinte Internacional é que este segundo estrutura a Cosmópolis (o mundo globalizado) e nele proclama direitos humanos e fornece instrumentos de garantia para sua fruição.

Apresentadas as classificações e as modalidades dos poderes constituintes, chega a hora de filosofar e dissertar sobre eles.

2.2 *Poder Constituinte tradicional nacional (originário)*

Muito se pensa que o Poder Constituinte resulta de manifestações populares maciças, conscientes, organizadas e voltadas à feitura da Constituição, o que implica entender que o Poder Constituinte, ao fazer uma nova Constituição, estrutura o Estado, limitando

---

2 "Art. 11. Cada Assembleia Legislativa, com poderes constituintes, elaborará a Constituição do Estado, no prazo de um ano, contado da promulgação da Constituição Federal, obedecidos os princípios desta" (Brasil, 1988).

3 "Art. 32. O Distrito Federal, vedada sua divisão em Municípios, reger-se-á por lei orgânica, votada em dois turnos com interstício mínimo de dez dias, e aprovada por dois terços da Câmara Legislativa, que a promulgará, atendidos os princípios estabelecidos nesta Constituição" (Brasil, 1988).

o poder, bem como define e dá instrumentos de garantia para os direitos fundamentais.

O que consta no parágrafo anterior representa o ideal, mas não espelha o real. São verdadeiros os enunciados segundo os quais o Poder Constituinte positiva a Constituição, e que esta estrutura a comunidade política (geralmente, o Estado Nacional) e nela garante direitos fundamentais. Todavia, não é verdadeiro o enunciado que diz que o Poder Constituinte resulta sempre de manifestações populares democráticas, maciças, conscientes, organizadas, voltadas à feitura da Constituição e com alguma representação do eleitorado. Sim, todo Poder Constituinte cria ou a primeira Constituição do Estado nacional, ou a nova Constituição do Estado nacional; isso é certo! O que não condiz com a verdade é a crença ingênua de que o Poder Constituinte sempre será a manifestação democrática e organizada do povo na concepção do Estado que quer conceber e na definição dos direitos fundamentais que quer difundir e garantir. Ao imaginarmos o Poder Constituinte que positivou a Constituição Federal (CF) brasileira de 1988, imediatamente surgirão nas cabeças dos brasileiros imagens da anistia que os militares começaram a implantar de modo gradativo, as eleições diretas dos Governadores Tancredo Neves (Minas Gerais), Leonel Brizola (Rio de Janeiro), Franco Montoro (São Paulo), Miguel Arraes (Pernambuco), Waldir Pires (Bahia), Pedro Simon (Rio Grande do Sul) e José Richa (Paraná), todos opositores da ditadura militar. Passarão, igualmente, nas cabeças dos brasileiros as cenas dos gigantescos comícios pelas *Diretas Já!* E a eleição indireta (pelo Congresso Nacional de então) de Tancredo Neves para presidente da República, quando derrotou o candidato civil dos militares, o senhor Paulo Maluf. Na mesma esteira histórica, os brasileiros se lembrarão da comoção nacional causada pela morte de Tancredo, com a consequente assunção ao poder de José Ribamar Sarney. Por fim, na montagem do quebra-cabeça (*puzzle*) que foi o Poder Constituinte que positivou a Constituição que hoje vigora para os brasileiros, o Presidente Sarney propôs a Emenda Constitucional (EC) n. 26, que convocou o eleitorado nacional para, em outubro de 1986, eleger os deputados e os senadores, que, além dos seus mandatos parlamentares usuais, formaram a Assembleia Nacional Constituinte, que resultou na Constituição da República Federativa do Brasil atual, promulgada pelo Deputado Ulysses Guimarães em 5 de outubro de 1988.

Por tudo o que explanamos sobre o Poder Constituinte da Constituição atual, podemos afirmar, com acerto, que a Carta Política brasileira que hoje vigora é documento jurídico-político formado por uma altíssima participação popular resultante da somatória de fatores constituintes verdadeiramente populares, quais foram: a insatisfação popular com os militares; a eleição de governadores oposicionistas nos mais importantes Estados da federação; a campanha das *Diretas Já!*; a eleição e a morte de Tancredo; a convocação da Constituinte pela EC n. 26 de Sarney; os trabalhos da Assembleia Nacional Constituinte e a promulgação da Constituição Cidadã por Ulysses em 05/10/1988. Note que, em cada um desses momentos políticos (fragmentados) aqui referenciados, houve real e efetiva participação popular, de modo que a Constituição de 1988 pode ser seguramente classificada como Carta democrática, filha legítima de um Poder Constituinte **eleito** e precedido por manifestações populares espalhadas por todo o território nacional, tanto quanto foi precedido pelos trabalhos da Comissão Afonso Arinos[4]. Sim, essa é uma prova de que o Poder Constituinte da Carta de 1988 é daqueles que podem ser classificados como maciçamente populares, organizados e referendados por uma população que já não se coadunava mais com o regime militar sustentado pela Constituição anterior.

---

4 BRASIL. Senado. Comissão Afonso Arinos elaborou anteprojeto de Constituição. **Senado Notícias**, 1º out. 2008. Disponível em: <https://www12.senado.leg.br/noticias/materias/2008/10/01/comissao--afonso-arinos-elaborou-anteprojeto-de-constituicao>. Acesso em: 18 jan. 2022.

Ocorre que nem sempre é assim, e é aí que a doutrina tradicional ou extremamente popularesca (ou populista?) (Müller, 2003) erra fragorosamente ao desejar ensinar que o Poder Constituinte é sempre uma latência sociopolítica que está em constante estado de *stand-by* nos braços do povo (será?). Há outros poderes constituintes igualmente legítimos.

Não podemos afirmar que a Constituição mais importante do mundo – a dos Estados Unidos da América, de 1787, tenha sido um modelo de participação popular ou resultado de "panelaços" na rua; não! De sua feitura, participaram os delegados das 13 antigas Colônias-Estados, que, juntas, venceram a Inglaterra na Guerra da Independência. A Convenção Federal reuniu-se na Casa de Estado (*Hall of Independence*), na Filadélfia, em 14 de maio de 1787, para revisar os *Artigos da Confederação*. Em virtude de estarem presentes, inicialmente, as delegações de apenas dois Estados, os membros suspenderam os trabalhos, dia após dia, até que fosse atingido o quórum de sete Estados em 25 de maio. Por meio de discussões e debates, ficou claro, em meados de junho, que, em vez de alterar os atuais artigos da Confederação, a Convenção deveria elaborar uma estrutura inteiramente nova para o governo. Durante todo o verão, os delegados debateram, elaboraram e reelaboraram os artigos da futura Carta Magna em sessões fechadas, sem qualquer participação ou consulta popular prévia. Entre os principais pontos em questão, estavam o grau de poder permitido ao governo central, o número de representantes no Congresso para cada Estado, e como estes representantes deveriam ser eleitos – diretamente pelo povo ou pelos legisladores dos Estados. A Constituição foi o trabalho das mentes partícipes da Convenção e permanece como um modelo de cooperação entre lideranças políticas e da arte da condescendência. Os 55 delegados que redigiram a Constituição incluíram a maior parte dos líderes mais destacados da nova Nação, chamados *Pais Fundadores* (*Founding Fathers*). Thomas Jefferson, que estava na França durante a convenção, disse: "Isto é realmente uma assembleia de semideuses" (Hamilton; Jay; Madison, 2003, p. 47). Eles representaram uma ampla variedade de interesses, estados e classes na vida, mesmo que a grande maioria deles fosse proprietários ricos, e todos eram homens brancos. Havia 32 advogados, 11 comerciantes, 4 políticos, 2 militares, 2 doutores, 2 professores/educadores, 1 inventor e 1 agricultor. A Convenção foi, sobretudo, construída pela fé cristã, incluindo congregacionistas, episcopalistas, luteranos, metodistas, presbiterianos, *quackers* e católicos romanos. Thomas Jefferson e John Adams não assistiram; estavam no estrangeiro, na Europa, mas escreveram aos compatriotas para incentivá-los e animá-los. O anticonstitucionalista Patrick Henry esteve também ausente, pois rejeitou ir, já que disse "cheira a rato!" (Hamilton; Jay; Madison, 2003, p. 77). Alguns dos delegados de maior prestígio e destaque foram George Washington, John Rutledge, Roger Sherman, Rufus King, Alexander Hamilton, James Wilson, Benjamin Franklin e James Madison.

Por fim, lembramos – ou informamos – que a Constituição dos Estados Unidos, apesar de cumprir, após as emendas includentes de alguns direitos individuais, as duas funções clássicas que normalmente cumprem uma Carta Política – (1) estruturar o Estado e (2) definir direitos humanos –, tem natureza jurídica de **tratado internacional**, uma vez que mereceu ser **ratificada** pelos delegados representantes dos Estados-membros formadores dos Estados Unidos. Reiteramos: sim, **a Constituição dos Estados Unidos é um tratado internacional**!

Voltando ao Brasil, nem todos os seus Poderes Constituintes originários mostraram-se democráticos. Essa verdade rechaça a opinião segundo a qual não há Constituição sem povo. Ora, há sim; não que isso seja animador ou de se comemorar! Pois bem, promulgada é a Constituição democrática, ou seja, feita pelos representantes eleitos pelo povo; por isso, a Constituição de 1988 também é conhecida como "Constituição Cidadã". O Brasil conheceu as seguintes Constituições promulgadas: de 1891 (inspirada pelas ideias de Ruy Barbosa), de 1934, de 1946 e a de 1988. E, ainda, as seguintes Constituições outorgadas: de 1824, de 1937 (Getúlio Vargas) e a de 1967 (ditadura militar).

O destaque agora é para a França. A primeira Constituição francesa não foi elaborada tampouco por representantes – eleitos – do povo para cumprir o fim de elaborar uma Carta Magna. Era fruto de uma revolução (a Revolução Francesa, com a Queda da Bastilha em 14 de julho de 1789). De fato, a Assembleia Nacional Constituinte francesa foi formada pela Assembleia dos Estados Gerais em maio de 1789, nas primeiras fases da Revolução Francesa, e foi dissolvida em 30 de setembro de 1791.

A Constituição francesa de 1791 foi criada pelo Terceiro Estado (camponeses, artesãos, burgueses), que limitava os poderes do Rei e eliminava os privilégios do primeiro (clero) e segundo (nobreza) Estamentos ou Estados. O Rei Luís XVI, ao menos aparentemente, aceitou o funcionamento da Assembleia Nacional Constituinte, porém impôs a condição de que dela participassem os representantes do clero e da nobreza; ou seja: representantes "biônicos", como diriam alguns brasileiros a respeito de senadores que participaram da Constituinte de 1986-1988. Uma das principais decisões dessa Assembleia foi a adoção da Declaração dos Direitos do Homem e do Cidadão, datada de 1789.

Da Assembleia gaulesa participaram com maior peso dois grupos que se posicionavam em lados opostos[5] nas mesas de negociação: à direita, estavam os **girondinos**, que representavam a alta burguesia (banqueiros, grandes empresários e comerciantes), a qual inicialmente controlava o governo e defendia posições moderadas, temendo que as camadas populares assumissem o controle da revolução e prejudicassem seus negócios. À esquerda, os **jacobinos** representavam a média burguesia (funcionários reais, profissionais

---

5 Essa é a origem histórica dos termos *esquerda* (para designar os mais exaltados) e *direita* (para designar os mais conservadores) em política.

liberais, como médicos, professores, advogados), a pequena burguesia (pequenos comerciantes e artesãos menos pobres), os camponeses e os *Sans-Culottes* (proletariado e demais trabalhadores urbanos de baixa condição). Defendiam os jacobinos posições radicais, estimulando a agitação popular.

Com o fito de demonstrar que há "poderes constituintes e poderes constituintes" – e que **nem todos** incluem o povo –, convém aqui traçar alguns parágrafos sobre a história do Direito Constitucional lusitano. Tomaremos como base duas Constituições: a segunda (1826) e a derradeira (em vigor desde 1976).

A Carta Constitucional da Monarquia portuguesa de 1826 foi a segunda Constituição portuguesa. Teve o nome de *Carta Constitucional* por ter sido outorgada pelo Rei D. Pedro IV (o mesmo Pedro I, do Brasil), e não redigida e votada por Cortes Constituintes eleitas pela Nação, tal como sucedera com a anterior Constituição de 1822. Tratava-se da segunda Carta Constitucional outorgada pelo mesmo Dom Pedro (Brasil, em 1824, e Portugal, em 1826). Essa Constituição foi fruto de um governo que pode ser considerado provisório, pois, de fato, durante o curto reinado de oito dias de D. Pedro IV (26 de abril a 2 de maio de 1826), o Rei português e Imperador brasileiro viria a tomar duas medidas de enorme alcance político: (1) a outorga de uma nova Constituição (em 29 de abril de 1826), muito menos radical que a Constituição de 1822, que tentava sobrepor o poder do rei à soberania da nação, embora mantendo os princípios fundamentais do liberalismo, procurando, dessa forma, sanear as diferenças políticas entre liberais e absolutistas; (2) e a decisão de abdicar de seus direitos ao trono em nome da sua filha D. Maria da Glória, no dia 2 de maio, que data do final de seu reinado. A Carta Constitucional esteve vigente durante três períodos distintos: (1º) de 29 de abril de 1826 até 11 de julho de 1828, quando foi abolida por D. Miguel, na sequência das Cortes de Lisboa que o proclamaram Rei de Portugal; (2º) de 23 de maio de 1834, com a derrota dos miguelistas e a assinatura da Concessão de Évora-Monte, até a revolução de setembro, em 10 de setembro de 1836, quando entrou de novo em vigor a Constituição de 1822 (a primeira de Portugal); e (3º) de 11 de fevereiro de 1842, com o golpe de Estado de Costa Cabral, que derrubou a Constituição de 1838 (redigida para tentar conciliar vintistas e cartistas) até a implantação da República em 5 de outubro de 1910. Durante esse último período, sofreu diversos *Actos* Adicionais (1852, 1885 e 1896) até que foi definitivamente abolida com o advento da República e a subsequente aprovação da Constituição Republicana de 1911 em 24 de agosto desse ano.

A Constituição da República Portuguesa de 1976 é a atual Carta Magna dos lusitanos. Foi redigida pela Assembleia Constituinte eleita na sequência das primeiras eleições gerais livres, no país, em 25 de abril de 1975, data do 1º aniversário da Revolução dos Cravos. Seus deputados[6] deram os trabalhos por concluídos em 2 de abril de 1976, data de sua aprovação, tendo a Constituição entrado em vigor a 25 de abril de 1976 – em sua origem, tinha forte pendor socializante, arrefecido, porém, nas sucessivas revisões constitucionais que adequaram Portugal aos princípios da economia de mercado e aos ideais de integração supranacional vigentes no Velho Continente (União Europeia).

Até ao momento, a Constituição de 1976 é a mais longa Constituição portuguesa que alguma vez entrou em vigor, tendo mais de 32.000 palavras (na versão atual). Estando há 40 anos em vigor e tendo recebido sete revisões constitucionais (em 1982, 1989, 1992, 1997, 2001, 2004 e 2005)[7], a Constituição de 1976 já sofreu mais revisões constitucionais do que a Carta Constitucional de 1826, a Constituição portuguesa que mais tempo esteve em vigor:

---

6 Os Professores Jorge Miranda e Vital Moreira tiveram participação destacada na Assembleia Constituinte que positivou a Constituição de 1976; principalmente o Professor Miranda, considerado por muitos como o Pai da Constituição de Portugal.

7 Ainda tramita a Revisão Constitucional de 2010. Confira em: PORTUGAL. Parlamento. **Revisões constitucionais**. Disponível em: <https://www.parlamento.pt/RevisoesConstitucionais/Paginas/default.aspx>. Acesso em: 18 jan. 2022.

durante 72 anos (a qual, com cerca de 7.000 palavras na versão original, recebeu somente quatro revisões). Um dos mais notáveis feitos da Constituição de 1976 foi haver adotado a Declaração Universal de Direitos Humanos (ONU, 1948) como parte formal integrante de seu texto magno.

2.3 *Poder Constituinte derivado (reformador) e difuso*

Passaremos a considerar a Constituição brasileira de 1988 para a análise do **Poder Reformador** (ou, para quem preferir, Poder Constituinte derivado). Com base no texto constitucional em vigor, no Brasil, encontram-se normas que dão conta de ter havido dois modos de modificação constitucional: (1) pela tradicional emenda constitucional (EC); (2) pelo processo de revisão constitucional (RC) – uma só. A EC tramita segundo as prescrições do art. 60 da Carta brasileira em vigor; até a data da publicação deste livro, foram promulgadas 109 ECs. Já a RC inspirou-se na Constituição portuguesa de 1976, texto em que estão previstas revisões constitucionais a cada cinco anos (desde 1976, a atual Constituição dos lusitanos foi revisada em 1982, 1989, 1992, 1997, 2001, 2004, 2005, estando ainda sob análise a RC de 2010). No Brasil, a RC teve previsão no art. 3º do Ato das Disposições Constitucionais Transitórias (ADCT). Entre março e junho de 1994, foram aprovadas seis emendas constitucionais de revisão (ECR) mediante o quórum de maioria absoluta – ao contrário do quórum exigido para as ECs (maioria qualificada de 3/5 dos membros das duas Casas Legislativas, em um total de quatro votações: duas na Câmara dos Deputados e duas no Senado).

Outra forma de visualizar a modificação implícita da Carta, é o controle de constitucionalidade exercido, mediante interpretação, pelo Supremo Tribunal Federal (STF) por meio de um controle abstrato de constitucionalidade que contempla a ação direta de inconstitucionalidade (ADIn ou ADI, tanto faz), a arguição de descumprimento de preceito fundamental (ADPF), a ação declaratória de constitucionalidade (ADC), a reclamação constitucional e a súmula vinculante. Logo, a atuação do STF brasileiro acaba sendo capaz de imprimir nova interpretação constitucional pela via do controle direto (no STF) de constitucionalidade.

No entanto, tendo em vista que, no Brasil, qualquer juiz poder controlar a constitucionalidade de norma infraconstitucional (controle difuso, como fazem os magistrados norte-americanos), deixando de aplicá-la em um litígio concreto que esteja sob sua análise jurisdicional, o Poder Judiciário, como um todo e em todas as suas instâncias, acaba sendo sempre um guardião da Constituição. A diferença brasileira entre os dois modelos de controle de constitucionalidade adotados pela Carta de 1988 é a seguinte: no modelo kelseniano-europeu (o direto, concentrado e abstrato), a decisão do STF terá força *erga omnes*; no modelo norte-americano (o difuso, concreto e incidental), que inspirou Ruy Barbosa, a sentença do magistrado recusando-se a aplicar norma inconstitucional (a seu ver) em um caso concreto só produzirá força entre as partes litigantes, a não ser que o Senado da República, após decisão do STF em sede de recurso extraordinário, retire a norma declarada **incidentalmente** inconstitucional de vigor, coragem esta que a Câmara Alta do Parlamento brasileiro jamais exerceu – não se esqueça de que, mesmo no controle difuso de constitucionalidade do Brasil, há a questão da repercussão geral[8] do recurso extraordinário.

Perceba que, nas linhas anteriores, explicitamos os modos formais pelos quais se interpreta a Constituição de 1988 e, eventualmente,

---

8 "Art. 102 [...] § 3º No recurso extraordinário o recorrente deverá demonstrar a repercussão geral das questões constitucionais discutidas no caso, nos termos da lei, a fim de que o Tribunal examine a admissão do recurso, somente podendo recusá-lo pela manifestação de dois terços de seus membros" (Brasil, 1988).

se lhe modifica o texto original: (1) ou pela EC comum; (2) ou pela ECR; (3) ou pelo controle concentrado, direto e abstrato exercido pelo STF; (4) ou pelo recurso extraordinário julgado procedente pelo STF – e que pode vir a produzir efeitos *erga omnes* caso o Senado cumpra a função que lhe defere o art. 52, inciso X, da Carta. Todavia, mesmo na lógica do Poder Reformador cuja atuação tenha sido prevista na Constituição original, não somente pelas vias formais o sentido da Constituição se modifica. Há o que se pode chamar de **Poder Constituinte difuso**, e será a ele que serão dedicados os próximos três parágrafos.

Não devemos crer que, de fato, o Poder Constituinte esteja ou instituído em um prédio fixo qualquer, ou que seja ele um fator sociopolítico do qual qualquer povo esteja inteiramente ciente durante as 24 horas do dia. Ele ocorre de modo *difuso*. Guarde bem essa última palavra!

Se o Poder Constituinte derivado (reformador) é uma potência que transforma as Constituições, devemos admitir que sua ação não é limitada pelas modalidades juridicamente organizadas de seu exercício. Para bem dizer a verdade, o Poder Constituinte não cessa jamais de agir. Toma-se conta dessa ação permanente pela qualificação do que podemos chamar de *costume constitucional*. É esse costume que traduz a validade incessante das forças constituintes. Uma vez formado um costume, tal como a regra escrita, pressupõe-se certa *[im]obilidade* do Estado de Direito que ele criou (costume = conduta reiterada + *opinio vel veritatis*); para se afirmar, o costume necessita de certa constância na prática. Assim, a significação presente de uma Constituição é essencialmente dotada de *[mo]bilidade*: sem que o quadro formal da Constituição seja tocado, as instituições, os órgãos, as autoridades e até a comunidade internacional conhecem períodos de "florescimento constituinte" seguidos de crises de degeneração. Afora isso, é sabido que a Constituição também pode ser alterada em razão da conjuntura política, fator esse que afirma um exercício quotidiano do Poder

Constituinte, que, por não ter registro nos mecanismos constitucionais formais, nem nos sismógrafos das revoluções, nem por isso é menos real. Particularmente nos regimes democráticos clássicos – e em que os cidadãos têm um largo acesso aos instrumentos de difusão do pensamento –, há uma ação constituinte permanente da opinião pública. Isso significa que, nos enquadramentos do texto constitucional em vigor, a opinião pública em um país culto e democrata traça o que é possível, o que é obrigatório ou o que se proíbe: nenhum homem político digno desse nome ignora que o campo aberto às suas prerrogativas se encontra mais exatamente descrito pelos rumores da rua ou pelo curso da economia do que propriamente pelos artigos da Constituição formal.

Sem dúvida, convém não exagerar a potência dessas observações a ponto de concluir que a *Constituição*, no sentido formal do termo, é uma mera vaidade, uma frivolidade ou futilidade; não! E sem dúvida não é possível analisar as formas de exercício desse Poder Constituinte, discreto e inominado (*difuso?*), pois não se saberia isolar tal potência de todo o contexto da vida política que o reveste. Portanto, resta indubitável que os juristas e os cientistas políticos devam mencionar a existência desse Poder Constituinte *difuso*, que não é consagrado em nenhum processo formal. Aceitar esse Poder Constituinte *difuso* não significa rasgar a Constituição; pelo contrário: com fidelidade aos métodos tradicionais, é preciso continuar a analisar o exercício do Poder Constituinte reformador segundo suas formas codificadas, mas sem se esquecer de que, por serem mais visíveis tais formas, elas, nem por isso, tornam-se as mais perfeitas ou eficazes.

2.4 *Poder Constituinte decorrente*

Nos Estados Unidos da América, o país resulta da vontade das 13 antigas colônias britânicas que se reuniram em torno de uma realidade fundadora do que se chama *federalismo centrípeto*, e isso quer dizer o seguinte: as colônias se juntaram porque quiseram e deixaram ao poder central (federal) da União as competências residuais. Isso significa que os estados-membros da federação norte-americana têm mais poder do que os estados-membros da federação brasileira, e isso será explicado a seguir. Por enquanto, saiba que Poder Constituinte decorrente é o poder do estado-membro da federação de promulgar sua própria Constituição, e isso vale tanto para os Estados Unidos quanto para o Brasil.

A federação brasileira é diferente da americana. Primeiro, porque os Estados Unidos nasceram como uma república federativa, nos moldes expostos no parágrafo anterior. Segundo, porque o Brasil, de 1500 a 1808, era território português; um território unificado quase igual ao atual. Foi em 1815 que o Brasil se tornou a sede do Reino Unido de Portugal, Brasil e Algarves, tendo conquistado sua independência de Portugal em 7 de setembro de 1822. Dois anos após, em 1824, foi promulgada a primeira Constituição brasileira; e o Brasil continuou um país de modelo unificado, ou seja, não federal. Foi somente em 15 de novembro de 1889 que a república foi proclamada por conta da pressão das elites de Minas Gerais e de São Paulo. Não só a república foi proclamada, mas também a forma federativa de Estado e o sistema representativo presidencialista, tendo sido o Marechal Deodoro da Fonseca o primeiro presidente da República. Por inspiração de Ruy Barbosa, o Brasil adotou a forma federativa de Estado, de modo que as antigas províncias passaram a ter a estatura de estados da federação. Logo, o Brasil não nasceu federal; os Estados Unidos nasceram federais. O poder central brasileiro concedeu às periferias (os estados, as antigas províncias) o tanto de poder que quis conceder, e o que foi concedido foi residual, isto é, o resto daquilo com o que a União não desejou ficar. Disso resulta a realidade histórica de que a federação brasileira é **centrífuga**, e isso quer dizer que o poder foi despachado do centro para as periferias na exata medida permitida pelo governo central. Tal fator histórico marca até hoje a pouca autonomia dos estados-membros da federação brasileira, do mesmo modo que o protagonismo unionista dos estados-membros da federação norte-americana marca profundamente esse país, o que explica até o nome oficial dos Estados Unidos: os estados se uniram para formar um país, ao passo que, no Brasil, não houve união alguma de estados para a formação do todo: o Brasil já estava formado desde quando Estado unitário. Aprofundamentos sobre os modelos federativos das Américas foram descritos magistralmente por Raul Machado Horta (2010).

2.5 *Poder Constituinte originário da* International Community

O Poder Constituinte da *International Community* (*Mundus*) não está, de modo algum, previsto no texto da Constituição brasileira de 1988, muito menos em textos de outras Constituições nacionais; claro que não, ele é **internacional**!

Caso houvesse previsão constitucional de um Poder Constituinte da *International Community*, seria ela a previsão de um Poder Constituinte de reforma da *International Community*, jamais de um Poder Constituinte originário, visto que este não está previsto nem nas Constituições nacionais, em razão de que nem as Constituições nacionais nem uma eventual Constituição internacional lidam com o assunto *golpes de Estado* (ou *golpes contra a Comunidade Internacional organizada*, por exemplo contra as

Nações Unidas – ONU). Destarte, aqui fica a primeira conclusão acerca do Poder Constituinte da *International Community*: ele não é um poder jurídico e só jurídico. Trata-se ele de uma latência sociopolítica e econômica que, em âmbito internacional, encontra-se em constante e silenciosa evolução e em permanente estágio de *stand-by*.

É fato que a criação da ONU, em 1945, mudou os rumos do *Mundus*. Mesmo que se queira criticar a ONU – e há muitas razões[9] para isso –, o *Mundus* pós-1945 é muito mais vigilante e pacífico do que o *Mundus* pré-1945.

> A ONU e suas "agências" (FMI, Banco Mundial, Unesco, Unicef etc.) são, na realidade, um aglomerado de países-membros e instituições burocráticas que representam o que poderíamos chamar de Cosmópolis. Nesse sentido, a Segunda Guerra contribuiu como elemento formador da ONU; logo, a Segunda Guerra pode, por isso, ser considerada como fragmento de Poder Constituinte Internacional, assim como – e principalmente – a Carta da ONU (1945), a Declaração Universal dos Direitos Humanos (1948) e a Convenção de Viena sobre o Direito dos Tratados (1969). Logo, não é exagero afirmar que a Constituição do Mundus é formada pela somatória desses três documentos normativos.

Para os positivistas (Pfersmann, 2014), o Poder Constituinte é pré-jurídico, quer dizer, é uma manifestação de força ou uma energia social não encontrada no mundo das normas positivadas. De fato, o tema *Poder Constituinte* foge do alcance da ciência do

---

[9] Criticam-se muitas das características e estruturas da ONU. Por exemplo, dizem sobre ela: é um instrumento da "globalização neoliberal"; o "Clube dos Cinco" (Estados Unidos, Rússia, China, Reino Unido e França) devia ser alargado com a inclusão de países como Japão, Alemanha, Itália, Brasil, Índia e África do Sul nos assentos permanentes do Conselho de Segurança; trata-se de um conglomerado sem força executiva; é uma organização ainda marcada pela internacionalidade, e não pela supranacionalidade (característica que só a União Europeia tem!); que o direito internacional que rege a ONU se organiza pela coordenação, e não pela subordinação; que falta à ONU a soberania do Estado moderno hobbesiano ou hegeliano; que o Direito internacional é descentralizado e primitivo em razão da *pacta sunt servanda* e do *oculum pro oculo, dentem pro dente*; que é uma organização que não tem um órgão jurisdicional para a defesa dos direitos humanos etc.

Direito porque não podem, os cientistas do Direito, descrever uma latência sociopolítica, antropológica, econômica – e até internacional –, que é o Poder Constituinte, com as fórmulas axiológicas usadas na interpretação das normas jurídicas positivas (postas pela autoridade competente: o Estado ou a *International Community*). O que se faz ao estudar o Poder Constituinte não é Direito, mas sim filosofia, sociologia, economia, mas não Direito nem ciência do Direito, já que este tem por padrão referencial o próprio Direito positivo, que, por sua vez, surge quando se está a instituir uma Constituição. É essa a posição de um jurista adepto da teoria positivista do Direito. **Mas o que é o positivismo jurídico?**

A expressão *positivismo* designa tanto o positivismo sociológico quanto o estrito positivismo jurídico. No caso do positivismo aplicado ao campo jurídico, seu objeto de reconhecimento é apenas o Direito positivo, no sentido de Direito vigente e eficaz em determinada sociedade, limitando a ciência jurídica ao estudo das legislações positivas (ordenamentos jurídicos positivados pela autoridade competente), consideradas como fenômenos espaciotemporais. Por essa razão, contrapôs-se frontalmente o **positivismo** ao **jusnaturalismo** – este é centrado em uma relação de causa e efeito (causalidade), ao passo que aquele se baseia em uma relação de condição e consequência (imputabilidade).

Citando positivistas ligados tanto à fonte sociológica quanto à jurídica, a fim de situar o leitor no contexto espacial do movimento, sobressaíram-se na difusão de tal corrente de pensamento – além do próprio Kelsen – pensadores como Auguste Comte, Durkheim, Duguit, Santi Romano, Lombroso, Roscoe Pound, Bobbio, Luhmann, entre outros estrangeiros de renome. No Brasil, juristas do quilate de Clóvis Bevilácqua, Pontes de Miranda, Pedro Lessa e Hermes Lima eram também adeptos da escola positivista.

O ápice do pensamento positivista foi alcançado com Hans Kelsen, na década de 1930, com a edição do clássico *Reine Rechtslehre* (*Teoria pura do direito*). A teoria kelseniana surgiu como uma crítica das concepções dominantes sobre os entraves do Direito público e da teoria geral do Estado, e também como um "grito de independência" da ciência jurídica, que, a partir da **Teoria pura do direito**, deveria ser vista como uma ciência autônoma, divorciada da ciência natural e desvinculada de outras elucubrações – como a política, a sociologia, a economia, a religião, a moral, a etiqueta e os exercícios psicológicos de valoração e sentido de justiça –, e que teria como objeto o estudo da norma jurídica e sua consequente descrição.

Estando a ciência jurídica em seu devido lugar e ocupando-se de seu estrito objeto – a descrição da norma jurídica –, indaga-se como o próprio Direito deveria ser visto perante os olhos de Hans Kelsen. Para o mestre do renomado Círculo de Viena, o jurista deve encarar o Direito como norma, jamais como fato social (sociologia) ou como valor transcendente.

Miguel Reale (1984) ensina que o que seduziu Hans Kelsen foi o ideal de uma ciência jurídica pura, na qual o Direito apareceria como pura normatividade caracterizada pelo *sollen* (dever ser) e independente da multiplicidade proveniente da vida social. Assim, o que pretendeu Kelsen durante toda a sua vida foi seguir o princípio da pureza metódica que fizesse com que o Direito e a ciência jurídica fossem definitivamente reconhecidos respectivamente como norma e como técnica científica descritiva da norma. Para isso, discutiu e propôs os princípios e métodos da teoria do Direito, tendo sido acusado constantemente com os mais diversos adjetivos de reducionista, radical e desumano. Todavia, o incompreendido[10] austríaco nunca quis negar os múltiplos aspectos que circundam o Direito, como os já citados, ou seja, economia, sociologia, religião, moral etc. O que fez Kelsen foi efetivamente identificar Direito com norma jurídica e, feito isto, dar-lhe total autonomia, posicionando, consequentemente, a ciência jurídica no prisma da descrição das

---

10 Incompreendido somente por pessoas de duvidosa formação cultural.

normas jurídicas e só delas. Jamais negou, contudo, que, antes de editada a norma pela autoridade competente, quer dizer, antes de posto (positivado) o Direito, os aspectos costumeiros, religiosos, sociológicos, econômicos, valorativos e filosóficos obviamente influem no caráter ou mesmo na feição da norma que advirá; posta a norma, contudo, teremos o Direito positivo inserido no ordenamento jurídico, desvinculado de valorações políticas ou de justiça ou injustiça.

Para chegar à conclusão da pureza do Direito, Hans Kelsen trilhou um longo caminho, que elegeu a lógica como atributo supremo da autonomia buscada. Serviram como momentos de capital importância para o positivismo kelseniano, no citado longo caminho trilhado, os seguintes tópicos básicos e fundamentais: a distinção entre as categorias do **ser** e do **dever ser**; a diferença entre os princípios da causalidade e da imputabilidade e a inaplicabilidade daquele no campo do Direito; a distinção entre validade e eficácia; a teoria da norma fundamental; o fundamento de validade de uma norma é outra norma que lhe é superior (o Direito cria o Direito); a Constituição como norma hierarquicamente superior dentro do ordenamento jurídico posto; a superioridade do Direito Internacional Público em face dos "subsistemas" jurídicos "parciais e periféricos" nacionais. Para os fins deste livro e tendo em vista o posicionamento positivista, cujo contexto encontra seu fechamento na **teoria da norma fundamental** kelseniana, o Poder Constituinte é um poder anterior ao direito positivo, pois o escopo da capacidade de se fazer uma Constituição é, com a Constituição, inaugurar a cadeia hierárquica normativa de um Estado – e/ou da Cosmópolis (no caso do Direito Constitucional Internacional).

Nessa lógica positivista kelseniana, o Poder Constituinte só pode ser uma manifestação prévia, anterior ao Direito estatuído, à norma posta. Tendo os positivistas colocado o Poder Constituinte no lugar onde deveria estar – que, para eles é o mundo pré-normativo –, há de se esclarecer o significado daquilo que representava, para Kelsen, o cerne de sua teoria pura do Direito, a chamada **norma hipotética fundamental** (Leben, 2001). A norma fundamental kelseniana é a que antecede todas as outras normas, devendo-se considerar, assim, que antecede também o Poder Constituinte. Nos escritos franceses de Kelsen, Charles Leben (2001) detectou que, para o mestre do positivismo jurídico, a norma hipotética fundamental é o **Direito costumeiro internacional**. Feitas as considerações *supra* acerca do positivismo jurídico, convém, para fins de acabamento, responder à questão: Qual é o Poder Constituinte do *Mundus*?

Ora, no caso do *Mundus Novus*, o Poder Constituinte internacional é composto por múltiplos e incontáveis fatores fragmentados e de poder, como o Conselho de Segurança da ONU, o FMI, as bolsas de valores mais influentes, a Organização Mundial do Comércio (OMC), a Organização Mundial da Saúde (OMS), a Organização dos Estados Americanos (OEA), a Organização dos Países Exportadores de Petróleo (OPEP), a União Europeia, os "Tigres Asiáticos", o Mercosul, os tribunais internacionais regionais de direitos humanos – como a Corte Interamaricana de Direitos Humanos, a Corte Europeia de Direitos Humanos e a Jurisdição Africana de Direitos Humanos (esta, ainda nascente), bem como as Encíclicas Papais sobre direitos humanos e sobre o meio ambiente[11].

Mas o que mais conta em favor do Poder Constituinte do *Mundus Novus* é o que podemos entender por *opinião pública internacional* (*international public opinion*), do mesmo modo como a opinião pública nacional é relevante no exercício do Poder Constituinte difuso – já explicado.

No contexto da União Europeia, não é novo o tema "Constituição Comunitária" (Constituição internacional "local", para a União Europeia). De fato, o Tratado de Lisboa é uma espécie de Carta Constitucional para a União Europeia, lembrando que muito desse

---

11 Carta *Encíclica Pacem in Terris*, paz, povos, guerra, justiça, caridade, liberdade, 11 de abril de 1963, do Papa João XXIII. Carta Encíclica do Sumo Pontífice Francisco *Laudato Si' Louvado Sejas* – Sobre o cuidado da Casa Comum.

pacto firmado e ratificado na capital lusitana é fruto dos trabalhos da Convenção presidida por Valéry Giscard d'Estaing, Essa Convenção constituía-se em um Poder Constituinte diferenciado para a positivação da famosa Constituição Europeia, a qual acabou por não vingar em virtude dos referendos negativos da França e da Holanda, fator este que, apesar de ter barrado a Constituição Europeia formal, jamais estancou o Direito Constitucional europeu (material e difuso), do que podemos concluir que a Europa já tem uma Constituição material decorrente do que se entende pela expressão *Metamorfose Normativa para a União Europeia* (MNUE), decorrente da somatória implicativa de três fatores normativos, quais sejam: os tratados internacionais (TI), mais o Direito Comunitário europeu posto de forma derivada pelas instituições burocráticas e decisórias da União Europeia (D. Com.), mais o Direito Constitucional costumeiro ou escrito formador da União Europeia e que nela define direitos humanos (D. Const.). Memorize-se, então, a seguinte fórmula:

MNUE = TI + D. Com. + D. Const.

Para aqueles que criticam o constitucionalismo internacional ao dizerem que um ou vários tratados internacionais não formam uma Constituição, é de se lembrar que a própria Constituição dos Estados Unidos é um tratado internacional.

Ao contrário das coisas físicas e visíveis, o Poder Constituinte não é físico nem visível. É uma abstração, tanto quanto são abstrações a soberania e o próprio Estado moderno, uma vez que todos eles são objetos culturais inventados pela cabeça do homem!

Uma coisa se liga à outra. O Poder Constituinte implica a feitura de uma Constituição; uma Constituição implica a estruturação da *Pólis* e/ou da *Cosmópolis* e a proclamação de Direitos Fundamentais; a soberania implica a crença no Estado delimitado territorialmente, com um governo superior e regras respeitadas, o que, por sua vez, implica o Estado-nação da modernidade.

Tais implicações, todas elas, decorrem de abstrações, pois fisicamente não são tácteis, nem o Poder Constituinte, nem o Estado, e muito menos a soberania. De fato, **a solidez dessas "verdades" desmanchou-se no ar da globalização**, assim como se desmancha no ar tudo o que uma vez foi sólido em razão da simples inteligência humana.

> É o constitucionalismo europeu um ícone representativo de duas novas verdades históricas: a supranacional e a internacional. Nesse prisma, a Carta Magna europeia e a Constituição do *Mundus Novus* são necessidades intransponíveis que os tempos impuseram àquilo que o Papa Francisco chama de *Casa Comum*; logo, se é visível a existência de um substrato constitucional internacional comum na Cosmópolis, então é viável uma Constituição para o *Mundus Novus*, de modo que não se crê mais ser possível o barrar do Poder Constituinte internacional.

Demonstra, esse texto, a existência de um Direito Constitucional Internacional e de uma Constituição (material) internacional já existente em três documentos normativos internacionais fundamentais: (1) a Carta da ONU, de 1945; (2) a Declaração Universal de Direitos Humanos, de 1948; e (3) a Convenção de Viena sobre o Direito dos Tratados, de 1969. Logo, **se é possível uma Constituição Internacional, então, também é possível um Tribunal Constitucional Internacional (TCI)**, que, para fins de conclusão deste subcapítulo, será objeto de breve análise no próximo item.

Quanto ao Poder Constituinte reformador (derivado) e difuso na Comunidade Internacional – ou seja, no Direito Internacional Público ou no Direito Comunitário europeu –, tome-se a ONU por exemplo. A ONU nasceu em 1945 para ser o instrumento de garantia da paz no mundo; tanto isso é verdade que o Conselho de Segurança da ONU é o detentor do monopólio da força em Direito Internacional[12].

Como se exerce o Poder Reformador Internacional? O Poder Constituinte de Reforma Internacional exercer-se-á pelas vias normativas possíveis, quais sejam, pelos tratados internacionais e pela normativa internacional derivada: resoluções da ONU e o Direito Derivado europeu (regulamentos, diretivas e decisões). No que se refere ao Poder Constituinte Internacional difuso, tudo o que foi dito *supra* (sobre o Constituinte difuso) em âmbito nacional serve para justificar o referido Poder Constituinte (difuso) também em âmbito internacional.

Para saber mais

O livro mais influente em todo mundo, considerado a obra responsável pela criação da teoria do Poder Constituinte, é:

SIEYÈS, E. J. **Qu'est-ce que le tiers-état?** Paris: eBook Kindle, 1789.

No Brasil, a literatura clássica sobre o assunto encontra-se no *Curso de direito constitucional*, de autoria do professor Manoel Gonçalves Ferreira Filho:

FERREIRA FILHO, M. G. **Curso de direito constitucional**. 40. ed. São Paulo: Saraiva, 2015.

Para compreender a independência dos Estados Unidos e o nascimento de sua Constituição, indicamos o filme:

1776. Direção de Peter H. Hunt. EUA: Columbia Pictures, 1972. 141 min.

---

12 Carta da ONU: "Art. 2º A Organização e os seus membros, para a realização dos objetivos mencionados no art. 1º, agirão de acordo com os seguintes princípios: [...] 4. Os membros deverão abster-se nas suas relações internacionais de recorrer à ameaça ou ao uso da força, quer seja contra a integridade territorial ou a independência política de um Estado, quer seja de qualquer outro modo incompatível com os objetivos das Nações Unidas. Art. 24-1. A fim de assegurar uma ação pronta e eficaz por parte das Nações Unidas, os seus membros conferem ao Conselho de Segurança a principal responsabilidade na manutenção da paz e da segurança internacionais e concordam em que, no cumprimento dos deveres impostos por essa responsabilidade, o Conselho de Segurança aja em nome deles" (United Nations, 2022, tradução nossa).

Síntese

O Poder Legislativo, no contexto da teoria da tripartição dos Poderes, é o responsável pela elaboração e positivação das normas gerais e abstratas, sobretudo das leis. Pois bem, neste capítulo, compreendemos que a Constituição é uma coisa e que a lei é outra. A Constituição é elaborada pelo Poder Constituinte originário, não pelo Poder Legislativo. Este último só tem a prerrogativa de reformar a Constituição, e tal Poder de reforma também é conhecido como *Poder Constituinte derivado*.

Neste mesmo capítulo, evidenciamos, ainda, que os estados-membros de uma federação também são dotados de um Poder Constituinte que se qualifica como *decorrente*. Por fim, visualizamos já existente um Poder Constituinte internacional, criador de normas mundiais de estruturação da comunidade internacional, inclusive de direitos humanos.

Questões para revisão

1. Sobre o Poder Constituinte que positivou a Constituição imperial brasileira de 1824, é correto considerar que:
   a. Dom João VI de fato tinha autoridade para outorgá-la.
   b. Dom Pedro I era detentor do Poder Constituinte originário, por isso a outorgou.
   c. a Assembleia Nacional Constituinte só a aprovou em 1891.
   d. não houve Poder Constituinte algum em 1824.

2. Em pleno século XXI, diferentemente do que se defendia nos tempos de Sieyès, o Poder Constituinte originário **não** pode:
   a. estruturar o Estado.
   b. definir direitos fundamentais.

c. dar instrumentos processuais de garantias dos direitos fundamentais.
   d. revogar unilateralmente os compromissos internacionais assumidos previamente pelo Estado.
3. O Poder Constituinte derivado brasileiro **não** pode:
   a. suprimir a prisão em flagrante.
   b. suprimir o direito à vida.
   c. criar novas regras previdenciárias.
   d. modificar a estrutura do Poder Judiciário.
4. O Brasil foi escravagista até a Lei Áurea, sancionada pela Princesa Isabel. Suponha que um novo Poder Constituinte originário surja no dia de hoje. Será que ele poderá reinstaurar o regime escravagista no Brasil?
5. Estamos vivendo o período da globalização já há algum tempo. É correto pensar em uma Constituição internacional?

Questões para reflexão

1. Em uma federação, o estado-membro está autorizado a elaborar sua própria Constituição?
2. As conquistas trabalhistas do século XX têm sido abaladas em vários países por reformas constitucionais e legislativas. A considerar que algumas normas de direito do trabalho são equivalentes a direitos fundamentais (por exemplo, as do art. 7º da Constituição brasileira de 1988), o Poder Legislativo pode modificar o que o Brasil conhece pela sigla CLT (Consolidação das Leis Trabalhistas)?

capítulo três

Burdun Iliya/Shutterstock

História das gerações[1] de direitos fundamentais no constitucionalismo ocidental

---

[1] Este capítulo foi integralmente inspirado na parte que discorre sobre a questão das gerações dos direitos fundamentais no livro de nossa autoria intitulado *Direitos e garantias fundamentais* (Curitiba: InterSaberes, 2021).

Conteúdos do capítulo:

- História das gerações de direitos fundamentais.
- Nomenclatura: geração e dimensão.
- Gerações de direitos fundamentais.
- Delimitação conceitual dos direitos fundamentais

Após o estudo deste capítulo, você será capaz de:

1. compreender o que são direitos fundamentais;
2. fazer as aproximações semânticas entre as expressões direitos fundamentais, direitos humanos e direitos civis, que, no fundo, significam a mesma coisa;
3. estabelecer as diferenciações e os distanciamentos entre expressões de significado distinto, tais como *direitos individuais, direitos sociais, direitos difusos e coletivos* e outras;
4. inserir-se na história da positivação dos direitos humanos, tanto nos direitos constitucionais do Brasil e de vários outros países quanto no Direito Internacional dos direitos humanos;
5. empregar corretamente as expressões *geração* e *dimensão* no que se referem aos direitos fundamentais;
6. perceber a imensa falta de critério dos doutrinadores brasileiros ao detectarem – equivocadamente – seis ou sete gerações de direitos humanos.

3.1 Um pouco de história

Documentos normativos apartados, definidores de direitos fundamentais, foram positivados entre os reinos que vieram a fazer parte daquela Espanha que, depois, em 1492, unificou-se sob o reinado de Isabel e Fernando. Tais normas de direitos humanos são dignas de nota (Ferreira Filho, 2016) porque, antes delas, o que se via era a seguinte sequência: (1) a de que, entre os gentílicos, não teria existido poder algum (Silva, 2020); (2) então, apareceu um sistema de apropriação privada; (3) daí o Estado[2] surgiu para fazer valer a propriedade privada. Desse modo, o que passou a ser asseguratório de qualquer liberdade ou da igualdade, então, pôde ser considerado como norma de direito fundamental. Logo, os pactos, os florais e as franquias advieram para positivar direitos individuais em León e Castela (1188), Aragão (1265), Viscaia (1526).

Se formos falar em termos de continuidade e de perenidade, o que fez o Reino Unido – e até hoje continua a fazer – não tem precedentes nem comparação. O universo britânico de direitos fundamentais deve receber um corte à parte[3] neste livro, a partir do parágrafo que segue. Confira, então, a sequência dos ingleses – e dos britânicos em geral.

Inglaterra

Em termos de direitos humanos, a Magna Carta inglesa, de 1215, do Rei João Sem Terra, entre outras disposições, criou o *habeas*

---

2 Esta sequência (de 1 a 3), de José Afonso da Silva, merecedora de respeito e admiração pelo brilhantismo do professor, aproxima-se, porém, de uma cultura marxista do Direito e da Economia. Se assim fosse, não teria havido, antes do que relatou José Afonso, o Estado romano durante todo os seus muitos séculos de existência, como máquina garantidora da propriedade privada. Todavia, apesar de não concordarmos, aqui, com essa ideologia, relatamos o pensamento e a sequência histórica dos escritos do professor José Afonso.

3 Também merecerão seus espaços os direitos fundamentais da Inglaterra, dos Estados Unidos, da França, do bloco socialista, bem como a universalização dos direitos e a situação dos direitos humanos nas Constituições da contemporaneidade, sobretudo na brasileira.

corpus, instituiu o Tribunal do Júri e também o Conselho do Reino (formado pelos barões que o forçaram a assinar a Magna Carta); tal Conselho foi o ponto inicial do que veio a ser, mais tarde, a primeira Casa do Parlamento britânico, a Câmara Alta, ou *House of Lords* (Casa dos Lordes). Mais adiante, logo após a Revolução Gloriosa, adveio a *Bill of Rights* (Carta de Direitos), de 1689, sendo esta um marco do Direito Constitucional costumeiro (consuetudinário) da Inglaterra, apesar de não ser universalista como a Declaração francesa de 1789. Foi a *Bill of Rights* que fixou certos direitos fundamentais, ao mesmo tempo em que limitou os poderes do monarca, regrou os direitos do Parlamento, estabeleceu as eleições livres (direitos políticos, democracia indireta moderna), a liberdade de expressão dos eleitos pelo povo, a proibição contra punições cruéis ou que não estivessem determinadas em lei prévia, o direito de não serem os cidadãos ingleses taxados sem lei prévia aprovada pelo Parlamento. Tais garantias eram fruto do pensamento político de John Locke (1980), muito popular na Inglaterra no final do século XVII. Perceba que o conjunto constitucional britânico de direitos humanos é composto por três grandes pilares: (1) a já referida Magna Carta (1215); (2) a *Petition of Right* (Carta ou Petição de Direito, de 1628); e (3) a mais abrangente *Bill of Rights*. Juntam-se a estes o *Habeas Corpus Act* (1679), o *Act of Settlement* (1701) e os mais recentes *Parliament Acts* (1911 e 1949) nisso que se conhece por *Constituição não codificada britânica*. Norma jurídica similar, mas separada, aplica-se ao Direito da Escócia, a chamada *Claim of Right Act* (1689). A *Bill of Rights* britânica (1689) foi um dos modelos para a homônima norte-americana (as dez emendas, de 1789), tendo sido influência para a Declaração Universal da ONU (1948) e para a Convenção Europeia de Direitos Humanos (1950), nestes dois últimos casos, lembramos que a Declaração Francesa (de 1789) é marco histórico de crucial importância em razão de ter sido aprovada com a tomada da Bastilha (Revolução Francesa), e mostra-se a Declaração francesa ao mundo como um documento normativo de linguagem e pretensões universalistas. O conjunto britânico de normas de direitos fundamentais em termos de Inglaterra, do Reino Unido e das antigas colônias vale em todos os países-membros da comunidade britânica denominada *Commonwealth Realms*, que engloba 54 Estados-membros, tais como Austrália, Canadá e Nova Zelândia, união esta confirmada e aprimorada pelo Acordo de *Perth* (2011), em vigor desde 2015.

Estados Unidos

Era 1620. Chegou em Massachusetts uma embarcação com 102 ocupantes – o navio *Mayflower*. Uma Comissão representativa de seus ocupantes fez valer o ato normativo chamado *Mayflower Compact*[4], cuja escrita é creditada a William Brewster. Esse documento continha um conjunto de regras de governo autônomo estabelecidas por esses colonos ingleses para a convivência no Novo Mundo. O *Mayflower Compact* foi importante porque se tratava do primeiro documento normativo a estabelecer o autogoverno nas Américas, e os responsáveis por esse autogoverno eram, de início, os próprios ocupantes do navio, e isso foi uma centelha que apontava que, mais tarde, os norte-americanos se tornariam a primeira democracia do mundo moderno, sendo, até hoje, a maior. Perceba, então, que, para o autor deste livro, é possível apontar a democracia como uma das primeiras liberdades: a liberdade política. Logo, a democracia passou a ser um direito fundamental na história fabulosa dos Estados Unidos e de todo Ocidente, sendo de se lamentar quando qualquer regime fuja da possibilidade de se exercer a liberdade política pelo povo. Não à toa, a Constituição[5] dos Estados Unidos começa

---

4 ESTADOS UNIDOS DA AMÉRICA. The Mayflower Compact. In: **Constitutional Rights Foundation**. Disponível em: <https://www.crf-usa.org/foundations-of-our-constitution/mayflower--compact.html>. Acesso em: 8 jan. 2022.

5 ESTADOS UNIDOS DA AMÉRICA. **The Constitution**: Preamble. 17 Sept. 1787b. Disponível em: <https://constitutioncenter.org/interactive-constitution/preamble>. Acessado em: 8 jan. 2022.

pelo Preâmbulo contendo a seguinte frase: *"We the people"*, o que significa "Nós, o povo".

Antes da formação confederativa dos Estados Unidos da América – que, até o advento das dez primeiras emendas de direitos fundamentais, era uma Carta Política estruturadora do Estado norte-americano –, algumas Cartas de Direitos e Liberdades foram promulgadas pelas colônias. Entre elas, podemos citar: *Charter of New England* (1620), *Charter of Massachusetts Bay* (1629), *Charter of Maryland* (1632), *Charter of Connecticut* (1662), *Charter of Rhode Island* (1663), *Charter of Carolina* (1663), *Charter of Georgia* (1732), *Massachusetts Body of Liberties* (1641), *New York Charter of Liberties* (1683), *Pennsylvania Charter of Privileges* (1701). Tamanho protagonismo no campo desenvolvimentista dos direitos fundamentais (individuais!) fez com os Estados Unidos naturalmente avançassem para a Declaração de Direitos do Bom Povo da Virgínia (1776) e para a própria Constituição dos Estados Unidos (1787), estas duas sob a influência decisiva de Thomas Jefferson, John Adams, James Madison, Benjamin Franklin, George Mason – entre os dos Estados Unidos –; e, entre os europeus, a influência veio de John Locke (Inglaterra), de Jean-Jacques Rousseau (França e Suíça) e do Barão de Montesquieu (França). Na Constituição dos Estados Unidos, foram dez as emendas que primeiro prescreveram a observância de dados direitos fundamentais, todas escritas por Jefferson e Madison.

França

Os iluministas[6], os enciclopedistas e os revolucionários franceses já vinham preparando o mundo ocidental para as novidades da liberdade, da igualdade e da fraternidade. A França era, então, o mais influente Estado nacional do mundo, e seus intelectuais eram os mais celebrados. Logo, não é certo, apoiando-se em questões cronológicas, afirmar que os norte-americanos influenciaram

---

6 Montesquieu, Rousseau, Diderot, D'Alambert, Voltaire, entre outros.

decisivamente a França para que esta, "só em 1789", adotasse, em Assembleia Nacional Constituinte (de 27/08/1789), aquela que é a mais famosa normativa global de direitos fundamentais, intitulada oficialmente *Declaração dos Direitos do Homem e do Cidadão*. Aliás, sobre um influenciar o outro, é óbvio que havia uma boa relação entre os liberais franceses e os *founding fathers*[7]. Nesse sentido – e poucos de nossos "constitucionalistas" dão a atenção devida ao nosso Brasil, o que é uma vergonha! –, os inconfidentes mineiros também liam os liberais franceses e a Constituição dos Estados Unidos, e isso se comprova em Ouro Preto, no Museu da Inconfidência[8], sabendo-se que o próprio Tiradentes (Joaquim José da Silva Xavier) guardava consigo um exemplar clandestino da Constituição dos Estados Unidos, preservado até hoje no referido museu. O triângulo da influência entre França, Estados Unidos e Brasil foi objeto dos mais apurados estudos levados a cabo pelo grande historiador Kenneth Maxwell (2013).

A França tem a peculiaridade de ter seguido rumo oposto ao adotado pelos constituintes norte-americanos. Nos Estados Unidos, primeiro veio a Constituição estruturante da confederação, depois a *Bill of Rights* contendo as emendas dos dez primeiros direitos fundamentais; enquanto isso, a França começou pelos direitos humanos (a Declaração, de 1789), só depois tendo positivado a Constituição de 1791 (a qual adotou a Declaração de 1789). Na sequência, foram as próprias (muitas) Constituições francesas que definiram e garantiram direitos fundamentais, ora em maior, ora em menor número, sendo bastante generosa a Constituição em vigor (desde 1958) tanto em direitos individuais quanto em direitos sociais e meio ambiente. A propósito – e já que os "constitucionalistas" brasileiros nada falam

---

7 Os pais fundadores dos Estados Unidos.

8 WERNECK, G. Museu da Inconfidência completa 70 anos como guardião da história de Minas. **Estado de Minas Gerais**, 19 jul. 2014. Disponível em: <https://www.em.com.br/app/noticia/gerais/2014/07/19/interna_gerais,549727/museu-da-inconfidencia-completa-70-anos-como-guardiao-da-historia-de-minas.shtml>. Acesso em: 18 jan. 2022.

da França! –, é bom que o leitor deste livro saiba que tão importante país (a França) teve várias Constituições[9], o que revela uma imensa instabilidade constitucional da qual padecem os gauleses: fora a Declaração de Direitos de 1789 (que tem força constitucional), as Constituições são as de: 1791, 1793, 1795, 1799, 1802, 1804, 1814, 1815, 1830, 1848, 1852, 1875 (neste ano, seguidamente, três "leis" constitucionais), 1945, 1946 e 1958. A considerar que as três "leis" constitucionais de 1875 eram dotadas de supremacia hierárquica, o mesmo raciocínio valendo para a Declaração de 1789, então, de fato, de 1791 até hoje, a França produziu o número incrível de 18 "documentos constitucionais", o que provoca inveja até no Brasil, que teve as Constituições de 1824, 1891, 1934, 1937, 1946, 1967[10] e 1988, soma esta que completa o elevado número de sete Cartas Magnas.

México, Weimar, União Soviética e Bloco Socialista

A primeira encíclica papal a tratar de direitos fundamentais (sociais) causou um despertar para a necessidade de se fazer inserir nas Cartas Magnas alguns direitos fundamentais assecuratórios de providências que o Estado deveria protagonizar em prol da coletividade, tais como escolas e hospitais para o maior número possível de pessoas.

---

9 FRANÇA. **Les Constitutions de la France**. Disponível em: <https://www.conseil-constitutionnel.fr/la-constitution/les-constitutions-de-la-france>. Acesso em: 18 jan. 2022.

10 "Essa Constituição foi emendada por sucessiva expedição de Atos Institucionais (AI), que serviram de mecanismos de legitimação e legalização das ações políticas dos militares, dando a eles poderes extra-constitucionais. De 1964 a 1969, foram decretados 17 atos institucionais, regulamentados por 104 atos complementares. Um deles, o AI-5, de 13 de dezembro de 1968, foi um instrumento que deu ao regime poderes absolutos e cuja primeira consequência foi o fechamento do Congresso Nacional por quase um ano e o recesso dos mandatos de senadores, deputados e vereadores, que passaram a receber somente a parte fixa de seus subsídios. Entre outras medidas do AI-5, destacam-se: suspensão de qualquer reunião de cunho político; censura aos meios de comunicação, estendendo-se à música, ao teatro e ao cinema; suspensão do *habeas corpus* para os chamados crimes políticos; decretação do estado de sítio pelo presidente da República em qualquer dos casos previstos na Constituição; e autorização para intervenção em estados e municípios." (Senado Federal, 2022). Acrescentamos, ao que consta nesse *site* do Senado, o seguinte: não foi instaurado um poder constituinte originário que desse azo ao entendimento de ter nascido, em 1969, uma nova Constituição (a do mesmo ano) durante o regime militar, razão pela qual aqui afirmamos: o Brasil teve sete Constituições.

Eclodiram, então, as revoluções socialistas, e as novas Constituições promulgadas nesses e em outros países (mesmo os democráticos) voltaram-se para a positivação de direitos fundamentais a serem implantados pelo Estado e fruídos pela coletividade como um todo, não só por indivíduos empoderados, tradutores de um Estado que deveria, a partir daí, investir, atuar, fazer-se presente, e não se abster de promover garantias tais como a saúde e a educação públicas e de qualidade, além de cultura e mínimas possibilidades econômicas. Nesse sentido, são paradigmáticas a Constituição do México (1917), a Declaração dos Direitos do Povo Trabalhador e Explorado (União Soviética, 1918) e a Constituição de Weimar (1919).

Os primeiros direitos eram típicos de um Estado abstêmio, que pouco se fazia presente, um Estado do *laisser faire, laisser passer* (ou seja, do "deixar fazer, deixar passar"). Já os direitos sociais são característicos de um Estado que não pode abster-se de oferecer condições públicas para que toda a coletividade possa fruir de mínimas condições de saúde e de educação para viver no mundo pós-industrial e posterior ao êxodo rural que influou as cidades e fez aparecer as grandes metrópoles. A partir daí, passa a se desenvolver o chamado *Estado Social de Direito*, o qual não alcançou seu apogeu, de modo algum, na União Soviética, nem na parte comunista da Alemanha dividida (a República Democrática Alemã – popularmente conhecida pelo nome de Alemanha Oriental –, criada em 1949), nem em Cuba nem na China, isso porque esses quatro países adotaram o regime de partido único, ou seja: tornaram-se ditaduras, não sendo certo pensar que o simples fato de um país ser comunista vá garantir ao seu povo o *welfare State* (Estado do bem-estar social). Quem conseguiu, de forma ímpar, implantar direitos sociais sem barganhar com a democracia foram os países da Escandinávia, e o maior exemplo disso é a Suécia de Olof Palm. Registramos, por fim, que todas as democracias do mundo inseriram, em suas Constituições, os direitos sociais como integrantes das listas de direitos fundamentais; exceção se faz ao Direito Constitucional dos Estados Unidos, que, nesse ponto, deixa a desejar.

Universalização dos direitos

Era 10 de dezembro de 1948. Adotou-se, então, na Organização das Nações Unidas (ONU[11]), em Nova Iorque, a Declaração Universal dos Direitos Humanos (DUDH), aprovada pela Resolução n. 217 A-III, da respectiva Assembleia Geral. Por se tratar de uma declaração internacional, por óbvio, seu universalismo sobressai, característica esta que, em termos nacionais, a Declaração Francesa de 1789 já havia conseguido, apesar de a França ser um Estado nacional. Essa qualidade, a do universalismo, não se aplica à Declaração norte-americana de 1776 nem à Constituição dos Estados Unidos (1787). Na própria ONU, seus países-membros trataram de aprovar acordos internacionais de direitos humanos que, por conta da regra da *pacta sunt servanda*, não podiam ser contestados ou deixados de ser cumpridos, executividade esta que, conforme Francisco Rezek (2018), não existe em uma declaração. Os acordos de direitos humanos da ONU são dois, ambos de 1966, quais sejam: (1) o Pacto Internacional dos Direitos Civis e Políticos[12]; e (2) o Pacto Internacional dos Direitos Econômicos, Sociais e Culturais[13].

Quando se universalizaram os direitos na esfera da ONU e graças às Nações Unidas e a seus Estados-membros (1948 e 1966),

---

11 ONU – Organização das Nações Unidas. **Declaração Universal dos Direitos Humanos**. 10 dez. 1948. Disponível em: <https://www.unicef.org/brazil/declaracao-universal-dos-direitos-humanos>. Acesso em: 8 jan. 2022.

12 ONU – Organização das Nações Unidas. **Pacto Internacional dos Direitos Civis e Políticos**. 16 dez. 1966a. Disponível em: <https://www.oas.org/dil/port/1966%20Pacto%20Internacional%20sobre%20Direitos%20Civis%20e%20Pol%C3%ADticos.pdf>. Acesso em: 18 jan. 2022.

13 ONU – Organização das Nações Unidas. **Pacto Internacional dos Direitos Econômicos, Sociais e Culturais**. 19 dez. 1966b. Disponível em: <https://www.oas.org/dil/port/1966%20Pacto%20Internacional%20sobre%20os%20Direitos%20Econ%C3%B3micos,%20Sociais%20e%20Culturais.pdf>. Acesso em: 8 jan. 2022.

o mundo já conhecia todas as gerações de direitos fundamentais, razão pela qual os pactos da ONU se ocuparam, em bloco, dos direitos individuais e dos direitos sociais. Depois disso, advieram as graves preocupações com o meio ambiente, e o Brasil foi protagonista delas na Rio Eco-92 (organizada pelo professor e ministro Francisco Rezek enquanto chanceler do Brasil) e no Acordo de Paris (decorrente da realização da COP21, a 21ª Conferência das Partes da Convenção-Quadro das Nações Unidas sobre Mudança do Clima, em dezembro de 2015).

Os contextos regionais (Europa e União Europeia, Américas e África) de positivação de direitos humanos serão expostos mais detalhadamente logo adiante, mas já adiantamos que neles foram criadas estruturas, até mesmo judiciais, para a efetivação das garantias internacionais.

Direitos fundamentais nas Constituições atuais

Vistos os direitos fundamentais na história linhas atrás, ressaltamos que aquilo que se chamou de *Constituição* no passado não era marcado pelos elementos que caracterizam a Constituição moderna, os quais serão analisados a seguir. Logo, não é certo dizer que existiu um Direito Constitucional da Antiguidade ou dos tempos de Roma ou de Grécia que tenham sido marcados pela longevidade nem pela perenidade, de sorte que isso não quer dizer *constitucionalismo* enquanto esse *ismo* quiser significar "Direito Constitucional". Isolados, portanto, foram os documentos normativos de direitos fundamentais produzidos em León e Castela.

O fato é que devemos fazer justiça à Inglaterra, e o curioso é que o Reino Unido nunca teve uma Constituição propriamente dita, que tenha sido promulgada em bloco, por escrito, no dia tal, razão pela qual Orlando Magalhães Carvalho (1943, p. 94), lecionando sobre o Direito Constitucional consuetudinário inglês, dizia que "não é a Constituição escrita que controla os britânicos, são os britânicos que controlam a Constituição costumeira".

Pelo exposto, devemos ter em mente que, em uma fala hodierna, o certo é que o bloco de positivação em série dos direitos fundamentais é um fenômeno da modernidade. Ora, os direitos fundamentais nasceram com o próprio Direito Constitucional escrito (moderno) no século XVIII. Antes disso, o que havia eram movimentos efêmeros, declarações e/ou normas jurídicas à parte, que não tiveram substância nem constância, e não se protraíram no tempo nem para merecer um *"ismo"*, exceto pela precocidade do Cristianismo naquilo que elevou a mulher, as pessoas com deficiência e os pobres[14] (Sheen, 2019). Está-se aqui a dizer que Constituição e direitos fundamentais são contemporâneos; lembramos que as normas constitucionais, desde que teve início o Direito Constitucional moderno (século XVIII), têm cumprido dois papéis, quais sejam: (1) estruturar o Estado; e (2) definir e garantir direitos fundamentais.

Em se tratando de Poder Constituinte, percebemos, no dedilhar da Carta Política em vigor, que a Constituição brasileira de 1988 não seguiu a boa técnica legislativa da Constituição portuguesa de 1976. Também pudera: o grande ícone desta última foi o constituinte e professor Jorge Miranda, tendo sido por indicação deste que: (a) a primeira parte da Carta lusitana veicula normas de direitos fundamentais e suas garantias processuais, inclusive, incorporando ao texto constitucional a Declaração Universal dos Direitos Humanos (da ONU), fato único no Direito Constitucional comparado; (b) na segunda parte da Carta, o Estado português é estruturado. Em vez de adotar a mesma lógica, a Constituição

---

14 Já se ultrapassou a doutrina da teologia da libertação. Em apertada síntese, ela propagava que a Igreja de Jesus veio para dar pão aos pobres. Tais teólogos erraram porque confundiram o pão material com o Pão espiritual que é o Cristo (João, 6:35). O Pão espiritual dá a vida eterna; o pão material só mata a fome de comida física. O Pão espiritual alimenta a alma; o pão material enche a barriga. A diferença é imensa. Não que o catolicismo não se preocupe materialmente com os pobres: é claro que sim, tanto que a Igreja, há mais de 2.000 anos, é a maior instituição de caridade do mundo. Antes disso, todavia, a Igreja é o *Corpus* cuja cabeça é o próprio *Christus*, sendo a *Ecclesia* a responsável por toda a herança do Pão da Vida, e este é espiritual no sentido de se saber que o advento da encarnação do Verbo ocorreu para a efetivação da libertação do pecado (Sheen, 2019).

brasileira é espalhafatosa, portanto há direitos humanos em artigos fragmentados por todo o texto (ora aqui, ora acolá), não somente no Título II; nela, intercalam-se normas de direitos fundamentais com aquelas que prescrevem como deve ser o Estado brasileiro. É exemplo de norma jurídica de direitos fundamentais o *caput* do art. 5º: "Todos são iguais perante a lei, sem distinção de qualquer natureza, garantindo-se aos brasileiros e aos estrangeiros residentes no País a inviolabilidade do direito à vida, à liberdade, à igualdade, à segurança e à propriedade, nos termos seguintes" (Brasil, 1988). E exemplo de norma de estruturação do Estado é o *caput* do art. 2º: "São Poderes da União, independentes e harmônicos entre si, o Legislativo, o Executivo e o Judiciário" (Brasil, 1988).

Iniciado o movimento constitucional, includente dos direitos humanos, no século XVIII, nos dois séculos seguintes se promoveu uma dupla mutação: (1) os direitos fundamentais deixaram de ser positivados em declarações apartadas e começaram a ser postos diretamente na maioria das Constituições que se promulgavam mundo afora; (2) por conta de se ter notado que a simples definição de direitos fundamentais não era suficiente para que de fato estes se efetivassem, então, tornou-se usual prever nas próprias Cartas Magnas os instrumentos de garantia dos direitos humanos. No Brasil atual, são garantidoras dos direitos fundamentais certas ações (constitucionais), que são também conhecidas pela alcunha de *remédios constitucionais*, e são elas: o *habeas data*, o mandado de injunção (individual e coletivo), a ação popular, o mandado de segurança (individual e coletivo), o *habeas corpus* e a ação civil pública. Notamos, outrossim, que a previsão dos remédios constitucionais se encontra na Carta Magna porque é ela que tem autoridade para tanto, mas a regulamentação das minúcias de cada ação é assunto de lei ordinária, e não podia ser de outro modo porque é técnica legislativa a de que a Constituição disponha sobre os grandes assuntos do país e do mundo, cabendo à lei os detalhamentos, as regulamentações, os *modus* e os prazos. As primeiras Constituições a cumprirem a dupla função de que aqui se fala foram a brasileira de 1824 e a belga de 1831.

Na análise das Constituições contemporâneas, José Afonso da Silva (2020) apresenta esta classificação: (a) Constituições liberais: Estados Unidos e Bélgica; (b) Constituições liberais com reconhecimento de direitos sociais: Brasil, Itália, França, Suécia e outras; (c) Constituições transformistas: que prometem alguma situação de transição para um socialismo democrático e pluralista, como Portugal e Espanha (1976 e 1978); (d) Constituições socialistas: típicas dos regimes autoritários de Cuba, China e Coréia do Norte, países em que se veem previstos e implantados, bem ou mal, alguns direitos sociais por conta de primarem pela igualdade desprezada pelos liberais; (e) Constituições ditatórias: as que desprezam completamente os direitos do homem ou que, para a fruição dos poucos previstos, impõem toda espécie de empecilho, como as de Camboja, Cingapura, Egito, Etiópia, Irã e Arábia Saudita.

Direitos fundamentais nas Constituições brasileiras

Não explanaremos pormenores acerca da positivação de direitos fundamentais nas sete Constituições do Brasil, caso contrário, este livro, que pretende ser um erudito manual dos direitos e das garantias fundamentais, tornar-se-á um tratado, e não é essa a proposta editorial aqui publicada.

Iniciamos pela afirmação de que todas as sete Constituições do Brasil subjetivaram e positivaram declarações de direitos, e disso o Brasil há de se orgulhar, apesar dos inúmeros períodos de obscurantismo que assolaram a história pátria em termos de democracia e de real fruição de direitos humanos.

Ao menos no que se refere aos direitos individuais, a Constituição do Império, de 1824, já os consignava. As nomenclaturas usadas pelo constituinte imperial foram: Das Disposições Gerais; Garantias dos Direitos Civis e Políticos dos Cidadãos Brasileiros. O art. 179 era voltado ao assunto das liberdades e continha 35 incisos. Os estrangeiros podiam gozar de direitos e garantias em território pátrio. Logo, podemos concluir que o imperador Dom Pedro I foi um estadista liberal e observante dos direitos.

A Carta de 1891, a primeira republicana, influenciada por Ruy Barbosa, dedicou aos direitos humanos a Seção II do Título IV, com a declaração de direitos assegurados aos brasileiros e aos estrangeiros, tais como liberdade, segurança e propriedade. Eram voltados aos direitos fundamentais os seguintes dispositivos normativos: art. 72 e seus 31 parágrafos mais os arts. 73 a 78, não tendo sido a enumeração exaustiva.

A primeira Constituição a prever em seu texto um número de Direitos Sociais foi a de 1934, que, como as que a sucederam (menos a de 1937, que era ditatorial), prescreveu um título especialíssimo para a Declaração de Direitos, não mais só os individuais, mas também os sociais e econômicos.

A Carta do Estado Novo, de 1937, saída da pena de Francisco Campos e ditada pelos anseios mais populistas da fase totalmente ditatorial de Getúlio Vargas, simplesmente desrespeitou integralmente os direitos do homem, em especial os políticos.

Voltando-se o Brasil à normalidade democrática, promulgou-se a Constituição de 1946, votada em uma Assembleia Nacional Constituinte plural, de que participaram os liberais, os conservadores, os cafés-com-leite[15] e os comunistas espalhados sobretudo pelos partidos PSD, UDN, PCB e PTB. O Título IV dessa Carta continha a declaração de direitos dividida em dois capítulos: (1) um dedicado à nacionalidade e à cidadania; e (2) outro dedicado aos direitos e às garantias individuais.

Aparecem na Carta de 1946, assim como na de 1967 (art. 151) e na Emenda Constitucional de 1969 (art. 153), enunciados similares, com a previsão de assegurar os direitos à vida, à liberdade,

---

15 Os mineiros e os paulistas da República do Café com Leite.

à segurança individual e à propriedade. Dois títulos chamam a atenção na Constituição de 1967: (1) um sobre a ordem econômica; (2) outro sobre a família, a educação e a cultura.

O Brasil de 1988, nem na Constituinte que promulgou a Constituição em vigor fez a divisão das normas constitucionais em dois[16] blocos, a exemplo do que Jorge Miranda ensinou os constituintes lusitanos a fazer na Carta que lá se promulgou em 1976. Repetimos: a Constituição portuguesa de 1976 tem dois blocos: o bloco I é o dos direitos fundamentais; o bloco II é o das normas estruturantes do Estado português. Isso facilita o trabalho dos políticos, dos juristas e a compreensão pelo povo. O constituinte de 1988 foi espalhafatoso, como já informamos: em vez de criar os blocos constitucionais de normas de direitos fundamentais e outro de normas estruturantes do Estado, preferiu fragmentar. As normas de direitos fundamentais vêm previstas nos seguintes dispositivos: Título II – Dos Direitos e Garantias Fundamentais, com a previsão de Direitos e Deveres Individuais e Coletivos (Capítulo I), Direitos Sociais (Capítulo II), Direitos da Nacionalidade (Capítulo III), Direitos Políticos (Capítulo IV) e Partidos Políticos (Capítulo V). Daí a coisa toda se fragmenta e se chega ao Título VII, que acaba por conter normas de direitos fundamentais na Ordem Econômica e Financeira, vindo, em seguida, as normas da Ordem Social no Título VIII.

---

16 A ideia de dois blocos normativos parte do conhecimento de que as normas constitucionais, como um todo, têm cumprido, em toda a história do Direito Constitucional moderno, aquelas duas funções: (1) estruturar o Estado; e (2) definir e garantir direitos fundamentais.

3.2 Nomenclatura: gerações, dimensões ou o quê?

Quando se fala em *gerações* de direitos fundamentais, quer-se dizer que tais direitos foram postos nas Constituições respeitando a época de sua positivação, com todas as suas implicações jurídicas, políticas, econômicas e sociais. Nada impediu que houvesse Constituições que, em seus textos – e contextos –, previssem direitos humanos individuais, sociais, de meio ambiente e outros. Nesse sentido, é perfeitamente comum se deparar com uma Constituição, como a brasileira de 1988, em que se veem positivados os direitos fundamentais conhecidos por todas as gerações históricas de direitos que a ciência do Direito Constitucional vem descrevendo desde o século XVIII. Pode, então, o utente da língua portuguesa utilizar tanto *gerações* quanto *dimensões* para significar as séries históricas de direitos fundamentais que se sucederam na história das Constituições no Direito Constitucional Comparado. Se a Constituição norte-americana é mais individualista no campo dos direitos, isso é lá uma característica muito peculiar do regime constitucional dos Estados Unidos, inclusive – e principalmente – por conta de se perceber preponderante, lá, a doutrina de John Locke e o apego à propriedade privada e ao lucro. Urge ao Direito Constitucional dos Estados Unidos a positivação de direitos fundamentais sociais, mas isso é lá com eles, pois não há omissão constitucional pela falta de direitos sociais em uma Constituição, mesmo porque, nos Estados Unidos, nunca a Suprema Corte local se arvoraria na competência de fazer da Constituição o que ela bem entender; eles não são ativistas. No mesmo raciocínio, há Constituições que contaram com um denso sistema de normas garantidoras do *welfare State* (Estado do bem-estar social), o que implicava certo dirigismo (Canotilho, 1982) estatal no campo dos direitos sociais, culturais e econômicos. O importante é termos em mente que a Constituição não está destinada a assegurar só direitos individuais ou só direitos sociais e coletivos. Todo e qualquer direito fundamental tem espaço em uma Constituição, desde que não vilipendie o conceito de direito fundamental e se retire a intensidade da essencialidade dos direitos humanos.

Exclua-se o Direito Internacional Público da questão das gerações (ou dimensões) dos direitos fundamentais, isso por três razões: (1) quando o Direito Internacional começou a se preocupar com os direitos humanos, as Constituições nacionais já vinham de décadas de experiência na positivação das conquistas humanitárias, individuais ou coletivas, o que significa que o Direito Internacional encontrou tudo pronto, em termos geracionais; só lhe faltava positivar internacionalmente listas de direitos, e isso teve início em 1948. Logo, as gerações de direitos fundamentais são assunto de Direito Constitucional, não de Direito Internacional Público.

3.3 A essencialidade da compreensão da primeira geração

Primeiro, uma dimensão (geração) liberal, individualista, de um Estado abstêmio, o Estado do *laisser faire*, do *laisser passer*. Foi nesse tempo que se difundiram e se assentaram as bases do liberalismo econômico, ou capitalismo propriamente dito.

Podemos desenvolver raciocínio segundo o qual alguns acontecimentos e escolas de pensamento se sucederam para que o mundo alcançasse os estágios que se viram e que ainda se notam.

Os acontecimentos e as escolas de pensamento que influenciaram o nascimento das Constituições modernas e das liberdades foram: o racionalismo; o iluminismo; o enciclopedismo; a Revolução Industrial; a Revolução Francesa; a Independência dos Estados Unidos da América; a Independência do Brasil. Nos parágrafos a seguir, cada uma dessas nomenclaturas será investigada.

Racionalismo

O racionalismo[17]: *cogito, ergo sum; je pense, donc je suis,* ou "penso, logo existo" – eis o que apresentou René Descartes (2005) no século VII. O cogito cartesiano reflete os estudos desse pensador cujo *Discurso do método* foi o marco inicial do pensamento filosófico pós-helênico. O fato é que, em 1637 (ano de publicação de seu icônico livro), a força da razão era nula, a filosofia era escrita em latim, ou do grego traduzida para o latim – portanto, os textos científicos se destinavam exclusivamente aos doutores. Em ambiente assim, Descartes publicou seu *Discurso do método*, redigido em francês, no qual defendeu o uso da razão visando alcançar todos os que pudessem ler na língua em que falavam, o que significa que escreveu para um público sem as limitações vernaculares – para todos! –, isso por conta de ser a razão um privilégio singular e exclusivo de todos os humanos pelo simples fato de estes serem dotados de senso comum[18]. Assim, inaugurou-se toda uma escola filosófica composta por brilhantes seguidores e detratores: o racionalismo; eu penso; eu! Eu penso! Perceba que aqui queremos enfatizar o *eu!* do cogitar, o *eu!* do ato de pensar, no sentido de que quem pensa *sou eu!*, não ninguém por mim. Essa foi a centelha que iluminou, mais tarde, o **individualismo** dos primeiros direitos.

---

17 O autor deste livro, aqui e nos próximos parágrafos e páginas, reserva-se ao ato de descrever as circunstâncias que impulsionaram a positivação de direitos fundamentais. Não será analisado o embate entre fé e ciência, nem defendida a bandeira "a" nem a "b". Todavia, eis aqui uma pista que me vem do sopro do meu "eu profundo": no meio do Éden havia a Árvore da Vida, mas também a árvore do conhecimento do bem e do mal, cujo fruto era proibido à humanidade representada por Adão; ora, vencidos pelo Tentador, a mulher e o homem preferiram comer do fruto. Adviéram disso consequências para toda a humanidade – *Adam Kadmon*, em hebraico. Mais detalhes da Queda, em: Gênesis 2:16-17; 3:1-24.

18 Fruto da razão com a qual o homem naturalmente nasce – o que o diferencia de outros animais e de coisas inanimadas –, Agostinho (1997) enfatizava o livre-arbítrio.

Iluminismo

O iluminismo de Locke, de Rousseau e de Montesquieu só pôde acontecer graças ao prévio racionalismo cartesiano. Iluminismo vem de luz, e as luzes, da razão. Daí o entendimento de que deveriam ser providenciados métodos jurídicos (e normas) para a garantia da liberdade e do progresso. Com tais pensamentos, abriu-se campo para o liberalismo econômico e todos os liberalismos que acompanhavam a liberdade econômica que tinha como centro a propriedade privada. Consideram-se como decorrentes do iluminismo a liberdade religiosa, a de expressão e a de imprensa.

Enciclopedismo

O enciclopedismo veio do iluminismo e da especificidade da publicação da *Encyclopédie* (1772, 28v.), a célebre enciclopédia organizada por Jean d'Alembert e Denis Diderot. Tal evento literário também – e notadamente – foi científico e veio impulsionar os acontecimentos que se sucederiam na França e alhures.

Revolução Industrial

A Revolução Industrial se construiu, da primeira vez, entre os séculos XVIII e XIX, mais acirradamente na Inglaterra (Lucas Jr., 2003). Tratou-se ela da troca da manufatura por processos de produção realizados por máquinas.

A Escola de Chicago identifica outras três revoluções industriais que se foram formando rapidamente com o passar do tempo: (1) a segunda (1850-1945), mediante o desenvolver científico da química, da eletricidade, do petróleo e do aço, bem como dos meios de transporte e comunicação; (2) a terceira (1950-2010), que se notabiliza pela substituição do analógico pelo digital e pela criação e disseminação do uso da *world-wide-web* (internet) e dos telefones celulares; (3) segundo Schwab (2018, p. 160), "O que batizaram agora como

Revolução 4.0 – iniciada em 2011 – tem a ver com a confluência de praticamente todas as tecnologias hoje existentes e que efetivamente estão transformando o mundo de uma forma geral".

Revolução Francesa

A Revolução Francesa foi uma decorrência direta de tudo o que vimos dizendo nesta seção: em linguagem popular – e para que se entenda –, só podia dar no que deu! A França era o mais importante país do mundo todo naquela época. A vizinha Inglaterra já havia implantado uma considerável lista de direitos fundamentais e positivado normas que, incontornavelmente, mudaram toda a estrutura do Estado britânico, apesar de ter preservado a monarquia[19]. Na França, o reinado de Luís XVI, agravado pelas excentricidades da Rainha Maria Antonieta em Paris e em Versalhes, não pôde mais prosperar no tempo porquanto o clima político se tornara insustentável para a continuidade do antigo regime, razão pela qual foi tomada a prisão (Bastilha, no bairro homônimo de Paris) onde eram mantidos os muitos presos políticos inimigos de Luís XVI, além de terem sido promulgadas a Declaração de Direitos do Homem e do Cidadão (1789) e a Constituição (1791). A Revolução Francesa é considerada o movimento sociopolítico mais contundente e importante de todo o período moderno e, ao se ponderar toda a problemática da sucessão de regimes e governos que a sucedeu, é possível constatar que se manteve o ideal de *laisser faire, laisser passer* e se abriu caminho para Napoleão Bonaparte, para seu icônico Código Civil e – fora a propagação da violência bonapartiana – para a disseminação, mundial e definitiva, do liberalismo centrado nas relações privadas, período em que não prosperou o Direito Constitucional francês, mas sim as *libertés* (liberdades).

---

19 Oliver Cromwell foi ditador da Inglaterra republicana entre 1653 e 1658, ano em que seu filho Richard foi deposto e a monarquia foi reinstaurada.

O parágrafo anterior pode induzir à conclusão de que, tal qual Inglaterra e Estados Unidos, a França é um berço do liberalismo e do capitalismo, e continua assim até os dias de hoje. Mas isso não é verdade! Entre as grandes democracias ocidentais, a mais intervencionista e uma das mais sociais é justamente a França. Apesar de a França ser um Estado Social, a Confédération Générale du Travail (CGT)[20] local destrói o patrimônio dos franceses em sucessivas manifestações violadoras da lei e da ordem, bem como chega a controlar a abertura e o fechamento de todos os estabelecimentos públicos e privados, em detrimento do próprio povo – apático! –, notando-se entre os gauleses, portanto, um socialismo de fato em uma democracia que se mostra ao mundo de mãos atadas, de modo que o PT e a CUT do Brasil, se comparados ao sindicalismo francês, mais se assemelham a crianças amadoras em seus primeiros passos.

Independência dos Estados Unidos

A Independência dos Estados Unidos e a Revolução Francesa se comunicaram. A primeira, inclusive – como destacamos *supra* – produziu documentos normativos de direitos humanos anteriores aos franceses, apesar de que não podemos, nem de perto, pensar que os *founding fathers* dos Estados Unidos da América simplesmente tenham agido do nada; não. O iluminismo francês foi influência decisiva. Primeiro, todavia, entenda-se um pouco o que vem a significar os Estados Unidos, a começar pelo nome que batiza o país.

Os ingleses tinham na América do Norte 13 colônias. Cada uma delas era quantificada em unidade pela Inglaterra, por isso o número de 13, equivalente ao que os ingleses controlavam da metrópole (Londres). O autor (Pagliarini, 2016) deste livro já tem lecionado que tais colônias se sublevaram conjuntamente contra o domínio inglês, e isso redundou na positivação da Declaração

---

20 Consultar: FRANÇA. **Confédération Générale du Travail**. Disponível em: <https://www.cgt.fr/>. Acesso em: 18 jan. 2022.

de Independência (1776), na de Direitos do Bom Povo da Virgínia (1776) e na Constituição (1787).

Mais do que nos parágrafos anteriores, devemos nos alongar no que se refere aos Estados Unidos da América e ao Brasil, evidentemente porque são as duas mais importantes colônias dos europeus nas duas Américas. Saibamos, destarte, mais profundamente sobre a realidade do poder constituinte dos Estados Unidos.

Não é certo defender que a Constituição de 1787 tenha sido modelo de participação popular ou resultado de agitações populares organizadas; definitivamente, não! De seu processo de criação, fizeram parte os delegados[21] daquelas que eram as 13 colônias que, unidas (Estados *Unidos*), venceram os ingleses na guerra da independência. A *Federal Convention* organizou-se para além da guerra de independência, portanto ela se reuniu na Casa de Estado (*Hall of Independence*), na Filadélfia, no dia 14 de maio de 1787, para cumprir a finalidade de revisar os artigos da Confederação. Por terem estado presentes, inicialmente, as delegações de apenas dois Estados (antigas colônias), os delegados suspenderam os trabalhos, sucessivas vezes, até que fosse atingido o número mínimo de sete Estados (metade mais um do total de 13 colônias), o que se efetivou factualmente só no dia 25 de maio.

Após acalorados debates, ficou explícito para todos os delegados, já em junho daquele ano, que, em vez de alterar os atuais artigos da Confederação, os delegados presentes à convenção deveriam reescrever tudo e (re)elaborar uma estrutura completamente nova para o governo daquilo que viria a ser os Estados Unidos; não sabiam, mas aquilo que escreviam era a futura Constituição dos Estados Unidos da América. Então, durante todos os dias do verão de 1787, os delegados presentes debateram, fizeram e reescreveram os dispositivos normativos da Constituição em sessões fechadas,

---

21 Os delegados são os que elegem o presidente da República, até hoje, sendo o peso dos votos dos delegados superior ao dos eleitores. Logo, há dois colégios eleitorais nos Estados Unidos: o dos delegados e o do povo. Quem manda é o dos delegados. Joe Biden foi recentemente eleito assim.

sem nenhuma participação ou consulta popular prévia. Entre os principais pontos analisados pelos convencionais estavam o grau de poder permitido ao governo central, o número de representantes de cada Estado no Congresso (Capitólio), e como estes representantes deveriam ser eleitos – diretamente pelo povo ou pelos legisladores dos Estados.

A Carta Magna dos Estados Unidos resultou do pensamento dos partícipes da Convenção e permanece como um modelo de cooperação entre lideranças políticas. As artes da diplomacia, da fidalguia e da condescendência venceu todas as discórdias, tendo isso ficado claro pois que os 55 delegados que redigiram a Constituição incluíram a maior parte dos líderes mais destacados da nova Nação, chamados *founding fathers* (pais fundadores). Thomas Jefferson, que estava em Paris durante a convenção, chegou a afirmar que a Convenção que fez a Constituição mais se assemelhava a uma "assembleia de semideuses" (Hamilton; Jay; Madison, 2003, p. 47). Eles representaram uma imensa variedade de interesses, estados e classes na vida, mesmo que a grande maioria dos delegados fosse constituída por homens brancos que eram, ao mesmo tempo, todos eles, proprietários ricos, entre os quais trinta e dois advogados, onze comerciantes, quatro políticos, dois militares, dois doutores, dois professores, um inventor e um agricultor. A Convenção foi, sobretudo, construída pela fé cristã incluindo congregacionistas, episcopalistas, luteranos, metodistas, presbiterianos, *quackers* e católicos romanos. O *founding father* John Adams não participou, também se encontrava na Europa, mas escreveu, como Jefferson, aos demais delegados para lhes incentivar o trabalho constituinte. O anticonstitucionalista Patrick Henry também preferiu se ausentar porque aquilo, segundo ele, "cheira a rato!" (Hamilton; Jay; Madison, 2003, p. 77).

Dos que se fizeram presentes, os delegados mais famosos, em ordem alfabética prenominal, foram: Alexander Hamilton, Benjamin Franklin, George Washington, James Madison, James Wilson, John

Rutledge, Roger Sherman e Rufus King. Derradeiramente, informamos que a Constituição dos Estados Unidos, apesar de cumprir, após as emendas includentes de alguns direitos individuais, as duas funções clássicas que normalmente cumprem uma Carta Política – (1) estruturar o Estado e (2) definir direitos humanos –, tem natureza jurídica de tratado internacional, uma vez que precisou ser ratificada pelos delegados representantes dos Estados-membros formadores dos Estados Unidos. Juridicamente falando, *ratificação* é uma expressão própria do Direito Internacional e se aplica quando os representantes de diferentes Estados tornam definitivo um acordo entre os Estados envolvidos na avença, criando, no tratado (acordo, pacto) normas jurídicas que se expressam pelas linguagens da obrigação (O), da proibição (ou vedação = V) e da permissão (P).

Independência do Brasil

Chegamos ao Brasil. Sim, Brasil, o país em que publicamos este livro e em que também são publicados os atuais autores da ciência do Direito Constitucional. Pois bem, esses autores, quando escrevem sobre os direitos fundamentais em sua primeira geração, simplesmente se omitem em fazer uma sequência histórica que inclua, como aqui se faz agora, a Independência do Brasil. Tal omissão, *data venia*, é uma falha clamorosa e traz as piores consequências para a ciência do Direito local, para a política, para a interpretação constitucional e para os estudantes e todos os operadores do Direito. E quem são esses autores? São muitos, mas os icônicos já foram respeitosamente apontados neste livro. Eles são os que usam a palavra *constitucionalismo* sem previamente anunciar a que se referem, são os que fogem da primeira interpretação obrigatória (a que parte das palavras escritas em conjunto e que formam frases na língua portuguesa), são os que imaginam que o Brasil, em razão dos pouquíssimos dispositivos normativos do **infra**constitucional

Novo Código de Processo Civil, já é adepto – ou está quase! – do modo como os juízes ingleses e norte-americanos (*common law*) julgam. Não se esperaria que tal ciência do Direito fosse "perder tempo" com a história da Independência do Brasil enquanto influenciadora da Constituição de 1824 e dos primeiros direitos fundamentais. Pois bem, supra-se a omissão, aqui.

Pergunta-se: Qual é a relação entre a independência brasileira e a primeira geração dos direitos fundamentais? Em resposta, afirmamos que a relação é umbilical porque, proclamada a independência em 1822, dois anos mais tarde surgiu a primeira Constituição brasileira, a imperial, de 1824, outorgada pelo Imperador Dom Pedro I. Ao que se refere aos direitos individuais, a Constituição do Império já os consignava sob as rubricas de: Das Disposições Gerais; Garantias dos Direitos Civis e Políticos dos Cidadãos Brasileiros. Era o art. 179 o proclamador das liberdades e se compunha por 35 incisos, entre os quais a norma garantidora de que os estrangeiros podiam gozar de direitos e garantias no Brasil.

Antes da Constituição Imperial e da própria Independência do Brasil de Portugal, fatores históricos contribuíram para que tais ocorrências se efetivassem, tais como: (a) o separatismo iluminista da Inconfidência Mineira[22] – esta, por sua ligação com a Independência dos Estados Unidos e com a Revolução Francesa, mesmo que, no caso de Minas, tenha pesado a questão tributária; (b) o fato de o Brasil se ter acostumado a ser sede do Reino Unido de Portugal, Brasil e Algarves, no Rio de Janeiro implicava o desejo de soberania em relação à metrópole portuguesa; (c) a busca, pela elite brasileira, das liberdades política e econômica; (d) por fim,

---

22 O movimento da Inconfidência Mineira contou com a participação de inúmeros intelectuais, militares, fazendeiros, magistrados da época, membros do Clero, a grande maioria integrante da elite mineira, que tinha o intuito de independência do Brasil em face do domínio português, tornando o Brasil uma república soberana. Além de liberdade e democracia, revoltavam-se os mineiros com a questão tributária porquanto Minas Gerais, que possuía as maiores minas de ouro mundiais naquela época, devia pagar aos portugueses o quinto (20% do metal encontrado na Colônia pertencia a Portugal) e mais tarde a derrama (confisco de posses para garantir o teto de cem arrobas anuais). Para aprofundamento nessa temática, consulte: Pagliarini (2019, p. 182).

impulsionava os anseios separatistas o fato de que os portugueses estavam a exigir a volta de Dom João VI a Lisboa, dado o fim da Era Napoleônica (de 1799 a 1815).

Sobre o protagonismo constitucional brasileiro não só no que se refere ao Direito Constitucional estruturante do Estado, mas também naquilo que atine aos direitos fundamentais, lembramos que, iniciado mundialmente o movimento constitucional moderno e escrito, includente dos direitos humanos, no século XVIII, nos dois séculos seguintes se promoveu um duplo câmbio: (1) os direitos fundamentais deixaram de ser positivados em declarações apartadas e começaram a ser postos diretamente na maioria das Constituições que se promulgavam mundo afora; (2) em razão da constatação de que a simples definição de direitos fundamentais não era suficiente para que estes de fato se efetivassem, então, tornou-se usual prever, nas próprias Cartas Magnas, alguns instrumentos para sua efetivação[23]. As primeiras Constituições a cumprirem a dupla função a que aqui aludimos foram a imperial brasileira de 1824 (outorgada por Dom Pedro I) e a belga de 1831.

Tendo em mente que a igualdade sempre esteve, como proclamação genérica, no rol dos direitos fundamentais – aliás, ela está no trilema da Revolução Francesa desde 1789 –, no desenvolvimento constitucional da primeira geração dos direitos fundamentais no Ocidente é certo que os direitos coletivos, nos quais a igualdade se insere, só vieram mais tarde, na segunda geração dos direitos humanos, como se verá.

Vejamos, a seguir, um modelo – não exaustivo – de lista de direitos individuais, ou seja, de direitos fundamentais incontestavelmente

---

[23] No Brasil atual, são garantidoras dos direitos fundamentais certas ações (constitucionais) que são também conhecidas pela alcunha de remédios constitucionais, e são elas: o *habeas data*, o mandado de injunção (individual e coletivo), a ação popular, o mandado de segurança (individual e coletivo), o *habeas corpus* e a ação civil pública. Notamos, outrossim, que a previsão dos remédios constitucionais se encontra na Carta Magna porque é ela que tem autoridade para tanto, mas a regulamentação das minúcias de cada ação é assunto de lei ordinária, e não podia ser de outro modo porque é técnica legislativa a de que a Constituição disponha sobre os grandes assuntos do país e do mundo, cabendo à lei os detalhamentos, as regulamentações, os *modus* e os prazos.

de primeira geração porquanto dependentes simplesmente da abstenção do Estado em praticar a opressão.

- **Vida:** nela se inclui a existência propriamente dita, a integridade física, a integridade moral e as proibições de pena de morte, de eutanásia, de aborto e de tortura. A estatura da proteção à vida é constitucional. Logo, qualquer norma geral e abstrata ou individual e concreta que viole o direito constitucional à vida atentará contra a própria Constituição.
- **Privacidade:** intimidade, vida privada, honra e imagem das pessoas.
- **Liberdade:** democracia, liberdade de locomoção, liberdade de circulação, liberdade de pensamento, includente de opinião, escusa de consciência, liberdade de comunicação, includente de liberdade de manifestação do pensamento, liberdade de informação em geral, liberdade de informação jornalística e meios de comunicação, liberdade religiosa, liberdade de expressão intelectual, artística e científica e direitos conexos, liberdade de expressão cultural, liberdade de transmissão e recepção do conhecimento, liberdade de ação profissional, includente de liberdade de escolha profissional e acessibilidade ao serviço público.
- **Propriedade privada:** incluindo, além daquela concernente aos imóveis urbanos e rurais, a propriedade autoral, a propriedade de inventos, de marcas e de nome de empresas, mais aquela propriedade como bem de família, atentando que a propriedade deve cumprir sua função social.
- **Igualdade:** direta ou indiretamente, a igualdade aparece três vezes[24] já no *caput* do art. 5º da Carta brasileira de 1988, que, por sua vez, está inserido no Capítulo I – Dos Direitos e Deveres Individuais e Coletivos. Não se sabe se foi um erro do Poder Constituinte originário de 1988 a mistura de

---

24 Foi de gosto duvidoso a redação redundante de tão importante direito fundamental.

direitos individuais com direitos coletivos, mas, ao final e ao cabo, foi assim que a norma foi positivada. Entretanto, em termos de técnica de ciência do Direito Constitucional, aqui se falará em igualdade mais para frente, quando da escrita das linhas sobre os direitos sociais, juntamente a outros dessa mesma categoria. Frisamos que o momento de indicação da igualdade como direito fundamental ocorreu nas revoluções liberais, mas o tempo de implantação de suas consequências e especificidades foi outro, veio mais tarde com as reivindicações coletivistas em prol da sociedade e demandantes de um Estado provedor, não mais abstêmio. E esse raciocínio também vale para a história do Direito Constitucional da França e dos Estados Unidos, pois, de fato, a *égalite* foi lema fundamental (juntamente à *liberté* e à *fraternité*) da Revolução Francesa em si, apesar de que os primeiros acontecimentos na França e aqueles que precederam a Revolução Francesa nos Estados Unidos e na Inglaterra eram mais voltados às *libertés*, tanto que os franceses chamavam os direitos humanos – como um todo – de *libertés publiques* (Rivero; Moutouh, 2003), lembrando que, para os norte-americanos, os direitos civis são os individuais[25].

Cumprimos a explicação do desenvolvimento dos direitos fundamentais de primeira geração (ou dimensão). Terminamos esta seção apresentando o essencial, que, para o autor desta obra, é passar aos leitores as noções básicas de ciência do Direito Constitucional, de Direito Constitucional propriamente dito e da história do Direito Constitucional, sendo este o porquê de se ter perpassado pelos principais passos de movimentos como o racionalismo; o iluminismo; o enciclopedismo; a Revolução Industrial; a Revolução

---

25 Até hoje, os Estados Unidos não sistematizaram em âmbito nacional uma saúde pública e uma educação pública obrigatórias, com verbas destinadas para suas implementações e suas manutenções. Barak Obama tentou isso com o *Obama Care*, mas Donald Trump destruiu o que fora mui modestamente feito por seu antecessor.

Francesa; a Independência dos Estados Unidos da América; e a Independência do Brasil.

3.4 A essencialidade da compreensão da segunda geração

No texto constitucional de 1988, a nomenclatura *direitos sociais* dá vida aos mais genéricos direitos coletivos e, por que não dizer, à igualdade. Entre os direitos sociais positivados efetivamente pelo constituinte estão a liberdade de associação profissional e sindical (arts. 8º e 37, VIII), o direito de participação de trabalhadores e empregadores nos colegiados de órgãos públicos (art. 10), a representação de empregados junto aos empregadores (art. 11), o direito ao meio ambiente ecologicamente equilibrado (art. 225), **ou**, ainda, aqueles que foram indicados pelo texto constitucional como institutos de democracia direta (arts. 14, II, III; 27, § 4º; 29, XIII; 31, §§ 3º e 5º, XVI a XXI, XXXIII, XXXIV, "a"; 61, § 2º). Podemos perceber que uns destes, por natureza, não são direitos coletivos, mas sim **direitos individuais de expressão coletiva**, citando-se como exemplos disso as liberdades de reunião e de associação.

O primeiro intuito deste tópico sobre a essencialidade da segunda geração é afirmar que a segunda geração não veio destruir, suplantar ou substituir as liberdades individuais. Ao contrário, os países que se mantiveram democráticos, como a Suécia e a França, conseguiram promulgar Constituições sociais e inauguraram, de certo modo, universalmente, o que veio a ser conhecido pela nomenclatura de *Estado Democrático e Social de Direito*; Portugal e Espanha seguiram a mesma esteira, em 1976 e 1978, em normas a serem concretizadas mais tarde naquilo que foram apelidadas de *programáticas*.

O segundo intuito deste tópico sobre a essencialidade da segunda geração é o de que o Estado que os implanta em sua Constituição não pode mais, simplesmente, abster-se de agir em prol dos direitos sociais e coletivos, isso porque ele, para implantar direitos sociais (que são também fundamentais) básicos como a saúde e a educação, deve ter programas voltados às políticas públicas educacionais e de saúde includentes da construção de hospitais e escolas, da manutenção destes, da contratação e do pagamento de professores, administradores educacionais e hospitalares, médicos, enfermeiras e mais uma enorme gama de servidores que, nos quatro níveis federativos (União, estados, municípios e Distrito Federal), somam um imenso número, isso para aqui se dizer o mínimo sobre saúde e educação, dois dos direitos sociais (fundamentais e coletivos) mais caros, principalmente nas sociedades mais vulneráveis e de capitalismo e democracia tardios.

O terceiro intuito deste tópico afirma que melhor será se, de fato, sempre se buscar pela igualdade em uma democracia, dado o fato de que os regimes totalitários falharam, e o final do século XX é prova recente disso. Aprofundemo-nos, então, na questão da igualdade: falamos sobre ela já na primeira geração dos direitos fundamentais. Entretanto, podemos crer que foi na segunda geração que o grau de exigência pelos direitos de igualdade se acirraram, no passado, em razão de movimentos políticos como a Comuna de Paris, a Revolução Mexicana e a Revolução Russa. Não obstante a representatividade revolucionária desses três movimentos históricos, não é erro afirmar que, com democracia, os Estados da Escandinávia, com a vantagem da liberdade política assegurada aos cidadãos, também se notabilizaram pela prescrição de direitos sociais em suas Cartas Magnas regentes de cidadãos **livres**, não de escravos de Estados totalitários como Cuba, China e Coréia do Norte. Sabendo-se, já, que a igualdade conflui bem melhor em uma democracia também protetora da liberdade em uma situação de *igualiberdade* (Dimoulis, 2016), chega a hora de defini-la com Ruy Barbosa (1999, p. 22):

Não há, no universo, duas coisas iguais. Muitas se parecem umas às outras. Mas todas entre si diversificam. Os ramos de uma só árvore, as folhas da mesma planta, os traços da polpa de um dedo humano, as gotas do mesmo fluido, os argueiros do mesmo pó, as raias do espectro de um só raio solar ou estelar. Tudo assim, desde os astros, no céu, até os micróbios no sangue, desde as nebulosas no espaço, até aos aljôfares do rocio na relva dos prados.

A regra da igualdade não consiste senão em quinhoar desigualmente aos desiguais, na medida em que se desigualam. Nesta desigualdade social, proporcionada à desigualdade natural, é que se acha a verdadeira lei da igualdade. O mais são desvarios da inveja, do orgulho, ou da loucura. Tratar com desigualdade a iguais, ou a desiguais com igualdade, seria desigualdade flagrante, e não igualdade real. Os apetites humanos conceberam inverter a norma universal da criação, pretendendo, não dar a cada um, na razão do que vale, mas atribuir o mesmo a todos, como se todos se equivalessem.

Eis a regra jurídica da igualdade, e assim ela é pensada até hoje por pressupor tratamento jurídico desigual para pessoas socialmente desiguais. A lição de Ruy é referência.

Na técnica legislativa do constituinte de 1988, a igualdade apareceu três vezes no *caput* do art. 5º e mais uma vez em seu inciso I. Depois, no art. 7º, incisos XXX e XXXI, a igualdade vem como premissa para vedar diferença de salários, de exercício de funções e de critério de admissão por motivo de sexo, idade, cor ou estado civil e qualquer discriminação referente a salário e critérios de admissão do trabalhador com deficiência.

Tais são as efetividades concretas de normas de direitos fundamentais sociais (coletivos, de segunda geração). Mas é preciso considerar existentes na mesma Carta algumas normas programáticas de direitos sociais, como, por exemplo, a redução das desigualdades sociais e regionais como objetivo do Brasil (art. 3º, III), a repulsa a toda forma de discriminação (art. 3º, IV), a universalidade da seguridade social, a garantia ao direito à saúde, à educação baseada em princípios democráticos e de igualdade de condições para o acesso e permanência na escola, a justiça social como objetivos das ordens econômica e social.

Na história dos direitos sociais nas Constituições brasileiras, tem-se esta evolução:

- **Constituição de 1824**: até mesmo a primeira Constituição Imperial brasileira (1824), notadamente liberal e sabidamente outorgada pelo imperador também liberal, embora não tivesse um capítulo que reconhecesse isoladamente direitos sociais com essa nomenclatura, apresentou uma abertura nesse sentido. É o que se traduz da leitura dos incisos XXI, XXII e XXIII do art. 179, que garantem os chamados *socorros públicos*, a instrução primária universal e gratuita e a existência de colégios e universidades. É ínfimo, mas é melhor que nada.
- **Constituição de 1891**: na questão dos direitos sociais, a primeira Constituição republicana deixou a desejar. Por exemplo, ignorou o reclamo por uma reforma agrária e não criou nenhuma normativa para atender ou dar garantias aos escravos recém-libertos. Por fim, a questão do voto merece algum destaque, pois demonstra perfeitamente o grau da desigualdade social no Brasil, uma vez que o direito à cidadania ficou delimitado a um grupo muito pequeno de homens letrados. Ainda, podemos afirmar que, embora constasse na Constituição uma declaração de direitos e de garantias, estes não tinham muita aplicação no dia a dia de uma sociedade civil que era mui fragilmente organizada. Além disso, a descentralização vinda com a Constituição de 1891, passando a magistratura ao domínio dos estados e deixando o poder para as oligarquias – principalmente as de Minas Gerais e de São Paulo –, representou um retrocesso

do sistema de garantias das liberdades individuais que o Império havia começado a organizar.

- **Constituição de 1934**: essa Constituição apresentou considerável pedagogia normativa ao verdadeiramente alargar imensamente os direitos sociais, positivando-os. A partir dela, todas as Constituições brasileiras trataram desses direitos de maneira sistematizada. Lembre-se, antes, de que a Carta Política de 1934 foi influenciada pelas anteriores Constituições de México, Weimar e Espanha (1917, 1919 e 1931), tendo sido a primeira brasileira a instituir uma parte específica (o Título IV) prescrevendo normas sobre a ordem econômica e social. Em seu Preâmbulo se inscrevera que era seu objetivo: "organizar um regime democrático, que assegure a Nação a unidade, a liberdade, a justiça e o bem-estar social e econômico". O inciso II do art. 10 impôs ser competência concorrente da União e dos estados zelar pela saúde e pela assistência pública. Já o art. 121 estabeleceu a assistência médica sanitária aos trabalhadores, a assistência médica às gestantes, assegurando a elas descanso antes e depois do parto. A Constituição de 1934 elevou os direitos e as garantias trabalhistas como normas constitucionais – o que foi importante e novidadeiro no Direito Constitucional comparado –, instituindo a proteção social dos trabalhadores (art. 121, *caput*). Além disso, fixou que todos tinham direito à educação (art. 149) mediante a obrigatoriedade e a gratuidade do ensino primário, inclusive para os adultos, sinalizando uma tendência para a gratuidade do ensino ulterior ao primário (art. 150, § único, "a"). Logo, observou-se significativo avanço dos direitos sociais na Constituição de 1934, que reconheceu a maioria dos que estavam a ser difundidos mundialmente, principalmente no que se refere ao trabalho.

- **Constituição de 1937**: apelidada de "Polaca" por ter sido baseada no regime autoritário daquele país europeu que pouco tempo depois sucumbiria a Hitler, essa Carta foi outorgada por Getúlio Vargas, e seu anteprojeto foi elaborado por Francisco Campos. Tratava-se de Constituição marcadamente centralizadora porquanto limitava a tripartição dos Poderes, eis que concentrava a função de chefe do Executivo e também uma peculiar capacidade normativa[26] ao presidente da República, tendo-se abalado, com isso, a repartição que sempre representou a harmonia e a independência entre os três Poderes. Fora isso, no campo dos direitos fundamentais, com enorme retrocesso, reintroduziu a pena de morte e extinguiu os partidos políticos. Apesar dessas características bastantes nefastas da "Polaca" no que referia a liberdades individuais e política, devemos levar em conta, na área dos direitos fundamentais sociais, que o art. 137, alínea "l", prescrevia que a legislação do trabalho deveria observar a assistência médica e higiênica ao trabalhador e para a gestante, garantindo a esta, sem prejuízo de salário, um período de descanso antes e após o parto, como constava na Constituição anterior. Estabeleceu também em seu art. 16, inciso XXVII, a competência privativa da União para legislar sobre normas fundamentais da defesa e proteção da saúde, especialmente da criança.
- **Constituição de 1946**: apresentando caráter liberal após o período ditatorial de Vargas, a promulgação dessa Constituição procurou redemocratizar o país. Da Assembleia Nacional Constituinte que a escreveu, amplos setores foram partícipes, conforme já pormenorizado neste livro. Além de

---

26 "Art. 38. O Poder Legislativo é exercido pelo Parlamento Nacional com a colaboração do Conselho da Economia Nacional e do Presidente da República, daquele mediante parecer nas matérias da sua competência consultiva e deste pela iniciativa e sanção dos projetos de lei e promulgação dos decretos-leis autorizados nesta Constituição" (Brasil, 1937).

restaurar os direitos e as garantias fundamentais individuais, ela reduziu as atribuições do Poder Executivo, restabelecendo equilíbrio entre os poderes. No campo dos direitos fundamentais, sobretudo no que atinava ao trabalhador, a Constituição de 1946, assim como as de 1934 e 1937, estabelecia que a normas infraconstitucionais do trabalho e da previdência social deviam observar, além de outras garantias laborais em prol dos trabalhadores, a assistência sanitária, inclusive hospitalar e médica preventiva, não só ao trabalhador como um todo, mas em especial à gestante; prescreveu também o estabelecimento de um salário mínimo nacional que suprisse as necessidades do trabalhador e de suas famílias (art. 157, I) – o que nunca aconteceu –, a participação do trabalhador nos lucros da empresa (art. 157, IV), bem como a proibição de trabalho noturno a menores de 18 anos (art. 157, IX). Ainda, inseriu em seu corpo o mandado de segurança como remédio constitucional garantidor de direito líquido e certo que não fosse antes amparado nem por *habeas corpus* nem por ação popular (art. 141). A propriedade privada teve a existência condicionada ao cumprimento de sua função social, tendo-se, a partir daí, possibilitado a desapropriação por interesse social (art. 141, § 16). Em soma a isso, previu a mesma Carta, no art. 5º, a competência da União para estabelecer normas gerais sobre a defesa e proteção da saúde, permitindo que os estados legislassem de forma supletiva ou complementar (art. 6º); prescreveu, no art. 168, a assistência educacional para os alunos necessitados, de modo que se lhes assegurasse eficiência nos estabelecimentos de ensino.

- **Constituição de 1967**: esta foi a Constituição que veio dar sustentação aos primeiros anos da ditadura militar instaurada no Brasil desde 1964. Seu texto punha em relevo o Poder Executivo, que, até 1985, era eleito indiretamente por um colégio eleitoral não popular, mantendo-se as linhas básicas dos demais Poderes, depois cerceadas com os atos institucionais. Foi a Carta supressora de liberdades, tais como a de publicação de livros e outros veículos que representassem, para os censores da ditadura, propaganda subversiva; também restringiu a liberdade de reunião, fixou o foro militar mesmo para civis, diminuiu para 12 anos a idade mínima de permissão do trabalho e limitou a possibilidade de se fazer greve. No entanto, no campo dos direitos sociais, mesmo a Carta de 1967, notaram-se avanços: salário-família aos dependentes do empregador (art. 158, II); proibição de diferença de salários por motivo de etnia (art. 158, III); participação do trabalhador na gestão da empresa (art. 158, V); aposentadoria da mulher aos trinta anos de trabalho, recebendo a integralidade do seu salário (art. 158, XX). Fora isso, nos arts. 8º e 158, foi estabelecido um novo pacto federativo de competências entre União e estados para a melhoria das condições de vida dos que laboram na urbe e no campo.

- **Constituição de 1988**: ao estudar a estrutura normativa da Constituição de 1988, o intérprete se depara com estes grupos e subgrupos de normas de direitos humanos: (a) Título II – Dos Direitos e Garantias Fundamentais, com a previsão de Direitos e Deveres Individuais e Coletivos (Capítulo I), Direitos Sociais (Capítulo II), Direitos da Nacionalidade (Capítulo III), Direitos Políticos (Capítulo IV) e Partidos Políticos (Capítulo V). Após esta sequência que tem lógica porquanto os Capítulos de I a V estão dentro do Título II, dá-se um enorme pulo e se chega ao Título VII, no qual se encontram normas de direitos fundamentais incidentes na Ordem Econômica e Financeira; logo em seguida, vêm as normas da Ordem Social no Título VIII. No art. 6º da Carta de 1988, estão proclamados os direitos sociais em uma primeira mão. Em termos de equivalência, esse art. 6º é, para os direitos sociais, o que o *caput* do art. 5º representa para os direitos individuais. Temos, então, estes direitos sociais: a educação, a saúde, a alimentação, o trabalho, a moradia, o transporte, o lazer, a segurança, a previdência social, a proteção à maternidade e à infância e a assistência aos desamparados.

Afora o que consta no parágrafo anterior, é preciso ter em mente as normas de direitos sociais que estão postas nos Títulos II, VII e VIII da Carta de 1988.

É a Constituição brasileira de 1988 a dona do maior acervo de direitos humanos em toda a história do Direito Constitucional comparado. Não bastasse isso, ainda podem surgir direitos fundamentais por meio dos princípios constitucionais de direitos humanos e dos tratados internacionais da mesa natureza, estando isso expressamente constante no parágrafo 2º do art. 5º da Carta em vigor.

3.5 *A terceira geração*

Reiteramos: a divisão das fases de conquistas de direitos fundamentais em gerações não é uma prática adotada de maneira disseminada pela ciência do Direito Constitucional (ou seja, pela doutrina). Os norte-americanos, por exemplo, não falam disso. Mas no Brasil se escreve a respeito.

Os direitos de terceira geração seriam a tradução contemporânea da *fraternité* da Revolução Francesa, hoje também conhecida pelo nome de solidariedade em vez de fraternidade, talvez por conta de *fraternité* ser palavra muito francesa, portanto com carga semântica demasiadamente liberal em razão do histórico da Revolução. Entre os direitos de terceira geração, foram incluídos o direito ao desenvolvimento humano sustentável – formado pelo tripé economia, mais meio ambiente equilibrado, mais equidade social –, o direito à paz, o direito à copropriedade comum do gênero humano.

Para Francisco Rezek (2018), o problema é: De quem cobrar tais direitos? Em comparação com os pactos das Nações Unidas sobre Direitos Humanos (1966) – tratados estes em que se identifica quem deve fazer, o que deve fazer e para quem deve fazer –, as declarações acerca dos direitos de terceira dimensão ficam esvaziadas de credores e devedores. Logo, o que se questiona é: De quem cobrar tais direitos de terceira geração em plano global? Meio ambiente saudável, paz e desenvolvimento: Como e de quem cobrar? (Rezek, 2018).

Outra questão é a seguinte: Terá acertado essa parte da doutrina que identifica alguns grupos de direitos na terceira, outros na quarta, outros ainda na quinta, e poucos até em uma sexta geração de direitos humanos? Não seria melhor, simplesmente, estabelecer uma divisão que contemplasse os direitos como ou individuais ou coletivos? Pensamos que sim, e isso em razão de raciocínio lógico, provavelmente adquirido em seu pós-doutoramento em Portugal, quando o catedrático Jorge Miranda, o pai da Constituição portuguesa de 1976, dizia-lhe: "Professor Alexandre, quando puder simplificar, simplifique. A simplificação acaba por se apresentar como quase sempre erudita". E foi o que Jorge Miranda fez na Constituição de 1976: dividiu-a em dois grandes grupos (só dois!) de normas, quais sejam, (1) de direitos fundamentais; e (2) as estruturantes do Estado português.

3.6 *A quarta geração*

É uma posição, de respeito, de Friedrich Müller (2004) e de Paulo Bonavides (2020). No Brasil, os constituintes de 1988 inseriram no art. 14 alguns modos pelos quais os cidadãos se manifestam diretamente, sem intermediários. São eles os momentos do voto, do plebiscito, do referendo e da iniciativa popular. Faltou a ousadia de uma Alemanha, onde é possível que um cidadão questione abstratamente a constitucionalidade de norma jurídica. Faltou o *recall*, instrumento pelo qual o cidadão retoma o mandato cedido ao eleito que esteja agindo de modo desonesto ou, até mesmo, fora dos parâmetros partidários e contra suas promessas de campanha dentro daquele partido político.

A crítica que se faz aqui a essa quarta geração é: Não fala ela de democracia? Ora, a liberdade democrática já é um direito individual desde o início das primeiras declarações de direitos humanos proclamadas por Inglaterra, Estados Unidos, França e Brasil entre o final do século XVIII e o início do século XIX.

Aqui defendemos que a democracia, de ontem ou de hoje, é um direito fundamental de primeira geração, uma liberdade incontornável e que, apesar de ser menos importante do que a vida, pode vir a sustentar a própria vida, bastando, para crer-se nisso, lembrar-se dos exemplos genocidas que Stalin, Mao Tsé Tung e Hitler deram ao mundo.

Outra questão é a seguinte: Terá acertado essa parte da doutrina que identifica alguns grupos de direitos na terceira, outros na quarta, outros ainda na quinta, e poucos até em uma sexta geração de direitos humanos? Não seria melhor, simplesmente, realizar uma divisão que contemplasse os direitos como ou individuais ou coletivos? Acreditamos que sim, pelas razões já expostas.

3.7 *A quinta geração*

Os ataques promovidos pelo grupo islâmico extremista Al Qaeda contra as torres gêmeas em Nova Iorque e outros símbolos do poderio norte-americano acenderam um sinal de alerta nas democracias ocidentais. Bem antes disso, os fiéis que se encontravam a rezar na grande sinagoga de Buenos Aires foram massacrados por funcionários iranianos e pelo Hezbollah libanês. Mais tarde, extremismos da banda radical islâmica continuaram a ser levados a cabo contra Espanha, Inglaterra, França, Áustria e outros países europeus ocidentais. George W. Bush chegou a anunciar a guerra contra o terrorismo[27] e o "eixo do mal". Em tudo isso, inocentes foram mortos. Noutra banda, mais inocentes foram mortos e soberanias foram devastadas (Iraque e Afeganistão) injustificadamente pelos Estados Unidos da América, que vêm mostrando ao mundo maus exemplos de desrespeito ao direito internacional. Afora isso, em revanche, os norte-americanos também executaram, ilegal e sumariamente, Saddam Hussein em 2006, Osama bin Laden e Muammar al-Gaddafi em 2011. Hoje, agosto de 2021, o mundo se vê atônito diante da situação no Afeganistão, de onde as tropas norte-americanas estão saindo após décadas de dominação. A propósito, sobre o Afeganistão é bom que o leitor deste livro saiba que: (a) a invasão e a permanência da União Soviética no Afeganistão na década dos 1980 não tinha respaldo no Direito Internacional Público (DIP); (b) a invasão e a permanência dos Estados Unidos no Afeganistão nas últimas duas décadas e até o momento atual não têm respaldo no DIP. O mundo se pergunta atualmente se a saída das tropas dos Estados Unidos do território do Afeganistão não é um erro imenso que está propiciando ao grupo terrorista Al-Qaeda dominar o país abandonado; são duas as respostas: sim e não. A saída das tropas norte-americanas é um erro justamente em razão da dominância do Afeganistão pela Al-Qaeda. Contudo, a mesma saída dos Estados Unidos do Afeganistão é um acerto, porque a permanência dos norte-americanos naquele país não encontrava nenhum respaldo no DIP e era uma verdadeira quebra de soberania do país ocupado.

---

27 Confira: REZEK, F. A guerra contra o terrorismo viola o direito internacional. **O Estado de S. Paulo**, 22 maio 2011. Entrevista. Disponível em: <https://internacional.estadao.com.br/noticias/geral,a-guerra-ao-terror-viola-o-direito-internacional-imp-,722448>. Acesso em: 18 jan. 2022.

Em âmbito interno brasileiro, citamos o exemplo da violência na cidade do Rio de Janeiro. Os números são assustadores. Por conta do que vem ocorrendo nos âmbitos internacional e nacional, o grande jurista Paulo Bonavides (2020) proclamou que a quinta geração dos direitos humanos é a paz. Justifica sua posição no flagelo das ditaduras constitucionais, na falta da implantação do Estado Social e no mal funcionamento dos Poderes Executivo e Judiciário. Nada disse o mestre Bonavides sobre a violência dos Castro contra o povo de Cuba, nem sobre China, nem sobre a Coreia do Norte.

Fazemos, aqui, objeção não à paz, mas a essa quinta geração de direitos fundamentais encabeçada pela paz. Dizer que a paz é uma geração do Direito é equivalente a minimizar o próprio Direito e a paz com ele. A ideia de pacificação é intrínseca ao próprio Direito, e isso já se encontrava na filosofia de Thomas More (2020). Para não alongar a imensa lista de jusfilósofos. Adicione-se a More o alemão Immanuel Kant (2020), e eles não deixam mentir. Não era preciso criar uma quinta categoria de direitos fundamentais para se falar de paz. O direito fundamental à paz é de uma obviedade cristalina quando se trata de direitos individuais ou de direitos coletivos.

3.8 *A sexta geração*

Há doutrinas que sustentam que a sexta geração dos direitos fundamentais seriam: ou (a) o direito ao acesso à água potável (Fachin, 2015) ou (b) o direito de buscar a felicidade (Padilha, 2014). Pedimos *venia* aos distintos autores para a seguinte discórdia: não podemos concordar que a água potável seja a sexta geração porque o meio ambiente saudável já é partícipe da lista da terceira geração, e muito bem podia ser partícipe de uma lista mais simplificada ainda se fossem adotadas as duas divisões dos norte-americanos, que dizem que os direitos humanos são ora individuais, ora coletivos. Quanto à felicidade como sexta, sétima ou enésima geração dos direitos fundamentais, não há como sustentar tal doutrina nem como combatê-la: ela simplesmente inexiste em termos de ciência do Direito por se tratar de uma condição psicológica.

3.9 *A inflação geracional e a pulverização da essencialidade daquilo que de fato é direito fundamental*

A primeira, a segunda...
Quanto às duas gerações, não há dúvida! Elas são dimensões de direitos fundamentais. Daí vem a terceira, a da fraternidade (solidariedade), e o que a salva é justamente a ideia complementar (da lista francesa) da fraternidade. Na primeira geração, tem-se a liberdade; na segunda, a igualdade; na terceira... Ora, a terceira tinha de acolher a *fraternité*, e nela se incluíram as essencialidades contemporâneas, indeterminadas, coletivas e difusas, como o meio ambiente e o desenvolvimento socioeconômico. Logo, em boa doutrina, há como se sustentar cientificamente as três dimensões de direitos fundamentais.

Pois bem, a quarta geração não é geração porque a democracia, a liberdade política já era buscada pela primeira geração – individualisticamente – e pela segunda geração – coletivamente – em partidos políticos, sindicatos. É muito bem possível dispensar a quarta geração da doutrina, *data venia*.

A quinta geração também merece ser dispensada do espectro doutrinal porquanto a paz é a essência do Direito, uma vez que não há como se pensar em um Direito, na condição de objeto prescritor de condutas, que não prescreva normas jurídicas em nome da paz social. A violência do Direito veio para substituir a violência das ruas e da comunidade internacional, e é justamente por isso que o Direito obriga, proíbe, permite e pune.

Por fim, rechaçamos todas as doutrinas defensoras de água potável e/ou da felicidade como sexta ou sétima geração de direitos fundamentais, e sejam respeitosamente afastadas, com a devida *venia* que aqui desde já pedimos. A água, porque já é um direito fundamental inserido no gênero meio ambiente. Separar a água da biosfera é tão impossível quanto separar a água das normas gerais protetoras do meio ambiente. Quanto à felicidade como direito fundamental, ora: o Direito tem uma linguagem de violência para substituir a violência. As ruas são violentas; a comunidade internacional é violenta; o Direito é violento, mas este obriga, proíbe e pune em prol da busca da paz. Falar em felicidade em cenário assim não tem qualquer fundamento científico.

Daqui a pouco, algum grupo de autores defenderá uma oitava geração dos direitos fundamentais: a de que não se deve comer carne, por exemplo. E uma nona, em favor da produção exclusiva de comida sem glúten. Sim, usamos aqui de sarcasmo, e não haveria outra forma de encarar a perniciosa disseminação, na doutrina, de gerações e gerações de direitos fundamentais. Tal prática é letal, porquanto tira justamente a fundamentalidade de direitos que, de fato, são essenciais ao homem como indivíduo e ao homem como sociedade. Se assim continuarem, perderemos de vista que a liberdade, ela sim é um direito fundamental em qualquer uma de suas modalidades. A saúde é um direito fundamental. Ligações sanitárias em todas as casas e residências do Brasil, isso sim é um direito fundamental. Antes disso tudo, a vida é um direito fundamental. Repetimos: a vida!

Talvez seja por conta de se multiplicarem (inflacionarem) desmedidamente os elencos de direitos fundamentais que a própria vida passa a ser afastada de seu posto de primeiro e mais robusto de todos os direitos, fenômeno este do século XX que entra no século XXI destronando todas as expectativas de vida, uma vez que passou a ser corriqueiro pensar que doentes terminais podem ser assassinados (eutanásia), seres humanos podem ser manipulados[28] e fetos humanos simplesmente abortados, tudo em nome de dignidades. Por qual razão se defende tão intensamente o aborto e a eutanásia hoje em dia e desde os anos 1960 do milênio passado? Será que para isso contribui só a covardia dos Parlamentos? Não! Será que para isso contribui só a nova interpretação constitucional que o STF faz ao largo da norma jurídica escrita? Não! Será que para isso contribui somente o *twist and shout* dos Beatles? Também não! Pelo desmerecer da vida como o maior dos direitos fundamentais também respondem os escritores que alargam as imensas listas de direitos humanos sem nenhum respaldo em Direito positivo. É interessante o seguinte: ao conversar com um adepto da alimentação vegana, ele dirá que não devemos comer ovos[29] porque dentro dos ovos haverá um pintinho, e o pintinho será uma galinha ou um galo. Pois bem, esse mesmo vegano, em seguida, ao ser perguntado se é a favor do aborto, responderá: "É claro que sou, o feto ainda não é humano formado". Pois bem, então a campanha ideológica passaria a ser algo assim: "Preservemos os ovos de galinhas e deixem-nos matar os fetos humanos!".

A inflação geracional e a pulverização da essencialidade daquilo que de fato é direito fundamental faz com que o que não é fundamental tome o lugar daquilo que é verdadeiramente uma conquista civilizatória da humanidade.

Tempos difíceis...

---

28 Adolf Hitler e Josef Mengele pensavam e agiam desse modo.

29 Já vi cartaz assim em um restaurante vegano de Curitiba. Aliás, essa conversa de fato ocorreu nesse restaurante entre mim e a proprietária.

Para saber mais

Em termos de doutrina estrangeira, influente em nosso idioma, é indispensável a leitura deste livro:

MIRANDA, J. **Direitos fundamentais**. 3. ed. Lisboa: Almedina, 2005.

Na doutrina brasileira, indicamos o nosso: *Direitos e garantias fundamentais*:

PAGLIARINI, A. C. **Direitos e garantias fundamentais**. Curitiba: InterSaberes, 2021.

Um excelente filme que aborda a odiosa questão do racismo nos Estados Unidos é:

A 13ª EMENDA. Direção: Ava DuVerney. EUA: Netflix, 2016. 100 min.

Síntese

Após o estudo deste longo capítulo, foi possível identificar, nos direitos humanos, que são temáticas de ordem constitucional, a característica da historicidade, daí a boa prática doutrinal de falar em *gerações* de direitos fundamentais. Ao mesmo tempo – e paradoxalmente –, procuramos introduzir no leitor o espírito crítico para compreender e defender a verdade de que nem tudo é direito fundamental, daí a denúncia que aqui fazemos contra aquilo que chamamos de *inflação geracional*.

Questões para revisão

1. A água potável, por si só, não pode ser considerada como uma geração apartada de direitos fundamentais, isso porque:
    a. aqui neste livro, defende-se a tese de que a água potável é o direito fundamental de sexta geração por excelência.

b. a Constituição brasileira de 1988 prescreve expressamente que a água é o direito fundamental de sexta geração.

c. a água (espécie) está no meio ambiente (gênero), e este já é um direito fundamental há muito previsto nos Direitos Constitucionais dos países civilizados e no Direito Internacional Público.

d. o Código Florestal brasileiro tem estatura de norma constitucional.

2. Os primeiros direitos fundamentais que surgiram nas Constituições do final do século XVIII foram os:
   a. direitos sociais.
   b. direitos internacionais.
   c. direitos das mulheres.
   d. direitos individuais.

3. Os direitos fundamentais de segunda geração são os:
   a. direitos sociais.
   b. direitos internacionais.
   c. direitos das mulheres.
   d. direitos individuais.

4. Como resolver um caso em que dois direitos fundamentais constitucionais distintos se colidem?

5. Qual é a diferença entre Estado abstêmio e Estado provedor para fins de compreensão dos direitos fundamentais constitucionais?

Questões para reflexão

1. Os direitos sociais proclamados nas Constituições afastam os direitos individuais, como em uma luta entre ideologias liberais e socialistas?

2. O Estado comunista aboliu a propriedade privada no decorrer de sua existência no século XX. Suponha que um governo comunista assuma a Presidência da República e que é desejo do novo presidente a supressão da propriedade privada, a qual é um direito fundamental previsto no art. 5º da Constituição brasileira de 1988. Isso será possível?

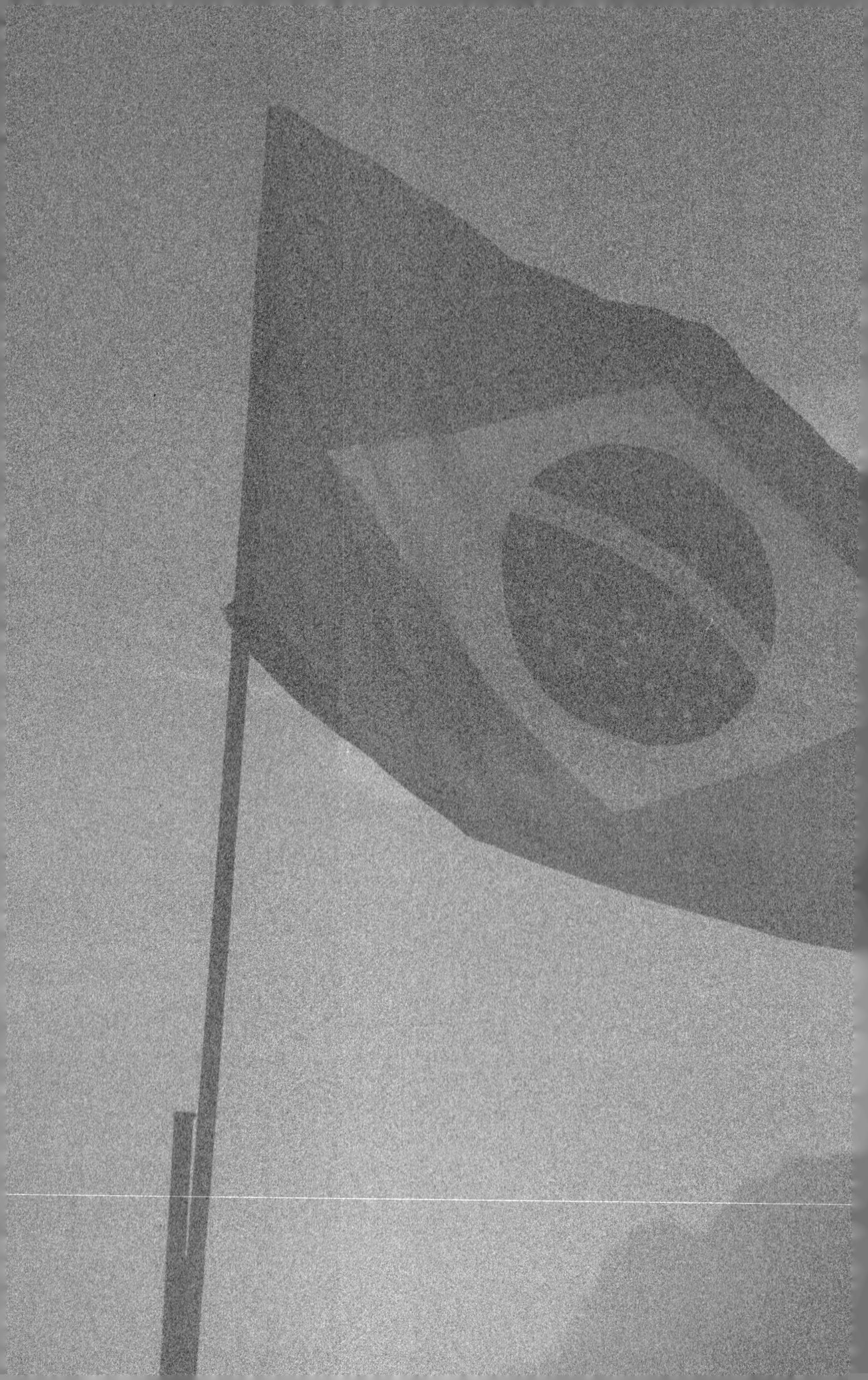

capítulo quatro

lazyllama/Shutterstock

Panorama da formação e evolução constitucional do Brasil

Conteúdos do capítulo:

- As sete Constituições do Brasil.

Após o estudo deste capítulo, você será capaz de:

1. compreender a evolução constitucional brasileira, com seus progressos e regressos, desde 1824 até 1988, incluindo as emendas constitucionais à atual carta Magna.

O Brasil teve sete Constituições. São elas as seguintes: 1824, 1891, 1934, 1937, 1946, 1967 e 1988. Se compararmos nosso país aos Estados Unidos da América, chegaremos à conclusão de que fizemos Constituições em excesso, uma vez que os norte-americanos convivem desde sempre com a mesma Constituição de 1787, acrescida com as emendas de direitos fundamentais que eles chamam de *civil rights*.

A partir da consideração de que a Escola Jurídica do Centro Universitário Internacional Uninter e a Editora InterSaberes nos encomendaram um livro didático – e erudito, pois eu não escapo da erudição –, teremos de escrever poucos parágrafos sobre cada uma das Constituições ora mencionadas. Não fosse pelo pedido da Escola e da InterSaberes, certamente escreveríamos um livro de, no mínimo, cem páginas sobre cada uma das Constituições brasileiras, o que, ao todo, completaria um verdadeiro tratado de Direito Constitucional positivo de, no mínimo, setecentas páginas, e não é isso que as instituições querem, porque este livro que se intitula *Direito Constitucional: primeiras linhas* servirá como obra base e introdutória para inúmeros *campi* universitários espalhados no Brasil e mundo afora.

Analisemos, então, cada uma das Constituições a seguir.

4.1 *Constituição Imperial de 1824*

Foi antecedida pela Constituição luso-brasileira de 1822, que resultou das cortes extraordinárias constituintes eleitas em Portugal, no Brasil e na África por pressão da Revolução Liberal do Porto. Não é possível defender que esta tenha sido a primeira Constituição brasileira porque ela era a Carta Magna do império português do qual o Brasil fazia parte até o dia 7 de setembro de 1822.

Declarada a independência por Dom Pedro I, o Imperador designou uma Assembleia Nacional Constituinte para a construção da primeira Carta genuinamente brasileira. Todavia, por conta de divergências do Chefe de Estado e de Governo com a referida Assembleia, esta foi dissolvida pelo primeiro que, então, em 24 de março de 1824, outorgou a primeira Constituição brasileira, absolutamente marcada pelo pensamento conservador e liberal do francês Benjamin Constant. Foi esta Carta que instituiu o sistema parlamentarista de governo no Brasil, o que dá ares de democracia. E o Brasil era realmente uma monarquia constitucional, entretanto marcado por uma peculiaridade única referente à tripartição de poderes de Montesquieu: aqui tivemos o Legislativo (do Parlamento), o Judiciário (dos juízes), o Executivo (do Imperador) e o Moderador (também do Imperador). Tal peculiaridade não transformou o Brasil, de modo algum, em uma ditadura imperial. Todavia, por meio do Poder Moderador, Dom Pedro I e Dom Pedro II puderam desenhar o Brasil que conhecemos hoje, desde 1822 até 1891, ou seja: foram 69 anos de crescimento singular e de relações internacionais marcadas desde sempre pela neutra habilidade do Itamaraty e por chanceleres como o Barão do Rio Branco. Para ter uma ideia sobre o quanto o Brasil cresceu durante o Império, levemos em conta dois fatores: (1) o Estado unitário quase do mesmo tamanho que o Brasil tem hoje; (2) o desenvolvimento educacional e cultural. Sobre o **Estado unitário**, devem ser aplaudidos os portugueses e os imperadores do Brasil, porque mantiveram a integridade do território nacional do mesmo tamanho que era aquele do domínio português, ao contrário do que ocorreu nos Estados Unidos, já que estes se formaram a partir da junção de 13 colônias britânicas, e depois foram sendo agregados ao território norte-americano novos espaços geográficos em guerras vencidas contra os franceses e espanhóis, sendo 50 o número de Estados componentes desse país do norte. O Brasil não, o Brasil sempre foi o mesmo, devendo-se lembrar que até cresceu porque na primeira fase da República o Acre foi comprado da Bolívia. Do mesmo modo, comparemos o Brasil com as ex-colônias da Espanha. De um lado, temos o Brasil, continental e sempre poderoso. De outro lado, temos um número quase incontável de ex-colônias que a Espanha jamais conseguiu unificar, razão pela qual podemos afirmar que o Brasil é um fenômeno que, sozinho, vale mais do que todo o espólio colonial espanhol ajuntado. Quando ao **desenvolvimento educacional e cultural**, o Brasil também se sobressaía, a exemplo do primeiro teatro das Américas, erigido em Ouro Preto e em pé e frequentado até hoje, bem como das primeiras duas faculdades de Direito das Américas, fundadas por Dom Pedro I em 1827 em São Paulo (Largo de São Francisco) e em Pernambuco (Olinda e Recife).

Várias foram as razões para a queda da monarquia, mas citemos poucas: os fazendeiros latifundiários não aceitaram a Lei Áurea e a consequente perda da mão de obra escrava; as antigas províncias almejavam descentralização, sobretudo São Paulo e Minas Gerais, e isso de fato veio a ocorrer com a Proclamação da República em 15 de novembro de 1889, quando Ruy Barbosa copiou o modelo federativo norte-americano, mas com menos poder aos Estados federados.

4.2 *Constituição de 1891*

Precedida por uma Assembleia Constituinte influenciada por Ruy Barbosa e que teve membros vanguardistas como o Conselheiro Matta Machado, a Constituição Republicana de 1891 foi democrática e teve como fonte a Constituição norte-americana de 1787 e as Constituições de alguns Estados-membros dos Estados Unidos. Foi a Carta de 1891 que transformou o Brasil de Estado unitário em Estado federal, de monarquia em república, tendo adotado o presidencialismo que vigeu até o impasse para a posse, 70 anos mais tarde, do Vice-Presidente João Goulart, quando Tancredo Neves assumiu como Primeiro-Ministro. Voltando no tempo, é importante mencionar que foi a Constituição de 1891 que estabeleceu o sufrágio universal **masculino** para todos os brasileiros **alfabetizados**, estando excluídos os militares do voto.

4.3 *Constituição de 1934*

Antes de 1930, vigorava a prática oligárquica da República do Café com Leite, que fazia com que se alternassem na presidência um mineiro e um paulista. Era a vez de um mineiro assumir. São Paulo, todavia, após o governo do paulista Arthur Bernardes, emplacou também Washington Luís. Somando-se a isso o fato de que a situação política brasileira se agravava com revoltas como a do Tenentismo (Luís Carlos Prestes), o gaúcho Getúlio Vargas, apoiado pelos mineiros e pelos paraibanos, promoveu o golpe de Estado que desencadeou a Revolução de 1930, tendo ao seu lado o Governador Antônio Carlos e o Governador João Pessoa, bem como as uniões das tropas federais com as de Minas Gerais e Paraíba para derrotar a Revolução Constitucionalista de São Paulo de 1932. Tamanha crise política fixou Vargas no poder, tendo sido eleita a Assembleia Nacional Constituinte que promulgou a Constituição de 1934, que teve como modelos a Carta alemã de Weimar, a Carta espanhola de 1931 e a *Carta del Lavoro* italiana, documentos estes que já demonstravam as tendências getulistas de apego exacerbado ao poder concentrado, o que lhe era propiciado em anteprojetos constitucionais redigidos por Francisco Campos, o emérito professor mineiro de Direito Constitucional e Ministro da Justiça, círculo de influência este que se fechava com a habilidade do Ministro das Relações Exteriores Oswaldo Aranha e a violência de uma polícia política que se superou em atrocidades mais tarde sob a chefia de

Filinto Müller. Contudo, revelam o duplo jogo de poder de Getúlio Vargas algumas coisas boas na Constituição de 1934 e a partir dela, tais como: o voto secreto, o voto feminino, a criação da Justiça do Trabalho, a positivação dos direitos constitucionais trabalhistas e da CLT. O duplo jogo do varguismo pode ser notado nas seguintes contradições: de um lado, Vargas se tornou um ditador no chamado *Estado Novo*, mas paradoxalmente foi quem implantou o voto da mulher; Vargas, Filinto Müller e Gregório Fortunato eram violentos, sendo provas disso a entrega de Olga Benário (judia e comunista) a Hitler e o atentado contra Carlos Lacerda na Rua Toneleiros; de um lado, Vargas desejava apoiar Hitler e Mussolini na Segunda Guerra e tinha como parceiro na Argentina Juan Domingo Perón, mas acabou por ser visitado por Roosevelt, que, em sua cadeira de rodas, encontrou o Presidente brasileiro na cidade de Natal, quando conseguiu o apoio de Getúlio a troco da Companhia Siderúrgica Nacional, em Volta Redonda, a maior do mundo.

4.4 *Constituição de 1937*

É a Constituição do Estado Novo, apelidada de "Polaca" por seu autor Francisco Campos, outorgada pelo ditador Getúlio Vargas em 10 de novembro de 1937. Foi por meio dela que Getúlio primeiramente se alinhou ao caudilho Perón e aos totalitários Mussolini e Hitler, só tendo mudado de lado no curso da Segunda Guerra – como já visto no item anterior – em troca da Siderúrgica de Volta Redonda, quando passou a apoiar Estados Unidos, Inglaterra e Rússia no conflito armado.

Marca-se a Polaca pelos amplos poderes centrais que conferiu a Getúlio durante o Estado Novo. Sobre a violência do governo getulista nesse período, já falamos no item antecedente.

4.5 Constituição de 1946

Foi uma Carta votada democraticamente e promulgada pela Assembleia Nacional Constituinte no dia 18 de setembro de 1946. É marcada pela retomada dos direitos e das garantias que haviam sido conquistados na Constituição de 1934 e revogados pela de 1937.

4.6 Constituição de 1967

Foi a Constituição do regime militar brasileiro que se apoderou do governo em 1964. Ao mesmo tempo em que foi elaborada pelo Congresso Nacional, não se pode considerar aquele Parlamento como uma Assembleia Nacional Constituinte eleita com poderes constituintes pelo povo, razão pela qual essa Carta, ao mesmo tempo em que foi promulgada (democrática, pois aprovada pelo Congresso Nacional), perdeu a feição pura da democracia em razão do Ato Institucional n. 4, decretado pelo Presidente ditador. Logo, é possível classificar a Constituição de 1967 como semioutorgada.

Foi na vigência dessa Constituição que o governo de exceção fez multiplicar Atos Institucionais com força de verdadeiras emendas constitucionais, sendo de se ressaltar que o Ato Institucional n. 5 suprimiu as liberdades e as garantias na fase mais obscura do regime militar. Essa Constituição vigeu até o dia 5 de outubro de 1988.

É completamente errado considerar que o Brasil teve a Constituição de 1969. O que houve foi a modificação radical da de 1967 pelos Atos Institucionais e pelo quê de liberdade política que restava a um Congresso Nacional tolhido em sua função legislativa.

4.7 Constituição de 1988

O movimento militar de 1964 já não se sustentava mais, e a ala mais radical da caserna (General Newton Cruz e aficcionados) não era mais capaz de repetir as torturas, os assassinatos, as perseguições e novos atentados como o ocorrido no Rio-Centro. Renascia a democracia de modo parcial com a possibilidade da eleição de prefeitos das capitais e de governadores dos estados. Nesse caso, na eleição para governadores, a oposição já vivia em um clima normativo de abertura política que elegeu Tancredo Neves em Minas Gerais, Leonel Brizola no Rio de Janeiro, Franco Montoro em São Paulo, Pedro Simon no Rio Grande do Sul, Miguel Arraes em Pernambuco, José Richa no Paraná e Waldir Pires na Bahia, o que significa que os militares perderam completamente o espaço político que detiveram desde 1964 nos governos estaduais das mais importantes economias da federação.

O povo, entusiasmado com a vitória eleitoral dos aliados de Tancredo, apoiou a Emenda Constitucional das Diretas Já, de autoria do Deputado Dante de Oliveira, que não foi aprovada pelo Congresso ainda fortemente influenciado pelo governo militar central. Ocorre que a campanha das Diretas Já juntou milhões de pessoas em comícios em capitais como Rio de Janeiro, São Paulo, Curitiba, Belo Horizonte, Porto Alegre, Salvador e Recife, e isso era sinal claro de que o eleitorado não mais se submeteria a um presidente da República não escolhido diretamente pelo povo. Nesse clima, o candidato mais radical ao Palácio do Planalto era Leonel Brizola, radicalismo este que acabou por se virar contra o próprio Brizola para que houvesse uma transição democrática sem derramamento de sangue. Logo, o nome da vez passou a ser o de alguém que transitasse bem em todos os corredores do poder, e essa pessoa foi o Governador de Minas Gerais, Tancredo de Almeida Neves, ex-Primeiro-Ministro do Brasil e ex-Ministro da Justiça de

Getúlio Vargas, Senador respeitado e de renome internacional antes de assumir o Governo de Minas. Pois bem, apresentou-se, então, o seguinte cenário eleitoral: como candidato representante do partido que dava apoio aos militares concorreu Paulo Salim Maluf; o candidato da oposição foi Tancredo Neves. Na última eleição indireta para presidente da República venceu Tancredo Neves, e a eleição foi indireta porque ocorreu no Congresso Nacional, que era o colégio eleitoral de então. Eleito, Tancredo imediatamente prometeu a convocação de uma Assembleia Nacional Constituinte e viajou para se apresentar aos Chefes de Estado e de Governo de Portugal, França, Estados Unidos e Inglaterra, oportunidade em que obteve amplo aplauso internacional. Pouco tempo depois de sua volta e ainda não tendo tomado posse, adoeceu gravemente e se internou no Hospital de Base de Brasília, tendo sido transferido para o Instituto do Coração (Incor) de São Paulo, onde morreu causando enorme comoção nacional. Por isso, assumiu seu vice José Ribamar Sarney, que era alinhado aos militares, fator este que foi até bom para evitar um conflito com a caserna. Já como Presidente da República, Sarney aprovou no Congresso a Emenda Constitucional n. 26 para convocar a população para eleger os deputados e senadores constituintes, que, após os trabalhos da Assembleia Nacional presidida por Ulysses Guimarães, promulgaram a Constituição que está em vigor até hoje (apesar das mais de cem Emendas) no dia 5 de outubro de 1988.

Sabemos que as funções das normas constitucionais, sejam elas as da Constituição atual, sejam elas as de outras Constituições brasileiras ou estrangeiras, são duas: (1) estruturar o Estado; e (2) definir e garantir direitos fundamentais.

1. **Na seara da estruturação do Estado**, vale ressaltar que o Brasil optou pela democracia (sobretudo representativa, mas podendo ser direta nos casos do art. 14 da Carta[1]), pela federação, pelo presidencialismo e pela tripartição dos Poderes, tendo inserido o Ministério Público em um grau importante de protagonismo que, todavia, não o eleva ao quarto Poder de modo algum.
2. **No campo dos direitos fundamentais**, a Constituição de 1988 é uma Carta sem parâmetros no Direito Constitucional comparado, o que significa que a Constituição em vigor é a que tem o maior e mais generoso rol de direitos humanos entre todas as outras Constituições do mundo.

Para saber mais

Um filme imperdível sobre os movimentos políticos que antecederam a elaboração da Constituição brasileira de 1988 é:

TANCREDO – A travessia. Direção: Silvio Tendler. Rio de Janeiro: Downtown Filmes, 2010. 90 min.

Um bom livro brasileiro sobre as nossas Constituições, de 1824 até 1988, é o *Curso de direito constitucional positivo*, de autoria de José Afonso da Silva:

SILVA, J. A. **Curso de direito constitucional positivo**. 43. ed. Salvador: Juspodivm, 2020.

Um livro indispensável sobre o peculiar Direito Constitucional britânico é o clássico do professor Orlando Magalhães Carvalho, *Mecanismo do governo britânico*:

CARVALHO, O. M. **O mecanismo do governo britânico**. Belo Horizonte: Amigos do Livro, 1943.

---

[1] "Art. 14. A soberania popular será exercida pelo sufrágio universal e pelo voto direto e secreto, com valor igual para todos, e, nos termos da lei, mediante: I – plebiscito; II – referendo; III – iniciativa popular. [...]" (Brasil, 1988).

Síntese

Do Estado liberal ao Estado democrático liberal e social de Direito: foi esse percurso histórico que o leitor pôde apreender neste capítulo, no qual analisamos todas as Constituições já promulgadas no Brasil.

Questões para revisão

1. Em termos de ideologia política e econômica, a Constituição brasileira de 1988 é marcada pela seguinte característica:

    a. socialista.

    b. comunista.

    c. liberal.

    d. concomitantemente democrática, liberal e social.

2. Na Constituição de 1937, marcada pela influência da política de Getúlio Vargas, ocorreu o seguinte fenômeno:

    a. só havia direitos individuais previstos.

    b. liberalismo extremado.

    c. implantação do regime comunista no Brasil.

    d. consolidação de direitos sociais.

3. Durante o regime militar que vigorou no Brasil de 1964 até a eleição de Tancredo Neves (em 1985), chegou-se a suprimir:

    a. a propriedade privada.

    b. o direito de se construir uma indústria.

    c. alguns partidos políticos e certas liberdades políticas.

    d. a liberdade econômica.

4. Quando uma Constituição nova entra em vigor, alguma parte da anterior permanece vigente?

5. Direitos fundamentais podem ser modificados pelo Poder Constituinte reformador?

Questões para reflexão

1. Reflita sobre a instabilidade constitucional brasileira. O Brasil teve sete Constituições, ao passo que os Estados Unidos têm a mesma desde 1787.

2. Uma eventual nova Constituição poderá transformar o Brasil em uma monarquia parlamentar democrática?

capítulo cinco

Direitos fundamentais na Constituição de 1988[1]

---
[1] Este capítulo foi elaborado com base em: Pagliarini (2021, p. 22-37).

Conteúdos do capítulo:

- Fundamentalidade do meio ambiente.
- Nacionalidade como direito humano.
- Direitos fundamentais das pessoas com transtorno do espectro autista e das pessoas com deficiência.
- Aproximações e distanciamentos entre expressões que querem ou não significar a mesma coisa.

Após o estudo deste capítulo, você será capaz de:

1. identificar como fundamentais o direito ao meio ambiente equilibrado;
2. atualizar a lista de direitos fundamentais mediante políticas de inserção dos deficientes físicos na sociedade, sobretudo autistas, estes por conta das atualizações legislativas;
3. conceber a nacionalidade como um direito humano previsto na Constituição de 1988 e na Carta da Organização das Nações Unidas;
4. compreender as aproximações e os distanciamentos entre as expressões *direitos fundamentais, direitos humanos, direitos humanos fundamentais, direitos individuais, direitos civis* e simplesmente *direitos*.

Normativamente – e é isso o que importa na ciência do Direito! –, para começarmos a saber o que é um direito fundamental, tenhamos em mente, primeiramente, a redação escrita[2] do *caput* do art. 5º da Constituição Federal (CF) brasileira de 1988[3], onde estão enunciados como direitos fundamentais (direitos humanos) os seguintes: vida, liberdade, igualdade, segurança e propriedade. Percebam os leitores que o *caput* do art. 5º é genérico (vida, propriedade...); sim, porque as especificidades vêm a seguir, nos 78 (sim, 78!) incisos que elencam direitos fundamentais de todas as espécies válidos no ordenamento brasileiro, sendo este, no Direito Comparado, o mais generoso entre todos os países do mundo em termos de direitos fundamentais.

Mas não são só direitos humanos os prescritos como tais no *caput* e nos 78 incisos do art. 5º. Há mais, pois outros decorrem da interpretação do que consta por escrito no Preâmbulo[4] da Carta Política brasileira, quais sejam: nacionalidade (povo **brasileiro**); democracia, direitos sociais e direitos individuais (que são espécies da classe – do gênero – dos direitos fundamentais); liberdade (já constava no *caput* do 5º); segurança (já constava no *caput* do 5º); bem-estar, desenvolvimento, igualdade (já constavam no *caput* do 5º); justiça, fraternidade (leia-se *solidariedade*); pluralismo(s) (geral, ou seja, **todos** os pluralismos); proibição de nutrir preconceitos,

---

2 A primeira interpretação que o juiz e qualquer operador do Direito deve fazer é a que parte da literalidade da norma escrita. Eis o primeiro passo. Havendo ato posto pela autoridade competente, na forma de norma geral e abstrata, há de se observar estritamente o que está posto em vernáculo, não se podendo inventar; logo, a norma individual e concreta há de ter relação direta com a norma geral e abstrata dentro do sistema posto de normas chamado *Direito*. Outras interpretações, em uma hermenêutica constitucional minimamente racional, serão explicadas adiante, oportunamente.

3 "Art. 5º Todos são iguais perante a lei, sem distinção de qualquer natureza, garantindo-se aos brasileiros e aos estrangeiros residentes no País a inviolabilidade do direito à vida, à liberdade, à igualdade, à segurança e à propriedade, nos termos seguintes [...]" (Brasil, 1988).

4 "Preâmbulo – Nós, representantes do povo brasileiro, reunidos em Assembleia Nacional Constituinte para instituir um Estado Democrático, destinado a assegurar o exercício dos Direitos Sociais e individuais, a liberdade, a segurança, o bem-estar, o desenvolvimento, a igualdade e a justiça como valores supremos de uma sociedade fraterna, pluralista e sem preconceitos, fundada na harmonia social e comprometida, na ordem interna e internacional, com a solução pacífica das controvérsias, promulgamos, sob a proteção de Deus, a seguinte Constituição da República Federativa do Brasil" (Brasil, 1988).

harmonia social, solução pacífica das controvérsias (internas e internacionais) e a proteção de Deus – invocada expressamente na promulgação da Carta (o que leva a se questionar a laicidade pátria).

Uma terceira classe (ou módulo) de direitos fundamentais foi posta na Carta na forma da enunciação de princípios fundamentais[5]. Não que princípios fundamentais sejam sempre direitos fundamentais, mas dos princípios podem (e decorrem) alguns direitos. Da interpretação sistemática que se faz dos arts. 1º ao 4º, encontram-se direitos fundamentais. Atente-se o leitor que só serão elencados adiante os direitos fundamentais que não foram enunciados anteriormente[6]; ei-los: cidadania; dignidade da pessoa humana; valores sociais do trabalho e da livre iniciativa; erradicação da pobreza e da marginalização e redução das desigualdades sociais e regionais; defesa da paz (em âmbito internacional, o que vale, obviamente, para os quadrantes internos da República); e proibição de condutas terroristas. Outros princípios fundamentais escritos no Título I da Constituição foram aqui omitidos **ou** porque se referem à

---

5 "Título I – Dos Princípios Fundamentais – Art. 1º A República Federativa do Brasil, formada pela união indissolúvel dos Estados e Municípios e do Distrito Federal, constitui-se em Estado Democrático de Direito e tem como fundamentos: I – a soberania; II – a cidadania; III – a dignidade da pessoa humana; IV – os valores sociais do trabalho e da livre iniciativa; V – o pluralismo político. Parágrafo único – Todo o poder emana do povo, que o exerce por meio de representantes eleitos ou diretamente, nos termos desta Constituição. Art. 2º São Poderes da União, independentes e harmônicos entre si, o Legislativo, o Executivo e o Judiciário. Art. 3º Constituem objetivos fundamentais da República Federativa do Brasil: I – construir uma sociedade livre, justa e solidária; II – garantir o desenvolvimento nacional; III – erradicar a pobreza e a marginalização e reduzir as desigualdades sociais e regionais; IV – promover o bem de todos, sem preconceitos de origem, raça, sexo, cor, idade e quaisquer outras formas de discriminação. Art. 4º A República Federativa do Brasil rege-se nas suas relações internacionais pelos seguintes princípios: I – independência nacional; II – prevalência dos Direitos Humanos; III – autodeterminação dos povos; IV – não-intervenção; V – igualdade entre os Estados; VI – defesa da paz; VII – solução pacífica dos conflitos; VIII – repúdio ao terrorismo e ao racismo; IX – cooperação entre os povos para o progresso da humanidade; X – concessão de asilo político. Parágrafo único – A República Federativa do Brasil buscará a integração econômica, política, social e cultural dos povos da América Latina, visando à formação de uma comunidade latino-americana de nações" (Brasil, 1988).

6 Fez-se isso para evitar as repetições nas quais o próprio Poder Constituinte Originário de 1988 incorreu na escrita da Carta Magna, o que é uma falha em termos de técnica legislativa, podendo serem corrigidas tais repetições pela Ciência do Direito, sendo o que se faz aqui e agora pelo autor deste livro.

estruturação do Estado brasileiro, **ou** por conta de já terem sido prescritos ou no *caput* do art. 5º ou no Preâmbulo da Carta.

Por fim, o quadro de direitos fundamentais se encerra quando levamos em conta a abertura proporcionada pela "cláusula de abertura para o terceiro edifício de Direitos Humanos" (Pagliarini, 2005, p. 33) constante no parágrafo 2^{o7} do art. 5º da Carta de 1988. Os tratados internacionais de direitos humanos[8] são "veículos introdutores de normas de direitos humanos assentados em suporte físico" (Pagliarini, 2002, p. 116). Isso certamente induz à seguinte interpretação: (a) porque os tratados internacionais de direitos humanos foram previstos como veículos introdutores de normas de direitos humanos pela própria Constituição no parágrafo 2º do art. 5º, então é lógico que a hierarquia do tratado internacional de direitos humanos só pode ser constitucional, e não infraconstitucional; (b) os tratados de direitos humanos são o quarto módulo de direitos humanos previsto constitucionalmente no sistema jurídico brasileiro, e isso é incontestável e está a ser aqui provado. Para leitura mais facilitada em esquema, os módulos de direitos humanos são os que seguem:

---

7 "§ 2º Os direitos e garantias expressos nesta Constituição não excluem outros decorrentes do regime e dos princípios por ela adotados, ou dos tratados internacionais em que a República Federativa do Brasil seja parte" (Brasil, 1988).

8 No que se refere ao Brasil, os documentos normativos internacionais de direitos fundamentais mais importantes são os que seguem: Declaração Universal dos Direitos Humanos (ONU, 1948); Pacto Internacional sobre Direitos Civis e Políticos (ONU, 1966); Pacto Internacional sobre Direitos Econômicos, Sociais e Culturais (ONU, 1966); Convenção Americana sobre Direitos Humanos (Pacto de São José da Costa Rica, OEA, 1969).

- **1º módulo de direitos humanos**[9]: o *caput*, os 78 incisos e os quatro parágrafos[10] do art. 5º da Constituição;
- **2º módulo de direitos humanos**: o Preâmbulo da Constituição;
- **3º módulo de direitos humanos**: todo o Título I da Constituição;
- **4º módulo de direitos humanos**: os tratados internacionais que versem sobre o assunto.

Para encerrar, queremos responder a uma pergunta que, ordinariamente, não é respondida pela doutrina brasileira, muito menos pelo Supremo Tribunal Federal. A pergunta é: **Entre os direitos fundamentais, qual é o mais importante?** A resposta segue a lógica: **Só pode ser a vida!** O direito à vida se sobrepõe a todo e qualquer outro direito fundamental, isso porque é entre seres vivos e racionais que falamos em dignidade, em liberdade, em propriedade, em igualdade, em fraternidade. Logo, é por isso que a legalização das condutas do aborto e da eutanásia, em países cuja Constituição declara a vida como direito fundamental, é uma gritante inconstitucionalidade (Miranda, 2016b).

---

9 Como será visto em momento oportuno, tenhamos em mente simplesmente o seguinte: direitos humanos e direitos fundamentais são sinônimos.

10 Os quatro parágrafos do art. 5º da CF/1988 são: "§ 1º As normas definidoras dos direitos e garantias fundamentais têm aplicação imediata. § 2º Os direitos e garantias expressos nesta Constituição não excluem outros decorrentes do regime e dos princípios por ela adotados, ou dos tratados internacionais em que a República Federativa do Brasil seja parte. § 3º Os tratados e convenções internacionais sobre Direitos Humanos que forem aprovados, em cada Casa do Congresso Nacional, em dois turnos, por três quintos dos votos dos respectivos membros, serão equivalentes às emendas constitucionais. § 4º O Brasil se submete à jurisdição de Tribunal Penal Internacional a cuja criação tenha manifestado adesão" (Brasil, 1988).

5.1 A fundamentalidade do meio ambiente[11]

Após a confecção do relatório "Nosso futuro comum" (*Our Common Future*) ou "Relatório de Brundtland", de 1987 (ONU), pela Primeira-Ministra norueguesa Gro Harlem Brundtland, definiu-se o conceito mundial de "desenvolvimento sustentável", inclusive adotado pela Constituição brasileira de 1988 em seu art. 225. Firmou-se, então, como *desenvolvimento sustentável* **o desenvolvimento que satisfaz as necessidades da presente geração sem o comprometimento das necessidades das gerações futuras**.

De fato, a expressão *desenvolvimento sustentável* (DS) tem-se pautado no tripé que representa a conjugação de desenvolvimento econômico (DE) com equidade social (ES) e com proteção ambiental (PA); logo:

$$DS = DE + ES + PA$$

Aqui afirmamos supletivamente que só podemos conceber a ideia de desenvolvimento sustentável mediante prévio e concomitante respeito aos direitos humanos; é o que tem inspirado a comunidade jurídica ocidental (tanto nas Constituições quanto no Direito Internacional Público Humanitário) após as discussões e os estudos partidos do Relatório de Brundtland e a doutrina que se solidificou, de modo que o novo paradigma do Desenvolvimento Humano Sustentável (DHS) surgiu como contraposição àquele conceito isolado de *desenvolvimento* como sinônimo exclusivamente de "crescimento econômico". O DHS é um conceito amplo, multidimensional e inter-relacional que abrange meios e fins tais como: justiça social e desenvolvimento econômico; bens materiais e bem-estar humano; investimento social e empoderamento (*empowerment*) das pessoas; atendimento das necessidades

---

11 O conteúdo desta seção foi integralmente publicado por mim no Instituto *Millenium* em artigo científico sob o título "Desenvolvimento e direitos humanos" (Pagliarini, 2013).

básicas e estabelecimento de redes de segurança; sustentabilidade ambiental para as gerações atuais e futuras; e garantia dos direitos humanos – civis, políticos, sociais, econômicos e ambientais. Entre as medidas utilizadas pela ONU para mensurar o DHS, encontram-se o Índice de Desenvolvimento Humano (IDH) e o IDH Municipal (IDHM), o Índice de Pobreza Humana (IPH), o Índice de Desenvolvimento Humano ajustado por Gênero (IDG) e a Medida de Empoderamento de Gênero (MEG). Os Objetivos de Desenvolvimento do Milênio (ODM) vêm complementar o paradigma, ao oferecer uma agenda social integrada para sua execução em um horizonte temporal identificado, e com o acompanhamento da *performance* dos governos ao longo do processo.

Como é possível perceber, o meio ambiente é um direito fundamental nacional, e, no caso do Brasil, é previsto em nossa Constituição em seu art. 225, sendo também um direito humano internacional. Quando se universalizaram os direitos no âmbito da ONU e graças às Nações Unidas e aos seus Estados-membros (1948 e 1966), o mundo já conhecia todas as gerações de direitos fundamentais, razão pela qual os pactos da ONU se ocuparam, em bloco, dos direitos individuais e dos direitos sociais. Depois disso, advieram as graves preocupações com o meio ambiente, e o Brasil foi protagonista delas na Rio Eco-92 (organizada pelo Professor e Ministro Francisco Rezek enquanto Chanceler do Brasil) e no Acordo de Paris (decorrente da realização da COP21, a 21ª Conferência das Partes da Convenção-Quadro das Nações Unidas sobre Mudança do Clima, em dezembro de 2015).

Ficam então, nestes breves parágrafos, inter-relacionados **meio ambiente**, desenvolvimento e direitos humanos.

5.2 A nacionalidade como direito humano e sua proeminência entre os demais direitos

Quando alguém vai preencher uma ficha de emprego, é obrigado a inserir o nome "Fulano Beltrano do Nascimento"; logo após, vêm a nacionalidade, o estado civil, a profissão, o domicílio e outras informações relevantes. Note que a nacionalidade vem logo após o nome; isso significa que ela é um direito fundamental que faz parte da construção da identidade da pessoa humana. Logo, neste primeiro raciocínio bastante simples, o leitor pode perceber o grave peso da nacionalidade na construção civil de uma pessoa física. Só isso confere à nacionalidade o *status* de direito fundamental dos mais importantes entre todos os demais previstos nas listas das Constituições e das Declarações de DIP. Daí a justificativa para ser possível a defesa da **proeminência da nacionalidade entre os demais direitos humanos (fundamentais)**.

Mas o que é a nacionalidade? Eis que ela é o vínculo jurídico que liga uma pessoa humana a um Estado nacional. Mick Jagger é inglês; Milton Nascimento é brasileiro; Maradona era argentino. Esta é, portanto, a primeira definição de nacionalidade, e a mais importante, não se confundindo nacionalidade com cidadania, conforme será estudado pormenorizadamente adiante neste livro, mas sobre essa diferenciação já podemos adiantar: *cidadão* é o nacional politicamente ativo e passivo, ou seja, é aquele que pode votar e ser votado. Esclarecendo: Milton Nascimento tem o direito de votar em quem quiser pelo fato de ser brasileiro, assim como tem o direito de se candidatar ao cargo que desejar pelo mesmo fato. Percebam, portanto, que nacionalidade é o direito que antecede a cidadania, de modo que **só pode ser cidadão aquele que** é **nacional**[12], conforme ficou bem posto no exemplo do cantor Milton Nascimento.

É chegada a hora de entendermos a questão da nacionalidade a partir da Constituição brasileira, mais especificadamente no art. 12. O Brasil reconhece como brasileiros duas modalidades de nacionais: os natos (art. 12, I) e os naturalizados (art. 12, II).

São brasileiros natos:

a. Os nascidos no Brasil, mesmo que filhos de estrangeiros. Nessa condição, só não serão brasileiros natos os filhos de pais estrangeiros que estejam a serviço oficial de seu país (exemplo: diplomatas, militares). É aqui que o Brasil adota o critério de determinação da nacionalidade chamado *ius solis* e é por meio dele que o fato de nascer no território do Brasil faz do nascido um brasileiro nato, com a exceção já explicitada (art. 12, I, "a"). Nesse mesmo sentido, é bom informar que todos os países que eram antigas colônias europeias, tais como Brasil, Argentina, México, Estados Unidos e Austrália, adotaram o mesmo *ius solis*, senão nunca haveria

---

[12] Entre os 27 Estados que compõem a União Europeia (UE), existe uma só cidadania, a europeia, desde o Tratado de Maastricht. Para esse tratado se concretizar, foi importante o antecedente do Tribunal de Justiça da União Europeia no julgamento do caso do jogador de futebol Jean-Marc Bosman. Pois bem, a questão da cidadania europeia decorre da seguinte construção jurídica: a) os nacionais dos 27 Estados-Membros da UE são, por serem nacionais desses Estados, também cidadãos desses mesmos Estados; b) desde o Tratado de Maastricht, ficou reconhecido ao nacional de um Estado-Membro da UE o direito de exercer a cidadania (direitos políticos) no território de todos os outros 26 membros da UE, de modo que o português residente em Berlim pode gozar de todos os direitos reservados aos próprios alemães pelo fato de ser originário de um Estado-Membro da UE (Portugal); ele pode, inclusive, desde que residente, votar nas eleições municipais de Berlim e ser candidato a Prefeito de Berlim, assim como esse lusitano também pode votar e ser votado, pela quota alemã, ao Parlamento Europeu. É por essa razão que os nacionais dos 27 Estados-Membros da UE têm livre trânsito nos territórios desses países, como se nacionais fossem desses países. É por essa mesma razão que a questão do Brexit foi tão desastrosa para os britânicos perante a UE e os países remanescentes, assim como foi péssima para os nacionais desses países que transitam ou habitam no Reino Unido. Fora essa questão protagonizada a partir de Londres, a questão da cidadania europeia é uma verdadeira revolução na história do direito à nacionalidade, devendo-se ressaltar que cada uma das nacionalidades fica mantida – o francês continua francês, o espanhol continua espanhol, o belga continua belga –; a novidade é a cidadania comunitária, uma decorrência da nacionalidade e da cidadania originária ligada a um dos 27 países. Para mais aprofundamento sobre o tema, consultar: Pagliarini (2005).

povo brasileiro, povo argentino, povo mexicano, povo norte-americano e povo australiano, e, como sabemos da TGE, o povo é o primeiro elemento essencial constitutivo do Estado, não há Estado sem povo!

b. Os nascidos fora do Brasil, no estrangeiro, também são brasileiros natos desde que filhos de brasileiros a serviço[13] (art. 12, I, "b") da Administração Pública direta ou indireta brasileira (exemplos: filhos de diplomatas, de militares, de economiários federais da Caixa Econômica ou do Banco do Brasil etc.).

c. Os nascidos no estrangeiro, filhos de pai ou de mãe brasileira que não[14] estejam a serviço oficial do Brasil, desde que registrados no consulado brasileiro do país em que nasceu a criança, ou em repartição congênere mais próxima.

Não bastassem as situações extremamente generosas concessivas da nacionalidade nata brasileira tanto pelo *ius solis* quanto pelo *ius sanguinis*, ainda há as previsões do inciso II do art. 12 da Constituição, que dizem respeito aos brasileiros naturalizados. Os **casos de naturalização** são os seguintes:

a. Qualquer pessoa de qualquer país pode naturalizar-se brasileira, na forma da Lei n. 13.445, de 24 de maio de 2017 (da migração). Aos originários de países de língua portuguesa, a Constituição fixa como obrigatórias apenas residência por um ano ininterrupto e idoneidade moral. Entre os lusófonos, encontram-se os que são nacionais destes cantos: Angola, Cabo Verde, Goa, Guiné-Bissau, Macau, Malaca, Moçambique, Portugal, São Tomé e Príncipe e Timor-Leste.

---

13 Um filho de um militar brasileiro que presta serviços ao Brasil em Londres pode ser registrado como brasileiro nato no consulado brasileiro da capital inglesa, e isso é possível pelo fato de o pai ser brasileiro e estar a serviço oficial do Brasil, denotando-se disso que o Brasil também adota o *ius sanguinis* nas alíneas "b" e "c" do inciso I do art. 12 da Carta Magna.

14 Um filho de vendedor de cachorro quente em Londres pode ser registrado como brasileiro nato no consulado brasileiro da capital inglesa, e isso é possível pelo fato de o pai ser brasileiro, denotando-se disso que o Brasil também adota o *ius sanguinis* nas alíneas b e c do inciso I do art. 12 da Carta Magna.

Somados, eles fazem do idioma português uma das línguas mais faladas do mundo, constituindo uma comunidade de mais de 240 milhões de pessoas. A lusofonia pode ser também a plataforma a partir da qual os povos que hoje falam português se poderão aproximar e ampliar o âmbito e a ação da CPLP (Comunidade dos Países de Língua Portuguesa), sugerida pelo político mineiro José Aparecido de Oliveira quando embaixador do Brasil em Portugal no governo Itamar Franco. Esse direito está previsto no art. 12, inciso II, alínea "a".

b. A Constituição exige de outros estrangeiros de qualquer língua e nacionalidade a residência ininterrupta por mais de 15 anos no Brasil, e a comprovação de não terem sido condenados criminalmente nem no exterior nem no Brasil. Esse direito está previsto no art. 12, inciso II, alínea "b". É aí que entram alemães, italianos, japoneses, ucranianos, poloneses, canadenses e quaisquer nacionalidades que não sejam falantes da nossa língua.

Quanto aos portugueses, ou seja, quanto aos nacionais da nossa antiga metrópole cuja capital é Lisboa, eles não precisam nem se naturalizar. Desde que tenham residência permanente no Brasil, os portugueses serão detentores dos mesmos direitos dos brasileiros; só não poderão ocupar os cargos privativos do brasileiro nato, quais sejam: presidente e vice-presidente da República; presidente da Câmara; presidente do Senado; ministro do Supremo; diplomata; oficial das Forças Armadas; ministro da Defesa. O que afirmamos aqui decorre da interpretação conjunta dos parágrafos 1º e 3º do inciso II do art. 12 da Carta de 1988.

Uma grande conquista em termos da igualdade como direito fundamental foi a proibição de se estabelecer qualquer distinção entre brasileiros natos e naturalizados, salvo o caso de ocupação dos cargos elencados no parágrafo anterior.

Antes de avançarmos na análise do art. 12 da Constituição, pensemos um pouco no mundo. Há casos de dupla ou de tripla ou de múltipla nacionalidade, e isso é bom para quem tem duas ou três nacionalidades. Isso poderia ocorrer comigo, autor deste livro, nascido no Brasil e neto e/ou bisneto de italianos, espanhóis, portugueses e alemães, querendo isso dizer que nada me impediria de ser brasileiro nato, italiano nato, espanhol nato, português nato e alemão nato, tudo ao mesmo tempo. Em situação oposta, encontramos os apátridas[15], que são aqueles que não têm nenhuma nacionalidade, ausência esta que viola o Artigo 15, 1, da Declaração Universal dos Direitos Humanos (ONU). São hordas de pessoas humanas sem vínculo nacional, e entre elas podemos citar os armênios, os curdos, os palestinos, os ciganos. Afora estes, no caso de um nacional de um país *ius solis* ter um filho em território de país que adota o *ius sanguinis* teremos uma situação de apatridia, sendo exemplo disso o filho de uruguaio que nasce em Lisboa; ora, o Uruguai adota o *ius solis* enquanto Portugal adota o *ius sanguinis*. Nessa hipótese, caso as leis dos dois países mencionados não disponham de complementos para agregar como nacionais seus pessoas como o filho do uruguaio, então teremos verdadeiramente uma situação de um indivíduo sem nacionalidade alguma, e, se ele não tem nacionalidade, o resultado disso é que ele tampouco terá cidadania. Tal situação desastrosa não pode acontecer, atualmente, com o filho de brasileiro, isso porque o filho de brasileiro nascido em país que adota o *ius sanguinis* será registrado[16] como brasileiro nato no Consulado do Brasil.

Foi intenção do Poder Constituinte originário que o brasileiro não perdesse a nacionalidade brasileira. Entretanto, há as exceções do parágrafo 4º, quais sejam:

---

15 *Heimatlós*, em grego.

16 Mas não foi sempre assim na vigência da atual Carta Magna. A Emenda Constitucional Revisional n. 3/1994 retirou do pai e da mãe brasileiros que não estivessem em serviço oficial do Brasil a possibilidade de registrar seu filho, no Consulado, como brasileiro nato. Isso durou de 1994 até 2007.

a. Perderá a nacionalidade brasileira o brasileiro naturalizado que for condenado pelo Poder Judiciário em virtude de atividade nociva ao interesse nacional. Nesse caso, somente o brasileiro naturalizado perderá a nacionalidade brasileira. Citemos dois exemplos de atividade nociva ao interesse nacional: tráfico internacional de armas; tráfico internacional de drogas.
b. Perderá a nacionalidade brasileira o brasileiro que adquirir outra nacionalidade pelo modo derivado de aquisição da nacionalidade que é a naturalização. Portanto, o brasileiro que se naturalizar em outra nacionalidade perderá a nacionalidade brasileira, exceto quando: (i) tiver ocorrido o reconhecimento de nacionalidade originária (nata) por país estrangeiro. Por exemplo: a Itália concede a nacionalidade italiana a um brasileiro nato porque esse brasileiro é filho de italiano, ele nasceu filho de italiano, não se trata de uma escolha. Logo, esse brasileiro que é filho de italiano poderá ser brasileiro e italiano ao mesmo tempo, e o Brasil não poderá fazer nada contra isso porque a Itália adota o *ius sanguinis* e o brasileiro é filho de italiano. O mesmo ocorreria se os Estados Unidos reconhecessem como norte-americana uma brasileira nascida nos Estados Unidos; ora, esta brasileira é brasileira porque é filha de brasileiros natos e foi registrada no Consulado do Brasil em alguma cidade dos Estados Unidos; quanto à mesma mulher, nada impede os Estados Unidos de lhe conceder a sua nacionalidade porque ela nasceu nos Estados Unidos e porque este país adota o *ius solis*; também esta mulher poderá ser dupla nacional (Brasil e Estados Unidos) e, para tanto, ela não terá manifestado a vontade aquisitiva em hora alguma, isso porque ela não pediu para ser filha de brasileiros nem pediu para nascer nos Estados Unidos; (ii) o segundo caso em que o brasileiro não perderá a nacionalidade brasileira, mesmo

que tiver adquirido outra nacionalidade, ocorre quando o país em que vive lhe impõe a naturalização para o exercício dos direitos civis. Getúlio fez isso com os alemães, o que se chama de *naturalização forçada*. Saddam Hussein fez isso com os funcionários brasileiros da Mendes Júnior.

Por fim, agrega-se à temática da nacionalidade a imposição do português como idioma oficial do Brasil e da bandeira, do hino, das armas e do selo nacionais como símbolos da República Federativa do Brasil.

5.3 Os direitos fundamentais das pessoas com transtorno do espectro autista e das pessoas com deficiência

A Constituição brasileira de 1988 foi extremamente generosa com as pessoas com qualquer tipo de deficiência. Em seu texto, a palavra *deficiência* aparece 16 vezes[17]. Logo, em termos quantitativos, de fato a Carta Magna levou em consideração os transtornos pelos quais passam os deficientes em uma economia emergente como é a brasileira. Em termos qualitativos, inferimos que a proteção à pessoa com deficiência é um direito fundamental conferido pela Carta Política.

No Direito Internacional Público de que o Brasil faz parte, a deficiência das pessoas em território brasileiro também foi objeto de especialíssimo zelo, e prova disso é o Decreto n. 6.949, de 25 de agosto de 2009, que promulga a Convenção Internacional sobre os Direitos das Pessoas com Deficiência e seu Protocolo Facultativo, assinados em Nova York, em 30 de março de 2007 (Brasil, 2009a).

---

17 Art. 7º, XXI; 23, II; 24, XIV; 37, VIII; 40, § 4º-A; 100, §2º; 201, §1º, I; 203, IV e V; 208, III; 227, § 1º, II, § 2º; 244, *caput*; ADCT 102, *caput* e § 2º (Brasil, 1988).

Nos dois parágrafos anteriores, foi possível perceber que o cuidado do Estado e da sociedade civil para com as pessoas com deficiência é um direito fundamental destes, tanto no campo constitucional quanto no do DIP. No gênero dos deficientes, podemos incluir qualquer um deles, seja a deficiência física, seja a mental. No que tange a esta última, especial atenção tem sido dada às pessoas com transtorno do espectro autista (TEA), e isso será visto a seguir. Antes, porém, saibamos – ou nos lembremos – que há vários níveis ou graus de autismo.

Com relação à **interação e comunicação social**, o espectro autista pode ter a seguinte classificação (Funcionalitá, 2020):

- **Grau 1**: o paciente consegue se comunicar sem suporte, mas se nota uma dificuldade em iniciar interações sociais, um interesse reduzido nessas interações, respostas atípicas a aberturas sociais e tentativas frustradas de fazer amigos.
- **Grau 2**: o paciente precisa de suporte, apresentando maior dificuldade tanto na comunicação verbal quanto não verbal, além de déficits aparentes na interação social.
- **Grau 3**: o paciente precisa de apoio muito substancial e quase não tem habilidade de comunicação, apresentando fala ininteligível ou de poucas palavras e respostas sociais mínimas.

Com relação ao **comportamento**, os graus de autismo variam da seguinte forma (Funcionalitá, 2020):

- **Grau 1**: o paciente é mais funcional, mas apresenta sinais como comportamento inflexível e dificuldade para trocar de atividades e para experimentar situações novas.
- **Grau 2**: o paciente precisa de apoio, e seus comportamentos restritivos e repetitivos são mais frequentes e evidentes, mostrando-se mais inflexível e com dificuldade para mudar o foco das ações.
- **Grau 3**: o paciente é altamente dependente e apresenta extrema dificuldade para lidar com mudanças, o que

impacta significativamente seu funcionamento, além de gerar sofrimento.

Para amenizar o sofrimento do autista e de seus familiares, o Congresso Nacional teve a sensibilidade de aprovar a Lei n. 12.764, de 27 de dezembro de 2012, que instituiu a Política Nacional de Proteção dos Direitos da Pessoa com Transtorno do Espectro Autista (Brasil, 2012), regulamentada pelo Decreto n. 8.368, de 2 de dezembro de 2014 (Brasil, 2014). Segundo essa normativa, a pessoa com transtorno do espectro autista é considerada pessoa com deficiência para todos os efeitos legais.

Ficam consignadas aqui as minhas homenagens aos autistas, pessoas especialíssimas e bem melhores que o "mundo normal" que as rejeita. A eles e a seus familiares, dedico este livro.

5.4 *Aproximações e distanciamentos entre expressões que querem ou não significar a mesma coisa*

Há imensa confusão terminológica envolvendo as expressões *direitos fundamentais, direitos humanos, direitos humanos fundamentais, direitos individuais, direitos civis* ou simplesmente *direitos*.

Surgem perguntas, um autoquestionamento afirmativo e uma advertência para resolver o impasse semântico. São eles:

a. Tais expressões são sinônimas? A resposta é ambígua: sim e não; depende. Daremos prioridade ao entendimento do que vêm a ser os direitos fundamentais. São *direitos fundamentais* aqueles oponíveis contra o Estado (principalmente) e contra a própria coletividade, assecuratórios de bens jurídicos que foram sendo conquistados historicamente pelo Direito Constitucional e pelo Internacional, atinentes à salvaguarda

da vida, da liberdade, da igualdade, da fraternidade, da propriedade, da segurança, do meio ambiente equilibrado, entre outros. Sinteticamente definindo: fundamentais são os direitos essenciais para o indivíduo e para a coletividade na vida em sociedade.
b. A definição anterior serve para que outras expressões? A resposta é: serve para igualmente definir o significado e o alcance de direitos humanos, direitos humanos fundamentais e direitos civis, com as diferenciações e críticas que serão vistas *infra*.
c. Mediante a contextualização que consta adiante, pode ser cuidadosamente colocada na lista de sinônimos a expressão *direitos individuais*, apesar de o seu significado ter muito maior valor histórico (geracional).
d. Os contextos geopolíticos e históricos são importantes para a compreensão de significados e alcances de palavras e expressões? A resposta é sim. Quando se fala em direitos fundamentais, há de se levar em conta o *locus* e o *tempus*. Por exemplo, entre os judeus do Antigo Testamento e os do Novo Testamento, a mulher samaritana era discriminada por ser mulher e por ser samaritana, mas foi a uma mulher samaritana que Jesus se revelou como fonte de água viva (João, 4:7-42) que sacia a sede eternamente. Lecionam Dimoulis e Pagliarini (2012) que, para os alemães do século XVIII, pouca importava o uso da expressão *direito fundamental* ou *direito humano*, isso porque a Alemanha só se unificou como Estado moderno cem anos mais tarde. Nesse sentido, não é necessário atravessar o Atlântico para perceber que os direitos fundamentais evoluem e/ou mudam, para melhor ou para pior. Na mesma esteira, mais dois exemplos a provar que as circunstâncias cambiam e que, com elas, os direitos fundamentais também: com a Revolução Russa, a

Constituição de 1918 suprimiu a propriedade privada[18]; o voto da mulher[19] (TSE, 2020) veio com Getúlio Vargas e se consolidou no Brasil entre 1932 e 1934.

e. Às vezes, algumas das palavras e dos conjuntos compostos de palavras vistos podem querer dizer a mesma coisa. Noutras vezes, o significado difere. A questão problemática volta a ser a pouca atenção que se dá ao estudo da teoria das classes (na matemática e na vida) e da teoria dos sistemas (na filosofia, no Direito e na vida); por isso, confunde-se gênero e espécie. Outros três fatores que também podem ser apontados como responsáveis pela confusão terminológica são: (i) a falta de noção de história; (ii) o pouco cuidado que se tem com o estudo da língua portuguesa; (iii) uma ciência do Direito não consolidada, uma vez que a doutrina nacional se tem mais voltado aos interesses de: (iii.i) o desejo de vender livros; (iii.ii) defender suas ideologias políticas.

Direitos fundamentais

São *direitos fundamentais* aqueles oponíveis contra o Estado (principalmente) e contra a própria coletividade, assecuratórios de bens jurídicos que foram sendo conquistados historicamente pelo Direito Constitucional e pelo Internacional, atinentes à salvaguarda da vida, da liberdade, da igualdade, da fraternidade, da

---

18 "Capítulo II – 3. Além disso, sendo sua tarefa fundamental a abolição de toda a exploração do homem pelo homem, a completa eliminação da divisão da sociedade em classes, a impiedosa repressão da resistência dos exploradores, o estabelecimento de uma organização socialista e o atingimento da vitória do socialismo em todos os países, o III Congresso de Deputados Trabalhadores, Soldados e Camponeses de Toda a Rússia resolve: (a) Visando à concretização da socialização da terra, fica abolida a propriedade privada da terra. Todos os imóveis agrícolas são declarados propriedade de todo o povo trabalhador e entregues, sem qualquer indenização, aos trabalhadores, com base no princípio da utilização igualitária da terra" (Rússia, 1918).

19 "Em 24 de fevereiro de 1932, o Código Eleitoral passou a assegurar o voto feminino; todavia, esse direito era concedido apenas a mulheres casadas, com autorização dos maridos, e para viúvas com renda própria. Essas limitações deixaram de existir apenas em 1934, quando o voto feminino passou a ser previsto na Constituição Federal" (TSE, 2020).

propriedade, da segurança, do meio ambiente equilibrado, entre outros. Sinteticamente definindo: *fundamentais* são os direitos essenciais para o indivíduo e para a coletividade para a vida em sociedade.

Em memorável exposição, Alexandre de Moraes (2017) explica que *direitos fundamentais* é expressão que tem significado próprio, não ocorrendo, então, o fenômeno da sinonímia. Além disso, Moraes (2017) explica as inúmeras opiniões doutrinárias que também concedem significados próprios às demais palavras e conjuntos de palavras constantes *infra* (Subseções 5.4.1 a 5.4.6).

Explicando: fundamentais, então, seriam os direitos previstos constitucionalmente, ou seja, positivados na Carta Magna de dado país. Logo, direitos fundamentais são seriam somente os direitos nacionais asseguradores de direitos, excluindo-se dessa lista de fundamentalidade os direitos humanos internacionais.

Ora, com a doutrina exposta por Moraes (2017) não podemos concordar, isso porque a própria Constituição brasileira fez uso da sinonímia quando inseriu, por escrito, em seu texto final, as expressões *direitos fundamentais* e as elencadas nas subseções 5.4.1 a 5.4.6 significando o mesmo que direitos fundamentais; logo, entre o que sejam direitos fundamentais e direitos humanos não há e não pode haver diferença.

Direitos humanos

Seriam os direitos fundamentais os nacionais, efetivos, concretizáveis perante o Judiciário do país. Os direitos humanos, então, são os internacionais, só aqueles previstos pelas não efetivas Declarações de Direitos do Direito Internacional Público (DIP). Portanto, desprovidos os direitos humanos de efetividade perante o Judiciário.

Com essa posição doutrinária explicada por Moraes (2017) tampouco podemos concordar, isso por duas razões simples: (1) a Constituição brasileira usa todas as expressões relatadas nas subseções 5.4.1 a 5.4.6 com o mesmo significado de direitos fundamentais. Logo, *direitos fundamentais* significa o mesmo que *direitos humanos fundamentais*; (2) O DIP usa tanto a expressão *direitos humanos* quanto *direitos fundamentais*. Exemplo disso são dois documentos normativos internacionais da maior importância: a Declaração Internacional dos Direitos Humanos (ONU, 1948) e a Carta dos Direitos Fundamentais da União Europeia (União Europeia, 2000).

Direitos humanos fundamentais

Manoel Gonçalves Ferreira Filho (2016) e Alexandre de Moraes (2017) utilizam a expressão *direitos humanos fundamentais* para exprimir o significado de direitos humanos (e/ou de direitos fundamentais). Apesar da excelência dos dois autores e de seus livros, a definição dos direitos fundamentais gerais (e/ou dos direitos humanos gerais) sob o título aglutinador *direitos humanos fundamentais* soa um tanto pleonástico, *data venia*, isso porque: (a) direitos humanos e direitos fundamentais têm o mesmo significado; (b) parece que alguns direitos humanos são caracterizados como fundamentais, enquanto outros não seriam, então, fundamentais.

Logo, que fique claro que, quando excelentes professores como Alexandre de Moraes (2017) e Manoel Gonçalves Ferreira Filho (2016) dizem *direitos humanos fundamentais*, estão a querer transmitir a ideia geral de direitos humanos e/ou de direitos fundamentais.

Direitos individuais

A própria Constituição brasileira de 1988 diz *direitos individuais* com o significado geral de direitos humanos (e/ou de direitos fundamentais). Faz isso na cláusula pétrea (art. 60)[20] que proíbe a

---

20 "Art. 60. [...] § 4ºNão será objeto de deliberação a proposta de emenda tendente a abolir: I – a forma federativa de Estado; II – o voto direto, secreto, universal e periódico; III – a separação dos Poderes; IV – os direitos e garantias individuais" (Brasil, 1988).

tramitação de proposta de emenda tendente a abolir (e/ou a diminuir o grau de abrangência) dos direitos "individuais".

Em uma hermenêutica constitucional acertada, tenhamos em mente que a proibição de retrocesso (Piovesan, 2018) referida no parágrafo anterior abarca os direitos fundamentais em senso lato, e não só os direitos individuais em senso estrito.

De fato, no inciso IV do parágrafo 4º do art. 60, quis o Poder Constituinte originário dizer *direitos e garantias fundamentais* (ou direitos humanos e suas garantias); utilizou-se, todavia, das palavras conjugadas *direitos individuais*, uso este que é compreensível porque, é verdade, os direitos individuais compõem a primeira geração dos direitos humanos e, por isso, por conta desse vanguardismo, é bastante comum que a doutrina, a jurisprudência e até mesmo as normas gerais e abstratas (Constituição, leis, tratados internacionais etc.) façam uso de uma especificidade historicamente importante (os direitos individuais) para dar conta de algo mais genérico (dos direitos fundamentais como um todo).

Então, fica a pergunta: O que são os direitos individuais e por que a Constituição os têm como sinônimos de direitos fundamentais? Em resposta, consideremos que: (a) os direitos individuais são aqueles que compõem a lista das liberdades, dos direitos do *laisser faire, laisser passer*[21], ou seja, liberdade de expressão, liberdade econômica, liberdade religiosa, entre outras liberdades; (b) a Constituição brasileira, conforme demonstrado, de fato prescreve que o Poder Constituinte derivado não pode abolir os direitos e as garantias individuais (leia-se: *fundamentais*!).

O que relatamos se trata, destarte, de uma problemática histórico-semântica; é o mesmo que se usar *Gillette* com o significado geral de "lâmina".

---

21 Ou "deixar fazer, deixar passar".

Direitos civis

Compreenda-se, desde já, que *civil rights* (direitos civis) significa direitos fundamentais. A começar por Ruy Barbosa (1932), é inegável a influência do Direito Constitucional dos Estados Unidos no Direito Constitucional brasileiro, isso pelas mãos do próprio Ruy a partir de 1889 (Proclamação da República). De certo modo, o fato de os brasileiros usarem as palavras *direitos individuais* significando *direitos fundamentais* é influência dos Estados Unidos, com a seguinte diferença: nos Estados Unidos, de fato, as dez emendas só prescrevem direitos individuais, ou seja, liberdades... repita-se: liberdades! Logo, mais uma vez, tanto a técnica constitucional brasileira (do Poder Constituinte) quanto a doutrina e a jurisprudência, ao escreverem *direitos individuais* abarcando todos os direitos fundamentais, cometem mais um erro: copiam os Estados Unidos, mas copiam errado! Isso porque os Estados Unidos não prescrevem a observância de direitos sociais na Constituição de 1787, ao passo que a inteligência do inciso IV do parágrafo 4º do art. 60 da CF/1988, quando diz *direitos individuais*, na realidade quer dizer direitos individuais **mais** direitos sociais, enfim: direitos fundamentais como um todo.

Para os norte-americanos, direitos civis são os direitos humanos inseridos na Carta Magna dos Estados Unidos nas dez primeiras emendas propostas por James Madison (Hamilton; Jay; Madison, 2014) e aprovadas no Primeiro Congresso (1789). O conjunto de direitos fundamentais (direitos civis) constantes nas dez primeiras emendas à Constituição dos Estados Unidos é conhecido pela alcunha *Bill of Rights* (Estados Unidos da América, 1787a), mas há outros direitos civis constantes em outras emendas (por exemplo, a Emenda XIX). Importante informar que a Constituição mais antiga do mundo moderno (a dos Estados Unidos, desde 1787) só contém 27 emendas, ao passo que a mais prolífera e analítica do mundo (a brasileira) foi modificada 114 vezes até a data de hoje

(25 de janeiro de 2022), fator este que demonstra a estabilidade dos norte-americanos e a frágil instabilidade dos brasileiros quanto aos respectivos regimes constitucionais.

Pelas mesmas razões que limitam as palavras conjugadas *direitos individuais* como significantes de direitos fundamentais, também devemos ler com reservas as palavras conjugadas *direitos civis*; estas quereriam dizer direitos fundamentais, mas tenhamos cuidado!, eis que, entre os *civil rights* norte-americanos, não se encontra sequer um direito fundamental social (tal como a saúde pública, por exemplo). Quanto a isso, percebemos, repetidamente e mais, que o Brasil é influenciado por Estados Unidos e Europa; entretanto, no Brasil, seus constituintes, seus legisladores, seus juízes e seus professores primam pela pura e simples importação de institutos jurídicos sem a observância da história e da realidade geopolítica de cada país. Portanto, aqui registramos que tampouco o uso das palavras conjugadas *direitos civis* está correto no país em que publicamos este livro, a não ser que façamos as muitas observações e reservas que aqui estão a ser cientificamente demonstradas.

Simplesmente "direitos"

No parágrafo 2º do art. 5º da Carta Magna brasileira de 1988, a palavra pluralizada *direitos* está sozinha, desacompanhada de "fundamentais" ou de "humanos", por exemplo. A primeira pista de que os tais *direitos* se referem a direitos fundamentais é a do parágrafo 1º, em que consta "direitos e garantias fundamentais" (Brasil, 1988); a segunda pista é o Título II, no qual se inserem o art. 5º e seus incisos e parágrafos. Logo, os *direitos* significam, sem qualquer problemática semântica, de fato, direitos fundamentais. Não fosse por isso, Bobbio (2004) já usava a palavra isolada *direitos* aludindo, na realidade, à era dos direitos fundamentais, e a doutrina de Bobbio é de absoluta importância para a ciência do Direito do Brasil.

Para saber mais

Os aprofundamentos sobre o assunto podem ser consultados neste livro que publicamos pela Editora InterSaberes:

PAGLIARINI, A. C. **Direitos e garantias fundamentais**. Curitiba: InterSaberes, 2021.

Para saber mais sobre sustentabilidade e cuidado com o meio ambiente como direitos fundamentais, indicamos este filme:

NOSSO PLANETA. Direção de David Attenborough. EUA: Netflix, 2020. 83 min.

Síntese

Podem os operadores do Direito considerar de fato existente o fenômeno linguístico da sinonímia entre algumas das expressões que expusemos. Por isso, é necessário compreender as diferenças entre cada uma delas, e foi justamente isso o que expusemos neste capítulo.

Para propiciar ao leitor a noção sobre alguns dos direitos humanos constitucionais (e internacionais) pouco desenvolvidos pelos doutrinadores brasileiros do Direito, fizemos explanações preferenciais sobre três deles: o meio ambiente, a nacionalidade e a inclusão dos autistas e das pessoas com deficiência.

Questões para revisão

1. O disseminar de políticas de inclusão dos autistas é decorrência direta dos seguintes direitos fundamentais constitucionais:
   a. liberdade de ir e vir e direito de propriedade.
   b. igualdade e dignidade.
   c. *habeas corpus*.
   d. *habeas data*.

2. São os dois critérios de determinação da nacionalidade brasileira adotados pelo art. 12, inciso I, da Constituição de 1988:
   a. o *ius solis* e o *ius sanguinis*.
   b. o nascimento em solo brasileiro e a naturalização.
   c. a naturalização e o visto de permanência definitivo ao estrangeiro.
   d. o direito de residir permanentemente no Brasil e o direito ao voto nas eleições brasileiras.

3. A noção de desenvolvimento humano sustentável decorre da somatória dos três fatores que seguem:
   a. dignidade, igualdade e liberdade.
   b. igualdade, dignidade e meio ambiente.
   c. meio ambiente, propriedade e economia.
   d. desenvolvimento econômico, meio ambiente equilibrado e equidade social.

4. *Direitos fundamentais* e *direitos humanos* são expressões sinônimas?

5. O que é inflação geracional dos direitos humanos?

Questões para reflexão

1. Os direitos fundamentais são aqueles previstos na Constituição e dotados de instrumentos processuais de efetivação. Diferentemente disso, os direitos humanos constam nas Declarações de Direito Internacional Público e, por isso, em virtude de sua internacionalidade, são desprovidos de efetivação processual. Critique esse pensamento corriqueiro da doutrina brasileira.

2. "Eu quero que ocorra uma revolução proletária no Brasil. Um movimento político que promova a isonomia. Lutarei por um poder constituinte novo e progressista, que produza uma Constituição que extinga a propriedade privada para que todos sejam, de fato, iguais". Opinião assim é detectável no Brasil. Reflita criticamente sobre o pensamento entre aspas.

capítulo seis

Processo constitucional: controle de constitucionalidade e remédios constitucionais[1]

---

1 O teor deste capítulo (e seus subtópicos) foi majoritariamente extraído – e atualizado – de: Pagliarini (2021, p. 158-195).

Conteúdos do capítulo:

- Controle de constitucionalidade.
- Remédios constitucionais.

Após o estudo deste capítulo, você será capaz de:

1. compreender os sistemas de controle de constitucionalidade adotados pelo Brasil, bem como suas fontes de inspiração norte-americanas, austríacas e portuguesas;
2. atuar profissionalmente, como advogado, juiz ou promotor, com os direitos fundamentais por meio do bom entendimento do que são e de como são os remédios (as ações) constitucionais.
3. lecionar as doutrinas de Marshall e Kelsen sobre o controle de constitucionalidade;
4. reconhecer que o processo constitucional é composto de duas partes: (a) controle de constitucionalidade; (b) remédios (ações) constitucionais.

José Alfredo de Oliveira Baracho (2008), professor catedrático da Universidade Federal de Minas Gerais (UFMG), foi o brasileiro responsável pelos primeiros e mais aprofundados estudos sobre Direito Processual Constitucional, que se apresenta como ciência jurídica composta pela descrição: (1) do controle de constitucionalidade; (2) das ações ou remédios constitucionais, que são os instrumentos processuais para garantia do pleno gozo dos direitos fundamentais.

Nas próximas linhas e páginas, a técnica da ciência descritiva adotada neste livro se modificará. Tudo ficará mais **fácil e esquematizado**, em uma linguagem dialogal. Comentaremos pontos enumerados para que o estudo fique bem mais claro aos leitores. A **didática** norteará os escritos a fim de que os operadores do Direito possam entender o controle de constitucionalidade do Brasil, e sobretudo manusear no fórum os remédios constitucionais como o *habeas corpus*, o mandado de segurança e os demais.

6.1 *Controle de constitucionalidade*

Em um primeiro momento, o Brasil se espelhou nos Estados Unidos para adotar o controle difuso de constitucionalidade. Depois, incorporou ao sistema nacional o controle europeu, chamado *concentrado*, inspirado em Hans Kelsen (2009) e na Constituição da Áustria.

Os precedentes judiciais no direito anglo-saxônico (common law): uma tradição deles

A tradição do *common law* é deles, e não – de modo algum – do sistema brasileiro, apesar de sempre ter havido influências recíprocas, as quais não transformaram a tradição inglesa e norte-americana em *civil law*, muito menos o Brasil em *common law*.

No decorrer do desenvolvimento do direito anglo-saxônico, foi-se construindo a realidade sistemática por meio de uma ativa participação judicial. Isso não quer dizer que, nos Estados Unidos ou na Inglaterra, as decisões judiciais são mais acatadas do que no Brasil. Os sistemas são distintos.

A origem da *common law* é a Inglaterra e, em se traduzindo a significação da expressão para o português (= direito consuetudinário e/ou direito comum), temos: (a) primeiro, o Reino Unido superou o feudalismo antes da Europa continental, verificando-se, lá na Ilha, um Estado unificado e moderno que se estabeleceu mais de cinco séculos antes da França, por exemplo. Até hoje não tem uma Constituição escrita, razão pela qual o Direito Constitucional britânico é conhecido pela alcunha "consuetudinário". *Consuetudinário* significa "costumeiro", e *common* também quer dizer simplesmente "comum". Isso não quer dizer que a Inglaterra é desprovida de um Direito Constitucional e de uma Constituição: esta é costumeira, consuetudinária, ou seja, foi sendo construída conjuntamente pelos atos normativos constitucionais (esparsos, não positivados em bloco em um só código ou em uma Constituição escrita e promulgada) desde o Rei João Sem Terra até o Parlamento de hoje; (b) segundo, as normas infraconstitucionais parlamentares existem, mas não é praxe a codificação delas. Portanto: lá há leis, mas elas ganham vivacidade no processo de aplicação pelos magistrados, e isso vale tanto para o Reino Unido quanto para os Estados Unidos; (c) terceiro, os Estados Unidos têm uma Constituição escrita estável desde 1787. Logo, o Direito Constitucional dos *yankees* existe, e por escrito. Tanto quanto a Inglaterra, os Estados Unidos também são dotados de leis nacionais, estaduais e locais aprovadas pelas respectivas Casas Legislativas, e, ainda mais do que os ingleses, os norte-americanos ativaram o Judiciário local com amplos poderes, não para desprezar a lei geral e abstrata, mas para aplicá-la e criar precedentes a serem seguidos como parâmetros de vivacidade que tornam as decisões judiciais mais objetivas do que as leis; (d) o *common law* teve de ser inventado em razão do protagonismo inglês de ter superado, antes dos outros países europeus, o feudalismo. É essa a razão pela qual o descumprimento de um contrato nos países anglófonos é muito mais grave do que ocorre no Brasil.

Foi na tradição anglófona que surgiu aquilo que chamam de *stare decisis*, tratando-se isso de uma expressão em latim que se traduz como "respeitar as coisas decididas e não mexer no que está estabelecido", utilizada no Direito para se referir à doutrina segundo a qual as decisões de um órgão judicial criam precedente (jurisprudência) e vinculam as que vão ser emitidas no futuro. A frase vem de uma locução mais extensa, *stare decisis et non quieta movere*. Essa doutrina é característica do *common law*. Espelha ela a adoção da **teoria do realismo jurídico.**

A falta de força obrigatória dos precedentes judiciais na civil law: tradições brasileira, romana, lusitana e franco-germânica

As tradições brasileira, romana, lusitana e franco-germânica seriam mais bem compreendidas se utilizássemos simplesmente da simplicidade, dizendo que "somos do ramo romano", ou "somos do ramo lusitano", ou "somos do ramo franco-germânico". Isso tudo é a mesma coisa. Não era preciso chamar o sistema brasileiro de *civil law*, o Brasil não necessita nem nunca necessitou de tamanha anglofonia. Mas o que significa dizer que o Brasil é assim (de tradição romana, lusitana, francesa e alemã)? Ora, quer dizer muita coisa, historicamente falando, e muita coisa a respeito da tripartição dos Poderes em solo nacional.

Não há país no mundo com uma tripartição mais aguçada que o Brasil. Apesar das mazelas conhecidas, aqui as atribuições típicas de cada Poder ficam a cargo daquele Poder, e não do outro. É verdade que houve tempo em que preponderou o Executivo; e hoje se verifica um protagonismo do Judiciário, talvez por inércia dos outros dois, o que não significa, de modo algum, que o Brasil "virou um país de *common law*".

Em países como Brasil, Portugal, Itália, França e Alemanha – até o Japão é assim –, há a Constituição, as leis e os juízes. É evidente que ao juiz contemporâneo desses países é dado interpretar. Mas o que os juízes devem interpretar são as normas gerais e abstratas que precisam ser utilizadas por eles na promoção da subsunção, a qual só acontece por meio do trabalho judicial, não querendo isso dizer que eles podem interpretar a lei, os tratados internacionais e a Constituição fugindo da primeira regra hermenêutica, que é a da literalidade. É depois de ler e entender a norma geral e abstrata que o juiz passará para a interpretação sistemática e criará a norma individual e concreta para a especificidade daquele caso que está a analisar. E sua decisão fará *res iudicata*, sim; mas não se tornará, nem se confirmada pela segunda instância, em norma geral e abstrata, em precedente, como ocorre, por exemplo, nos Estados Unidos.

As poucas normas que autorizam o Judiciário brasileiro a se servir de precedentes, constantes no Novo Código de Processo Civil (CPC), não servem, de maneira nenhuma, para autorizar o hermeneuta a dizer que, em razão do advento do Novo CPC, o Brasil já é um país que teria aderido à prática anglófona da aplicação dos precedentes como se normas gerais e abstratas fossem. Não é assim, e quem assim defende provavelmente se posiciona a favor de um protagonismo judicial que não consta em nenhuma norma da Constituição Federal (CF) de 1988.

Não serve tampouco para autorizar o doutrinador brasileiro a defender que o Brasil simplesmente se tornou um país dos precedentes o fato de aqui o controle concentrado de constitucionalidade e a repercussão geral do controle difuso terem sido postos no ordenamento pátrio e estarem em prática.

Em suma, tenhamos em mente, sem qualquer sombra de dúvida, **que o Brasil é – e será por muito tempo adiante – um sistema seguidor das raízes romano-germânicas (ou seja, do *civil law*).**

A defesa da Constituição no Direito Constitucional comparado

Controle de constitucionalidade:

a. Origem nos Estados Unidos.
b. Constituição da Áustria e a influência de Hans Kelsen.
c. Sistema híbrido (misto) de controle de constitucionalidade no Brasil, pelos juízes, tribunais e pelo guardião da Carta, que é o STF: Estados Unidos + Europa.

E já que o tema é controle de constitucionalidade, segue um quadro sinóptico para sua melhor compreensão visual. Aliás, doravante os quadros sinópticos serão como as lousas das salas de aula que são preenchidas pelos nossos professores.

Quadro 6.1 – Comparação dos modelos dos Estados Unidos e da Europa

Controle de constitucionalidade nos Estados Unidos	Concreto	Incidental	Difuso
Controle de constitucionalidade na Europa	Abstrato	Direto	Concentrado

Salientamos que os dois modelos ora nomeados são adotados pela Constituição brasileira de 1988.

Modalidades de controle repressivo de constitucionalidade no Brasil perante o Poder Judiciário

a. **Controle difuso (concreto, incidental)**: legitimidade ativa para as partes litigantes arguirem, incidentalmente, a inconstitucionalidade de lei ou ato normativo; também têm legitimidade ativa o próprio juiz (*ex officio*) e o Ministério Público. Nesse tipo de controle, inicialmente adotado no Brasil por influência de Ruy Barbosa (Constituição de 1891), o juiz é obrigado a suspender o julgamento do pedido (mérito) que inicialmente ensejou a demanda (autor *versus* réu); então, o juiz decidirá sobre a inconstitucionalidade naquele caso concreto, só depois passando para o julgamento de mérito. Contra sua decisão no campo específico da arguição de constitucionalidade naquele caso concreto que está a julgar o juiz, em sede incidental de controle de constitucionalidade, cabe recurso extraordinário ao STF, impetrado pela parte que se sentir prejudicada. Diz a CF/1988:

Art. 102. Compete ao Supremo Tribunal Federal, precipuamente, a guarda da Constituição, cabendo-lhe: [...]

III – julgar, mediante recurso extraordinário, as causas decididas em única ou última instância, quando a decisão recorrida: [...]

a) contrariar dispositivo desta Constituição;

b) declarar a inconstitucionalidade de tratado ou lei federal;

c) julgar válida lei ou ato de governo local contestado em face desta Constituição;

d) julgar válida lei local contestada em face de lei federal. (Brasil, 1988)

a. 1) **Efeitos**: considerando que o Supremo, ao julgar o recurso extraordinário, estará a se manifestar sobre o caso concreto em litígio, então a decisão do STF só produzirá efeitos entre as partes originariamente litigantes naquele processo (caso concreto). É útil informar que todas as vezes que, em sede de recurso extraordinário, o STF declara inconstitucional lei ou ato normativo, a Suprema Corte manda ofício ao Senado

Federal, para, querendo, suspender (com efeito geral) a eficácia da norma declarada definitivamente inconstitucional pelo STF em recurso extraordinário. Nos 33 anos de história do art. 52, inciso X, da atual Constituição, o Senado **nunca** exerceu essa função.

a. 2) **Restrição**: imposta pelo parágrafo 3º do art. 102 da CF/1988, acrescentada pela Emenda Constitucional (EC) n. 45, de 30 de dezembro de 2004, que inovou assim:

No recurso extraordinário o recorrente deverá demonstrar a repercussão geral das questões constitucionais discutidas no caso, nos termos da lei, a fim de que o Tribunal examine a admissão do recurso, somente podendo recusá-lo pela manifestação de dois terços de seus membros (Regulamentada pela Lei 11.418/2006). (Brasil, 2004)

a. 3) **Repercussão geral**: a repercussão geral no recurso extraordinário (RE) é presumida se a decisão recorrida contrariar súmula do STF.

b. **Controle abstrato (concentrado e direito) de (in)constitucionalidade**: independe de litígios concretos entre autor e réu. No Brasil, é precipuamente exercido pelo STF nos seguintes casos:

b. 1) **Ação direta de inconstitucionalidade (ADI ou ADIn)**: o art. 102, inciso I, alínea "a", da CF/1988 assim dispõe:

Art. 102. Compete ao Supremo Tribunal Federal, precipuamente, a guarda da Constituição, cabendo-lhe: I – processar e julgar, originariamente: a) a ação direta de inconstitucionalidade de lei ou ato normativo federal ou estadual e a ação declaratória de constitucionalidade de lei ou ato normativo federal. (Brasil, 1988)

- Legitimados ativos: art. 103 da CF/1988.
- No controle abstrato, não há partes litigantes nem interesses contrapostos, pois não é um caso concreto entre A *versus* B (autor contra réu), mas sim uma ação movida por uma das

pessoas ou autoridades competentes previstas no art. 103 da CF/1988.
- Regulamentação infraconstitucional: Lei n. 9.868, de 10 de novembro de 1999 (Brasil, 1999) – com efeito vinculante e eficácia *erga omnes*, permitiu, em alguns casos, que somente produza efeito a declaração de nulidade a partir de determinado momento. Também pode ser movida por uma das pessoas ou autoridades competentes previstas no art. 103 da CF/1988.
- Na ADIn, a decisão do STF declarando a inconstitucionalidade tem força para invalidar lei ou ato normativo declarado inconstitucional, independentemente de suspensão do ato pelo Senado (não aplicabilidade do art. 52, inciso X, da CF/1988).
- Processo regulado pela Lei n. 9.868/1999.

b. 2) **Ação declaratória de constitucionalidade (Adecon)**: introduzida pela Emenda Constitucional Revisional (ECR) n. 3/1993 na época em que o presidente Itamar Franco desejava antecipar a declaração de constitucionalidade da medida provisória que criou, em seu governo, o Plano Real.
- Pela ADECON, o STF pode ser chamado a se pronunciar sobre a constitucionalidade de lei ou ato normativo federal (nunca estadual!).
- Os efeitos do deferimento da ADECON são idênticos aos do **indeferimento** da ADIn.
- Podem impetrá-la as autoridades e os entes previstos no art. 103 da CF/1988.
- Processo regulado pela Lei n. 9.868/1999.

b. 3) **Ação direta de inconstitucionalidade (ADI) por omissão**: configura-se no momento em que se deixa de cumprir disposição constitucional.
- Legitimidade ativa: art. 103 da CF.

- Art. 103, parágrafo 2º: depois de o STF declarar a inconstitucionalidade por omissão, o órgão competente para saná-la deverá ser comunicado. Caso se trate de medida de natureza administrativa, a decisão determinará o prazo de 30 dias para que sejam tomadas as medidas cabíveis.
- Difere-se a ADI por omissão do mandado de injunção, pois este busca a fruição de direito fundamental previsto na Constituição, e que não está sendo fruído por falta de norma regulamentadora (art. 5º, XXI, CF/1988 e Lei n. 13.300/2016).
- A ADI por omissão está regulamentada na Lei n. 12.063, de 27 de outubro de 2009 (Brasil, 2009c). Admite o art. 12-F dessa lei que seja editada medida cautelar, pelo STF, em caso de excepcional urgência da matéria, e seu parágrafo 1º admite que tal cautelar consista em providências que especifica, ou ainda em outra providência não especificada que adote o Tribunal. Tal providência pode ser uma "normatização provisória" pelo próprio Supremo.

b. 4) **Súmula vinculante**: prevista pela Constituição em vigor no art. 103-A:

Art. 103-A. O Supremo Tribunal Federal poderá, de ofício ou por provocação, mediante decisão de dois terços dos seus membros, após reiteradas decisões sobre matéria constitucional, aprovar súmula que, a partir de sua publicação na imprensa oficial, terá efeito vinculante em relação aos demais órgãos do Poder Judiciário e à administração pública direta e indireta, nas esferas federal, estadual e municipal, bem como proceder à sua revisão ou cancelamento, na forma estabelecida em lei.

§ 1º A súmula terá por objetivo a validade, a interpretação e a eficácia de normas determinadas, acerca das quais haja controvérsia atual entre órgãos judiciários ou entre esses e a administração pública que acarrete grave insegurança jurídica e relevante multiplicação de processos sobre questão idêntica.

§ 2º Sem prejuízo do que vier a ser estabelecido em lei, a aprovação, revisão ou cancelamento de súmula poderá ser provocada por aqueles que podem propor a ação direta de inconstitucionalidade.

§ 3º Do ato administrativo ou decisão judicial que contrariar a súmula aplicável ou que indevidamente a aplicar, caberá reclamação ao Supremo Tribunal Federal que, julgando-a procedente, anulará o ato administrativo ou cassará a decisão judicial reclamada, e determinará que outra seja proferida com ou sem a aplicação da súmula, conforme o caso. (Brasil, 1988)

- A súmula vinculante produzirá efeitos sobre todos os Poderes e órgãos, com força de lei. Todavia, isso não quer dizer que o Brasil é país que tenha adotado o sistema judicial anglófono.
- Requer reiteradas decisões sobre uma mesma matéria constitucional.
- O descumprimento da súmula vinculante enseja reclamação constitucional ao STF.
- Crítica: a súmula vinculante, além de ser um instrumento importado dos países anglófonos, engessa a atuação dos tribunais e juízes.
- A súmula vinculante está regrada na Lei n. 11.417/2006.

b. 5) **Arguição de descumprimento de preceito fundamental (ADPF):**
- CF/1988, art. 102, parágrafo 1º: "Compete ao Supremo Tribunal Federal, precipuamente, a guarda da Constituição, cabendo-lhe: [...] § 1º- A arguição de descumprimento de preceito fundamental, decorrente desta Constituição, será apreciada pelo Supremo Tribunal Federal, na forma da lei" (Brasil, 1988).
- A ADPF é ação por meio da qual a decisão sobre a inconstitucionalidade ou não de atos normativos federais, estaduais, distritais e municipais impugnados perante juízes e tribunais pode ser avocada pelo STF, mediante provocação dos

legitimados no art. 103 da CF/1988. Fica sustada eventual ação acerca do mesmo assunto. A decisão do STF na ADPF terá efeitos *erga omnes* e força vinculante, mas devem ser vistas as limitações da Lei n. 9.882/1999.

- A ADPF rege-se pela Lei n. 9.882/1999 (cujo anteprojeto foi elaborado pela Comissão Celso Bastos).

b. 6) **Ação interventiva federal**: CF/1988, art. 34, incisos VI e VII (e suas alíneas); art. 36, parágrafo 3º. O art. 18 da Constituição prescreve que a organização político-administrativa do Brasil compreende a União, os estados, o Distrito Federal e os municípios, todos autônomos. Nenhum ente federativo deverá intervir em qualquer outro. Todavia, a Carta Magna excepciona situações em que haverá a intervenção. A União intervirá nos estados e no Distrito Federal nas hipóteses previstas no art. 34 da Carta; e os estados poderão intervir nos municípios (art. 35 da Constituição). A ADI-Interventiva é um dos pressupostos para a decretação da intervenção federal, ou estadual, pelos Chefes do Executivo (presidente da República [art. 34] e governador de Estado [art. 35]). O Poder Judiciário não imprime nulidade ao ato dos Chefes do Executivo, mas apenas verifica se estão presentes os pressupostos para a futura decretação da intervenção.

b. 7) **Reclamação constitucional**: garante a preservação da competência do STF e a autoridade de suas decisões. Originalmente, ela é fruto da construção jurisprudencial do STF, que, com o decorrer do tempo, foi incorporada ao texto constitucional (art. 102, I, "i", CF/1988). Regulamentada pelo art. 13 da Lei n. 8.038/1990 e pelos arts. 156 e seguintes do Regimento Interno do STF, o instituto pertence à classe dos processos originários do STF, ou seja: a reclamação deve ser ajuizada diretamente no STF, a quem cabe analisar se o ato questionado na ação invadiu a competência do tribunal ou se contrariou alguma de suas decisões.

- Cabimento da reclamação constitucional: são três suas hipóteses de cabimento: (1) uma delas é preservar a competência do STF quando algum juiz ou tribunal, usurpando a competência estabelecida no art. 102 da CF/1988, processa ou julga ações ou recursos de competência do STF; (2) outra é garantir a autoridade das decisões do STF, ou seja, quando decisões monocráticas ou colegiadas do STF são desrespeitadas ou descumpridas por autoridades judiciárias, administrativas ou legislativas; (3) por fim, serve a reclamação para garantir a autoridade das súmulas vinculantes; depois de editada uma súmula vinculante pelo Plenário do STF, seu comando vincula ou subordina todas as autoridades judiciárias e administrativas do país. No caso de seu descumprimento, a parte pode ajuizar reclamação diretamente no STF. A medida não se aplica, porém, às antigas súmulas convencionais da jurisprudência dominante do STF.

Novo CPC: civil law, força dos precedentes e demandas repetitivas

O leitor atento poderá interpretar o Novo CPC segundo a Constituição e toda a história do Direito Processual brasileiro para admitir, de uma vez por todas, que este país continua a seguir sua tradição romano-lusitana (*civil law*). Eis as pouquíssimas normas do Novo CPC que autorizam algum protagonismo judicial inovador – **mas não transformador** – do sistema processual pátrio.

Quanto à **força dos precedentes** e às **demandas repetitivas**, vejamos o teor dos arts. 927 e 928 do Novo CPC (Lei n. 13.105, de 16 de março de 2015):

Art. 927. Os juízes e os tribunais observarão:

I – as decisões do Supremo Tribunal Federal em controle concentrado de constitucionalidade;

II – os enunciados de súmula vinculante;

III – os acórdãos em incidente de assunção de competência ou de resolução de demandas repetitivas e em julgamento de recursos extraordinário e especial repetitivos;

IV – os enunciados das súmulas do Supremo Tribunal Federal em matéria constitucional e do Superior Tribunal de Justiça em matéria infraconstitucional;

V – a orientação do plenário ou do órgão especial aos quais estiverem vinculados.

§ 1º Os juízes e os tribunais observarão o disposto no art. 10 e no art. 489, § 1º, quando decidirem com fundamento neste artigo.

§ 2º A alteração de tese jurídica adotada em enunciado de súmula ou em julgamento de casos repetitivos poderá ser precedida de audiências públicas e da participação de pessoas, órgãos ou entidades que possam contribuir para a rediscussão da tese.

§ 3º Na hipótese de alteração de jurisprudência dominante do Supremo Tribunal Federal e dos tribunais superiores ou daquela oriunda de julgamento de casos repetitivos, pode haver modulação dos efeitos da alteração no interesse social e no da segurança jurídica.

§ 4º A modificação de enunciado de súmula, de jurisprudência pacificada ou de tese adotada em julgamento de casos repetitivos observará a necessidade de fundamentação adequada e específica, considerando os princípios da segurança jurídica, da proteção da confiança e da isonomia.

§ 5º Os tribunais darão publicidade a seus precedentes, organizando-os por questão jurídica decidida e divulgando-os, preferencialmente, na rede mundial de computadores.

Art. 928. Para os fins deste Código, considera-se julgamento de casos repetitivos a decisão proferida em:

I – incidente de resolução de demandas repetitivas;

II – recursos especial e extraordinário repetitivos.

Parágrafo único. O julgamento de casos repetitivos tem por objeto questão de direito material ou processual. (Brasil, 2015)

6.2 *Remédios constitucionais*

As garantias aos direitos fundamentais são franqueadas pela Constituição brasileira por meio dos remédios constitucionais (ações constitucionais). Logo:

> **Garantias = Remédios (Ações)**

A CF/1988 foi pródiga em definir os direitos fundamentais em uma lista que, por mostrar-se tão extensa, não encontra paralelos no direito comparado. Não bastasse a referida lista – toda espalhada na Carta, como já visto neste livro –, o parágrafo 2º do art. 5º da mesma Carta Magna ainda deixa janela aberta para que sejam consideradas como regras e princípios de direitos humanos aqueles decorrentes dos tratados internacionais de direitos humanos de que o Brasil fizer parte.

Entre os direitos humanos positivados na Constituição, encontram-se uns que se identificam como direitos individuais – e eles são maioria! –, outros como direitos sociais, outros como direitos de terceira geração e ainda outros que se referem a direitos políticos. Não seria possível que tamanha lista de direitos fundamentais ficasse sem instrumentos de garantia; portanto, é sobre estes que serão desenvolvidas as próximas páginas, por meio de quadros sinópticos.

Esta parte do livro será dedicada aos remédios constitucionais, também conhecidos como *ações constitucionais*. Elas são as seguintes: *habeas data*, mandado de injunção (individual e coletivo), ação popular, mandado de segurança (individual e coletivo), *habeas corpus* e ação civil pública.

Habeas data

Findos os governos de exceção da ditadura militar de 1964, morto Tancredo e empossado Sarney, em seguida foi eleita a Assembleia Nacional Constituinte que promulgou, em 05/10/1988, a Constituição em vigor com sua longa lista de direitos fundamentais e de seus instrumentos de garantia, os quais têm sido objeto de apreciação doravante. Aqui se escreverá sobre o *habeas data* (HD).

Segundo o que consta na Carta Magna e na lei específica, o HD se presta a: (a) assegurar o conhecimento de informações do impetrante; (b) retificar dados errôneos do impetrante; (c) explicar dado (do impetrante) verdadeiro, mas justificável, que esteja sob pendência judicial, devendo-se ressaltar que quando couber HD não cabe mandado de segurança (MS).

As duas fases do HD cumprem as funções de propiciar ao impetrante o conhecimento de dados pessoais que lhe tenham sido negados anteriormente e a retificação desses dados se eles estiverem errados no banco de dados que os guarda.

Quem pode ajuizar o HD será qualquer pessoa física ou jurídica, nacional ou estrangeira, que se encontrar na situação de ter tido negado o acesso às suas informações pessoais por bancos de dados públicos ou de caráter público; o sujeito passivo será justamente o órgão público ou privado de caráter público que negou acesso às informações pessoais.

É inviável o HD coletivo por falta de previsão legal e constitucional. Mas é possível o litisconsórcio ativo e impossível a intervenção de terceiros.

Organograma do HD

I. Definição: o HD se destina a: (a) assegurar o conhecimento de informações do impetrante; (b) retificar dados errôneos do impetrante; (c) explicar dado (do impetrante) verdadeiro, mas justificável, que esteja sob pendência judicial.

II. Quando couber HD, não cabe MS e vice-versa (art. 5º, LXIX).

III. As duas fases do HD são: (a) conhecimento dos dados anteriormente negados; (b) solicitação de retificação ou complementação mediante provas.

IV. Legitimidade ativa: pessoas físicas ou jurídicas, nacionais ou estrangeiras diretamente interessadas no acesso às informações.

V. Sujeito passivo: todo órgão da Administração direta ou indireta e os entes privados detentores de informação de ressonância pública (SPC, Serasa).

VI. Competência para julgamento do HD: art. 20 da Lei n. 9.507/1997.

VII. Manifestação do Ministério Público: é nulo o HD sem manifestação do MP.

VIII. Liminar e cautelar inominada em HD: são possíveis.

IX. Recurso contra a sentença do juiz em HD: apelação em 15 dias.

X. O HD não se confunde com a garantia constitucional de obter certidões.

XI. O sucumbente está isento de honorários advocatícios (STF, Súmula n. 512; STJ, Súmula n. 105).

Os **textos normativos** aos quais fica remetido o leitor são: art. 5º, incisos LXIX e LXXII, da CF/1988; arts. 7º e 20 da Lei n. 9.507/1997; Súmulas n. 512 do STF e n. 105 do STJ.

Jurisprudência sobre o HD

Triplo aspecto da pretensão jurídica: STF, Rel. Min. Celso de Mello, RHD 22-DF, julgado em 19/11/1991: "O HD configura remédio jurídico-processual, de natureza constitucional, que se destina a garantir, em favor da pessoa interessada, o exercício de pretensão jurídica discernível em seu tríplice aspecto: (a) direito de acesso aos registros, (b) direito de retificação dos registros e (c) direito de complementação dos registros".

> **Para saber mais**
>
> Consulte a íntegra da decisão citada em:
>
> BRASIL. Supremo Tribunal Federal. Recurso em habeas data (RHD) n. 22/DF. Disponível em: <https://stf.jusbrasil.com.br/jurisprudencia/14709849/recurso-em-habeas-data-rhd-22-df>. Acesso em: 8 jan. 2022.

Ainda, é **nulo HD sem manifestação do MP** (Ref. TRF 3ª R, ApC/HD n. 95.03.069821-9-SP, Rel. Juiz Américo Lacombe, RT 731/444; TJMG ApC n. 157.055/5-00, Rel. Des. Baía Borges, ADV 40/2000, ementa 94.182).

Por fim, **cabe HD para obter cópia de prova prestada em concurso público**, com a respectiva correção da banca. Nesse HD, não é possível discutir o mérito da correção. (TJRJ, ApC n. 14.856/2004, Rel. Des. Ernani Klausner, DJRJ 2.6.2005, p. 447; STJ, AgRgHD n. 127-DF, Rel. Min. João Otávio Noronha, DJU 14.8.2006).

Ressaltamos que o HD é o instrumento processual que garante a qualquer pessoa o acesso às suas informações pessoais que tenham sido negadas por órgão público ou privado de caráter público. É remédio constitucional extremamente importante para o Brasil pós 1964, isso porque governos "fortes" costumam ter bancos de dados inacessíveis aos cidadãos e às pessoas jurídicas; o que de fato ocorria com o Serviço Nacional de Informação (SNI).

Mandado de injunção (individual e coletivo)

É comum que o Congresso Nacional e que o próprio Poder Executivo, este quando no exercício de atividade de criação normativa, omitam-se na positivação de norma infraconstitucional. Caso tal omissão ofenda a Carta Magna, caberá ação direta de inconstitucionalidade por omissão (ADO). Todavia, se a omissão estiver a embargar a fruição de um direito fundamental previsto constitucionalmente, o indivíduo ou certa coletividade poderão ajuizar o mandado de injunção (MI) para buscar do próprio Judiciário a regulamentação infraconstitucional provisória que propiciará ao impetrante o gozo do direito humano não fruído por falta de previsão legislativa.

O STF foi construindo sua jurisprudência sobre o MI de modo acanhado. Primeiramente, reconhecia a omissão e declarava a autoridade omissa *in mora*. Depois, no caso da greve de servidores públicos, apesar de não ter regulamentado infraconstitucionalmente a paralisação, aceitou que deve ser aplicada a lei geral sobre a greve do trabalhador privado. Há tribunais de justiça estaduais mais ousados, que adotam a teoria concretista e, de fato, regulamentam com norma provisória a fruição de direitos humanos não gozados por falta de norma infraconstitucional regulamentadora. É o caso das Cortes de Minas Gerais, Rio de Janeiro e Rio Grande do Sul. Tanto no caso do STF quanto desses tribunais de justiça, recomendamos o aprofundamento da temática na jurisprudência relacionada na sequência.

Organograma do MI

1. Definição de MI: é o RC que autoriza o Judiciário a expedir norma regulamentadora para a fruição de DF e das prerrogativas inerentes à nacionalidade, à soberania e à cidadania.

II. Mesmo na falta de regulamentação infraconstitucional, os DF são sempre de aplicação imediata pelo Judiciário (art. 5º, § 1º, CF/1988).
III. Quando couber MI, não cabe MS e vice-versa.
IV. MI e controle de constitucionalidade: o MI foi concebido como instrumento de controle concreto (ou incidental) de constitucionalidade da omissão, voltado à tutela de direitos subjetivos.
V. Produção de provas: assim como no MS, não se admite produção de provas no curso do processo do MI porque o direito alegado deve ser comprovado com a inicial (Hely Lopes Meirelles, Gilmar Mendes e Arnoldo Wald).
VI. Norma constitucional de eficácia limitada (pela falta de norma infraconstitucional regulamentadora): quando o exercício pleno dos direitos nela previstos depende necessariamente de edição normativa posterior (José Afonso da Silva. Ainda: Thomas Cooley e Ruy Barbosa: normas *self-executing* e normas *not-self-executing*).
VII. Competência (arts. 102, I, "q", II, "a"; 105, I, "h"; 121, § 4º, V; 125, todos da CF/1988).
VIII. Liminar em MI: é possível.
IX. O MP no MI: (a) como autor; (b) como *custos legis*. Quanto ao MP, a legitimidade para a impetração do MI tem por base também o art. 129, inciso II, da CF/1988 e o art. 6º da Lei Complementar (LC) n. 75/1993 nos casos que envolvem direitos difusos e coletivos.
X. Legitimidade ativa: (a) para o MI individual, a pessoa cuja fruição de DF esteja impedida por falta de norma infraconstitucional regulamentadora; (b) para o MI coletivo, o grupo de pessoas cuja fruição de DF esteja impedida por falta de norma infraconstitucional regulamentadora.

XI. Legitimidade passiva: o órgão ou a autoridade responsável pela expedição da norma infraconstitucional regulamentadora de DF.

Os **textos normativos** aos quais fica remetido o leitor são: art. 5º, LXXI, parágrafo 1º; art. 102, inciso I, alínea "q", e inciso II, alínea "a"; art. 105, inciso I, alínea "h"; art. 121, parágrafo 4º, inciso V; art. 129, inciso II, todos da CF/1988; art 6º da LC n. 75/1993; art. 2º da Lei n. 13.300/2016. Suplementação normativa: Novo CPC e Lei do Mandado de Segurança.

Jurisprudência sobre o MI

Julgamento conjunto dos MIs n. 670-ES, n. 708-DF e n. 712-PA, os dois primeiros relatados por Gilmar Mendes e o último por Eros Grau. Tais casos tratavam de impetrações coletivas a respeito do direito de greve dos servidores públicos. O STF concedeu a injunção, reiterou a declaração de mora do Congresso Nacional (já reconhecida em acórdãos anteriores) e foi além determinando a aplicação da legislação genérica de greve no setor privado (Lei n. 7.783/1989), no que couber, combinada com o princípio da continuidade da prestação de serviços públicos, conferindo à decisão a possibilidade de sua aplicação para outras atividades públicas não previstas nos três MIs, desde que submetidas ao mesmo regime.

> **Para saber mais**
>
> Consulte a íntegra da decisão citada em:
>
> BRASIL. Supremo Tribunal Federal. Mandado de injunção n. 670-9. Disponível em: <http://redir.stf.jus.br/paginadorpub/paginador.jsp?docTP=AC&docID=558549>. Acesso em: 24 jan. 2022.

Precedentes de regulamentação feita pelo próprio Judiciário: concretismo

O Tribunal de Justiça do Rio de Janeiro decidiu que o MI não existe tão somente para declarar *in mora* o Poder competente pela omissão legislativa, mas abrange da maneira mais ampla possível todos e quaisquer direitos fundamentais assegurados pela Carta Magna, inclusive no que se refere à fixação de vencimentos (MI n. 2/88, *in: Revista de Direito do TJRJ* 11/46). O mesmo tribunal concedeu MI para reconhecer. Até a entrada em vigor da nova lei regulamentadora da matéria, o direito ao gozo de licença não remunerada para determinados funcionários sem prejuízo dos direitos e das vantagens vinculados à sua carreira (*Revista de Direito do TJRJ* 10/84).

Do mesmo modo, os Tribunais de Justiça do Rio Grande do Sul e de Minas Gerais vêm aceitando o MI para suprir o vazio legislativo e conferir de imediato ao autor a fruição do direito constitucional afetado pela omissão do legislador (TJRS, Órgão Especial, MI n. 592.045.603, Rel. Des. Décio Antônio Erpen, RF 325/213; TJMG, Corte Superior, MI n. 07, Rel. Des. Bernardino Godinho, RT 702/144).

Por fim, note que o Judiciário brasileiro é ativista quando não devia sê-lo, e não é ativista quando lhe é permitido sê-lo; esse é exatamente o caso do MI, pois tal remédio constitucional serve justamente para que o Judiciário regulamente um caso concreto de não fruição de um direito fundamental previsto constitucionalmente.

Ressaltamos que a eventual regulamentação do gozo do direito fundamental pelo Judiciário é sempre provisória, o que significa dizer que quando a autoridade competente regulamentar infraconstitucionalmente aquele direito fundamental, então não mais se aplicará a regulamentação judicial.

Ação popular

A ação popular (AP) é o remédio constitucional que transforma o cidadão em verdadeiro fiscal dos atos administrativos ilegais e lesivos. Nesse sentido, qualquer cidadão passa a ser verdadeiro zelador do patrimônio público, da moralidade administrativa, do meio ambiente e do patrimônio histórico e cultural. Perceba o leitor deste livro que aqui empregamos o tempo todo a palavra *cidadão*; isso significa que só pode ser autor de AC o brasileiro portador de título de eleitor, devendo ficar claro que a AP não amparará interesse individual do autor, mas sim interesse da coletividade, mesmo que a lesão esteja ainda em fase de presunção.

Tendo em vista que cabe AP contra ato ilegal, trata-se de ato vinculado, e não discricionário. Logo, não é possível AP contra ato jurisdicional, lembrando que em toda AP deverá atuar o Ministério Público, sempre perante a Justiça federal ou estadual de primeiro grau.

Organograma da AP

I. Definição: é o remédio constitucional disponível a qualquer cidadão para anular ato lesivo ao patrimônio público, à moralidade administrativa, ao meio ambiente e ao patrimônio histórico e cultural. O ato deve ser também ilegal.
II. O autor deve juntar seu título de eleitor.
III. Atos administrativos vinculados são passíveis de AP; os discricionários não o são.
IV. A AP ampara interesses da coletividade, jamais individuais próprios.
V. A imoralidade pura e simples não enseja AP por sua vaguidade.
VI. A AP pode ser preventiva ou repressiva.
VII. A lesão pode ser efetiva ou presumida (art. 4º, Lei n. 4.717/1965). Exemplo de lesão presumida: as pedaladas fiscais da ex-presidente Dilma Rousseff.

VIII. Qualquer eleitor pode intervir na AP como litisconsorte.
IX. É incabível AP contra ato jurisdicional.
X. É nula a AP em que o MP não tenha sido ouvido.
XI. A competência para julgar a AP será sempre da Justiça de primeiro grau (federal ou estadual).
XII. É cabível liminar em AP.
XIII. A contestação deve ser feita em 20 dias, prorrogáveis por mais 20.
XIV. O rito da AP é o ordinário e a sentença deve ser proferida 15 dias após a conclusão dos autos.
XV. Recursos: de ofício, apelação com efeito suspensivo, agravo de instrumento contra decisões interlocutórias e pedido de cassação de liminar ao presidente do tribunal.
XVI. A sentença terá efeito *erga omnes*.

Os **textos normativos** aos quais fica remetido o leitor são: art. 5º, inciso LXXIII, da CF/1988; Lei n. 4.717/1965.

Jurisprudência sobre a AP

Ilegalidade + Lesividade: para ensejar a propositura da ação popular, não basta ser o ato ilegal, deve ser também lesivo ao patrimônio público (STJ, REsp 111.527-DF, Rel. Min. Garcia Vieira, DJU 20/04/1998, p. 23, RDR 14/226).

A lesão pode ser: (a) efetiva; (b) presumida (pelo art. 4º da LAP), para os quais basta a prova da prática do ato para considerá-lo lesivo e nulo de pleno direito. Sobre lesividade presumida, já decidiu o STJ: RTJ 103/683: "Embora haja casos de lesão presumida, esta presunção deve necessariamente decorrer da lei, e admite prova em contrário" (REsp 400.075-MG, Rel. Min. Luiz Fux, DJU 23/09/2002, p. 244). E o STF: RE 170.768-2/SP: "O prejuízo autorizador do ajuizamento de ação popular não está restrito ao prejuízo material aos cofres públicos" (Rel. Min. Ilmar Galvão, RT 769/146).

Costuma-se afirmar que o brasileiro só é cidadão quando vota, quando for votado, bem como nas hipóteses de plebiscito, referendo e iniciativa popular (art. 14, CF/1988); e essa assertiva é verdadeira. Pois bem: a AP é o meio pelo qual o brasileiro fiscaliza o Poder Público e pelo qual pode até conseguir a devolução do dinheiro gasto ilegalmente com ato lesivo ao patrimônio público. Logo, é um instrumento de cidadania indispensável.

Mandado de segurança (individual e coletivo)

Por ser o mandado de segurança (MS) um remédio constitucional, faz ele parte do Direito Processual Constitucional juntamente a outras ações constitucionais, lembrando que o Direito Processual Constitucional ainda abriga a temática do controle de constitucionalidade.

A base para o MS e para todos os demais remédios constitucionais é o *caput* do art. 5º da Constituição. A especificidade vem com o inciso LXIX (para o individual) e com o inciso LXX (para o coletivo), estando a disciplina legal do MS posta na Lei n. 12.016/2009.

A criatividade brasileira instituiu o MS como remédio constitucional de natureza civil já na Constituição de 1934, tendo constado em todas as demais Cartas, menos na de 1937 por conta do Estado Novo.

Porque no MS se discute ilegalidade ou abuso de poder, a manifestação do Ministério Público é obrigatória e está prevista na Lei do MS. Outro ponto: tendo em vista que, se couber *habeas corpus* ou *habeas data*, não será cabível o MS, podemos inferir que existe um verdadeiro e infinito campo residual do MS, razão pela qual esse remédio constitucional pode ser considerado o mais importante entre todos os demais que lidam com a temática da vida civil, sendo, por consequência, o *habeas corpus* o remédio constitucional penal por excelência.

Para findar, é importante ressaltar as hipóteses de **não cabimento de MS**: (a) quando o direito puder ser amparado por *habeas corpus* ou *habeas data*; (b) quando se tratar de ato contra o qual caiba recurso administrativo com efeito suspensivo, desde que não seja necessária a caução (art. 5º, I, Lei n. 12.016/2009); (c) contra despacho de decisão judicial, quando houver recurso com efeito suspensivo previsto nas leis processuais ou o despacho puder ser modificado por correição (art. 5º, II, Lei n. 12.016/2009); (d) contra decisão judicial transitada em julgado – contra a qual cabe ação rescisória (art. 5º, III, Lei n. 12.016/2009); (e) contra atos *interna corporis* que digam respeito exclusivo à corporação; (f) contra lei em tese. Aqui defendemos ser inconstitucionais os casos (b) e (c).

Organograma do MS (individual e coletivo)

I. Definição: o MS é um remédio constitucional destinado a proteger direito líquido e certo, não amparado por *habeas corpus* ou *habeas data*, quando o responsável pela ilegalidade ou abuso de poder for autoridade pública ou agente de pessoa jurídica no exercício de atribuições do Poder Público.
II. Direito líquido e certo é aquele que o autor demonstra pré-constituído na inicial, sendo por essa razão que no MS não cabe contestação, muito menos dilação probatória.
III. Só cabe MS contra pessoa física, jamais contra pessoa jurídica. O coator ou é autoridade pública ou é alguém que, apesar de prestar serviço para pessoa privada, presta-o como se esta tivesse atribuições de Poder Público.
IV. Cabe MS contra ilegalidade; cabe MS contra abuso de poder.
V. O MS pode ser repressivo ou preventivo.
VI. O MS protege direito individual e coletivo. Portanto, também cabe MS coletivo que pode ser impetrado por: (a) partido político com representação no Congresso Nacional; (b) organização sindical, entidade de classe ou associação legalmente constituída e em funcionamento há pelo menos 1 ano em defesa dos interesses de seus membros ou associados.
VII. A execução específica ou *in natura* do MS cabe à autoridade coatora e os efeitos patrimoniais da condenação tocam à

entidade a que pertence o coator (a entidade tem direito de regresso contra o coator).
VIII. O coator não contesta o MS, mas apresenta informações.
IX. Não cabe MS contra lei em tese (Súmula n. 266/STF), ou seja, contra norma geral e abstrata.
X. Cabe MS para a realização de arbitragem (Lei n. 9.307/1996).
XI. Competência: define-se pela sede da autoridade coatora e por sua categoria funcional.
XII. Liminar em MS: (a) quando houver fundamento relevante; (b) quando a não concessão representar a ineficácia da medida.
XIII. No MS coletivo, existe uma relação formal entre seus titulares.

Os **textos normativos** aos quais fica remetido o leitor são: art. 5º, incisos LXIX e LXX, da CF/1988; Lei n. 12.016/2009; Lei n. 9.307/1996.

Jurisprudência sobre a AP

A Súmula n. 267 do STF dispõe que não cabe MS contra ato judicial passível de recurso ou correição, desde que a medida alternativa produza o efeito suspensivo do ato ilegal ou abusivo. Obs.: os MSs foram bastante reduzidos em virtude da possibilidade de se imprimir efeito suspensivo no agravo de instrumento.

O prazo para impetração é decadencial e de 120 dias, contados a partir da ciência do ato impugnado (art. 23, Lei n. 12.016/2009; Súmula STF n. 632) e a partir do momento em que o ato se tornou apto a produzir lesões ao impetrante.

Trata-se o MS de criatividade brasileira, na consideração de ser ele um remédio constitucional para a garantia de direito fundamental no campo civil, não podendo servir para os fins do *habeas corpus*. Antes da criação legislativa do MS, tudo era resolvido pela via do *habeas corpus*, tanto no campo penal quanto no civil.

Habeas corpus

O *habeas corpus* (HC) é criação inglesa, dada no tempo em que o Rei João Sem Terra foi pressionado pela nobreza a assinar e publicar a *Magna Charta Libertatum*, 1215. Tal norma inglesa, com as adições de legislações posteriores, ainda se encontram em vigor.

No Brasil, o HC teve início como um remédio constitucional repressivo e preventivo, aplicável tanto no campo penal quanto no civil, até o advento da Lei do Mandado de Segurança (LMS – Lei n. 12.016/2009), tendo esta abarcado as questões civis. No HC, há duas pessoas: uma autoridade coatora que age ou ameaça de agir, ilegalmente ou mediante abuso de poder, contra a liberdade de locomoção de uma pessoa que passa a se chamar paciente.

Organograma do HC

I. Definição: é o remédio constitucional referente à liberdade de locomoção (ir, vir, permanecer e ficar) que tenha sido tolhida ou ameaçada, por violência ou coação ilegal ou abuso de poder.
II. São duas as modalidades de HC: repressivo e preventivo.
III. O próprio paciente é detentor do *ius postulandi*.
IV. *Magna Charta Libertatum*, 1215, Rei João Sem Terra, Inglaterra.
V. A coação será ilegal nos casos do art. 648 do Código de Processo Penal (CPP), quais sejam: (1) prisão sem justa causa; (2) prisão por mais tempo do que determinado em lei; (3) prisão ordenada por autoridade incompetente; (4) motivo cessado que anteriormente autorizou a prisão; (5) quando a autoridade não admitir fiança e a lei a autoriza; (6) em processo nulo; (7) quando extinta a punibilidade.
VI. HC com réu preso é a ação mais importante do Brasil.
VII. O juiz pode determinar a apresentação imediata do paciente; em caso de desobediência pela autoridade coatora, mandado

de prisão será expedido contra esta, enquanto o paciente será tirado da prisão e apresentado em juízo.

VIII. A coação à liberdade individual comumente é praticada por autoridades do Poder Público. Entretanto, o STJ já deferiu HC para afastar internação involuntária em clínica psiquiátrica (HC n. 355.301).

IX. Não cabe HC contra punição disciplinar militar.

Os **textos normativos** aos quais fica remetido o leitor são: art. 5º, inciso LXVIII, e art. 142, parágrafo 2º, da CF/1988; arts. 647 a 667 do CPP.

Jurisprudência sobre HC

Confira trecho do *Habeas Corpus* n. 536.338/SP do STJ:

HABEAS CORPUS. PROCESSUAL PENAL. TRÁFICO ILÍCITO DE DROGA. PRISÃO PREVENTIVA. MEDIDA EXCEPCIONAL. GRAVIDADE ABSTRATA. FUNDAMENTAÇÃO INIDÔNEA. ORDEM CONCEDIDA. [...] 2. Ordem de habeas corpus concedida para, confirmada a decisão liminar, revogar a prisão preventiva do Paciente, se por outro motivo não estiver preso, advertindo-o da necessidade de permanecer no distrito da culpa e atender aos chamamentos judiciais, sem prejuízo de nova decretação de prisão provisória, por fato superveniente a demonstrar a necessidade da medida ou da fixação de medidas cautelares alternativas (art. 319 do Código de Processo Penal), desde que de forma fundamentada. (STJ, HC n. 536.338/SP)

> **Para saber mais (no meio do conteúdo)**
> Consulte a íntegra da decisão citada em:
> BRASIL. Superior Tribunal de Justiça. Habeas Corpus n. 536.338/SP. Disponível em: <https://ww2.stj.jus.br/processo/revista/documento/mediado/?componente=ATC&sequencial=102525471&num_registro=201902921630&data=20191126&tipo=5&formato=PDF>. Acesso em: 24 jan. 2022.

Ação civil pública

É diferente a ação civil pública (ACP) da AP por conta da legitimidade ativa; a ACP é institucional, e a ação popular é pessoal. Visa a ACP proteger coisas e coletividades indeterminadas, tais como: o meio ambiente, o consumidor, os bens de valor artístico (e outros), podendo produzir a responsabilidade de quem lesou tais bens.

O Ministério Público (MP), mesmo quando não é autor, recebe as denúncias dos fatos que podem ensejar a propositura de ACP, assim como pode o MP encabeçar o compromisso (termo) de ajustamento de conduta.

Estas são as considerações introdutórias sobre a ACP. As outras minúcias já foram desenvolvidas no organograma da AP.

Os **textos normativos** aos quais fica remetido o leitor são: art. 129, inciso III, da CF/1988; Lei n. 7.347/1985.

Jurisprudência sobre ACP

Confira a ementa do Recurso Especial n. 1.822.398/MG do STJ:

> ADMINISTRATIVO E PROCESSUAL CIVIL. AÇÃO CIVIL PÚBLICA. AMBIENTAL. BARRAGEM BRUMADINHO. APRESENTAÇÃO DE PLANO DE EMERGÊNCIA E SEGURANÇA. TUTELA DE URGÊNCIA DEFERIDA. AGRAVO DE INSTRUMENTO. REFORMA. IMPOSSIBILIDADE.

SÚMULAS N. 7/STJ E 735/STF. I – O Estado de Minas Gerais interpôs agravo de instrumento contra decisão interlocutória proferida em autos de ação civil pública, ajuizada pelo Ministério Público Estadual, que deferiu parcialmente a tutela de urgência pleiteada para determinar ao Estado e à Emicon Mineração e Terraplanagem Ltda. a apresentação de plano de ação de emergência pormenorizado e plano de segurança da barragem "Dique B3", bem como comprovação de adoção de medidas estruturais preventivas, necessárias e suficientes à garantia de segurança e estabilidade da referida barragem. [...]. (STJ, RE n. 1.822.398/MG)

> **Para saber mais (no meio do conteúdo)**
>
> Consulte a íntegra da decisão citada em:
>
> BRASIL. Superior Tribunal de Justiça. Recurso Especial n. 1.822.398/MG. Disponível em: <https://ww2.stj.jus.br/processo/revista/documento/mediado/?componente=ATC&sequencial=102390558&num_registro=201901801859&data=20191126&tipo=5&formato=PDF>. Acesso em: 24 jan. 2022.

6.3 *Esquemas de todas as ações constitucionais*

Esquema do habeas data
- Finalidades:
    a. assegurar o conhecimento de informações do impetrante;
    b. retificar dados errôneos do impetrante;
    c. explicar dado (do impetrante) verdadeiro, mas justificável, que esteja sob pendência judicial.
- *Habeas data versus* mandado de segurança: art. 5º, inciso LXIX, da CF/1988.
- Etapas do *habeas data*:

- a. conhecimento dos dados anteriormente negados;
- b. solicitação de retificação ou complementação mediante provas.
- Legitimidade ativa: pessoas físicas ou jurídicas, nacionais ou estrangeiras diretamente interessadas no acesso às informações.
- Recurso em face da sentença de HD: apelação em 15 dias.
- *Habeas data versus* garantia constitucional de obtenção de certidões.
- Isenção de honorários advocatícios pelo sucumbente: Súmula n. 512 do STF; Súmula n. 105 do STJ.

Esquema do mandado de injunção (individual e coletivo)

- Conceito: remédio constitucional que autoriza o Judiciário a expedir norma regulamentadora para a fruição de direitos humanos e prerrogativas inerentes à nacionalidade, à soberania e à cidadania
- Aplicação imediata pelo Poder Judiciário – mesmo na falta de regulamentação infraconstitucional: art. 5º, parágrafo 1º, da CF/1988.
- Mandado de injunção *versus* mandado de segurança.
- Mandado de injunção e constitucionalidade: instrumento de controle concreto (ou incidental) de constitucionalidade da omissão, voltado à tutela de direitos subjetivos, mas não se confunde com a ação declaratória de inconstitucionalidade por omissão.
- Produção de provas: não se admite produção de provas. O direito alegado deve ser comprovado com a inicial.
- Norma constitucional de eficácia limitada (pela falta de norma infraconstitucional regulamentadora): quando o exercício pleno dos direitos nela previstos depende necessariamente de edição normativa posterior. Thomas Cooley e Ruy Barbosa: normas *self-executing* e normas *not-self-executing*.

- Cabimento de liminar.
- Mandado de injunção e o Ministério Público:
    a. como autor;
    b. como *custos legis*;
    c. O Ministério Público pode impetrar mandado de injunção com base no art. 129, inciso II, da CF/1988 e no art. 6º da LC n. 75/1993, nos casos que envolvem direitos difusos e coletivos.
- Legitimidade ativa:
    a. MI individual: a pessoa cuja fruição de DF esteja impedida por falta de norma infraconstitucional regulamentadora.
    b. MI coletivo: o grupo de pessoas cuja fruição de DF esteja impedida por falta de norma infraconstitucional regulamentadora.
- Legitimidade passiva: o órgão ou a autoridade responsável pela expedição da norma infraconstitucional regulamentadora de DF.

Esquema da ação popular
- Conceito: remédio constitucional disponível a qualquer cidadão para anular ato lesivo ao patrimônio público, à moralidade administrativa, ao meio ambiente e ao patrimônio histórico e cultural. O ato deve ser também ilegal.
- Obrigatória a apresentação do título de eleitor pelo autor.
- Somente os atos administrativos vinculados são passíveis de AP.
- A AP ampara interesses da coletividade: impossibilidade de amparar interesses individuais próprios.
- A imoralidade pura e simples não enseja AP por sua vaguidade.
- AP: preventiva ou repressiva.
- Lesão: efetiva ou presumida (art. 4º da Lei da Ação Popular).
- Litisconsorte: qualquer eleitor pode intervir na AP.
- É incabível AP contra ato jurisdicional.

- Intervenção do Ministério Público na AP: obrigatória.
- Competência para julgamento da AP: sempre da Justiça de primeiro grau (federal ou estadual).
- Cabível liminar em AP.
- Contestação: prazo de 20 dias, prorrogáveis por mais 20.
- Rito: é o ordinário, e a sentença deve ser proferida 15 dias após a conclusão dos autos.
- Recursos: de ofício; apelação com efeito suspensivo; agravo de instrumento; pedido de cassação de liminar ao presidente do tribunal.
- A sentença terá efeito *erga omnes*.

Esquema do mandado de segurança (individual e coletivo)
- Conceito: remédio constitucional destinado a proteger direito líquido e certo, não amparado por HC ou HD, quando o responsável pela ilegalidade ou abuso de poder for autoridade pública ou agente de pessoa jurídica no exercício de atribuições do Poder Público.
- Direito líquido e certo: aquele que o autor demonstra pré-constituído na inicial. Por esse motivo, não cabe contestação e dilação probatória no MS.
- Cabimento: apenas em face de pessoa física.
- O coator ou é autoridade pública ou é alguém que, apesar de prestar serviço para pessoa privada, presta-o como se esta tivesse atribuições de Poder Público.
- Caberá MS contra ilegalidade e contra abuso de poder.
- O MS pode ser repressivo ou preventivo.
- O MS protege direito individual e coletivo. Portanto, também cabe MS coletivo, que pode ser impetrado por:
  a. partido político com representação no CN;
  b. organização sindical, entidade de classe ou associação legalmente constituída e em funcionamento há pelo

- menos 1 ano, em defesa dos interesses de seus membros ou associados.
- Execução específica ou *in natura* do MS cabe à autoridade coatora, e os efeitos patrimoniais da condenação tocam à entidade a que pertence o coator (a entidade tem direito de regresso contra o coator).
- O coator não contesta o MS, mas apresenta informações.
- Não cabe MS contra lei em tese (Súmula n. 266/STF), ou seja, contra norma geral e abstrata.
- Cabe MS para a realização de arbitragem (Lei n. 9.307/1996).
- Competência: sede da autoridade coatora + categoria funcional.
- Liminar em MS:
  a. quando houver fundamento relevante;
  b. quando a não concessão representar a ineficácia da medida.
- No MS coletivo existe uma relação formal entre seus titulares.
- Súmula n. 267 do STF: "não cabe MS contra ato judicial passível de recurso ou correição", desde que a medida alternativa produza o efeito suspensivo do ato ilegal ou abusivo. Obs.: os MS foram bastante reduzidos pela possibilidade de se imprimir efeito suspensivo no agravo de instrumento.
- Prazo: é decadencial e de 120 dias, contados a partir da ciência do ato impugnado (art. 23, Lei n. 12.016/2009; Súmula STF n. 632) e a partir do momento em que o ato se tornou apto a produzir lesões ao impetrante

Esquema do habeas corpus
- Conceito: remédio constitucional da liberdade de locomoção (ir vir, permanecer e ficar) que tenha sido tolhida ou ameaçada, por violência ou coação ilegal ou abuso de poder.
- Modalidades: preventivo e repressivo.
- O próprio paciente é detentor do *ius postulandi*.

- Casos de coação ilegal:
    a. prisão sem justa causa;
    b. prisão por mais tempo do que determinado em lei;
    c. prisão ordenada por autoridade incompetente;
    d. motivo cessado que anteriormente autorizou a prisão;
    e. quando a autoridade não admitir fiança e a lei a autoriza;
    f. em processo nulo;
    g. quando extinta a punibilidade.
- HC com réu preso é a ação mais importante do Brasil.
- A coação à liberdade individual comumente é praticada por autoridades do Poder Público. Entretanto, o STJ já deferiu HC para afastar internação involuntária em clínica psiquiátrica (HC n. 355.301).
- Punição disciplinar militar: não cabimento de HC.

Esquema da ação civil pública
- Conceito: ACP é diferente da AP por conta da legitimidade ativa. A ACP é institucional e a AP é pessoal. Visa a ACP proteger coisas e coletividades indeterminadas, tais como: o meio ambiente, o consumidor, os bens de valor artístico (e outros), podendo produzir a responsabilidade de quem lesou tais bens.
- Pode ser utilizada, cautelarmente, para evitar danos:
    a. ao meio ambiente;
    b. ao consumidor;
    c. aos bens e direitos de valor artístico, estético, histórico, turístico ou paisagístico;
    d. para promover a responsabilidade de quem haja causado lesão a esses mesmos bens.
- Se a ACP for abandonada ou dela desistir o autor, o MP ou outro legitimado assumirá a titularidade.
- É possível firmar TAC com eficácia de título executivo extrajudicial.

- O MP é quem recebe as denúncias de fatos que possam ensejar o ajuizamento de ACP.
- Cabe liminar em ACP.

Síntese

Neste capítulo, abordamos, com exemplos, todas as ações constitucionais previstas no ordenamento jurídico brasileiro, com apoio na Constituição, nas leis, na doutrina e na jurisprudência. Ao mesmo tempo, evidenciamos como é realizado o controle de constitucionalidade das normas no Brasil, com investigações prévias sobre os sistemas dos Estados Unidos, da Áustria e de outros países europeus.

Questões para revisão

1. O mandado de segurança protege:
    a. a liberdade de ir e vir.
    b. os direitos líquidos e certos.
    c. o direito de acesso às informações personalíssimas.
    d. o direito de não ser preso arbitrariamente pela polícia.

2. O *habeas corpus* protege:
    a. o direito de os menores serem assistidos por seus pais.
    b. os direitos líquidos e certos.
    c. a liberdade de locomoção.
    d. a liberdade religiosa.

3. O *habeas data* deve garantir:
    a. a propriedade privada.

b. a liberdade de escolha de profissão.
c. o direito de acesso às informações personalíssimas.
d. o equilíbrio ambiental.

4. O Supremo Tribunal Federal brasileiro é o guardião da Constituição. De acordo com o ordenamento jurídico vigente no Brasil, ele exerce o controle de constitucionalidade seguindo quais modelos?

5. Há partes litigantes em uma ação direta de inconstitucionalidade?

Questões para reflexão

1. Ao mesmo tempo em que o Supremo Tribunal Federal é o guardião da Constituição, ele também tem outras competências de julgamento. Na Áustria e em Portugal, os Tribunais Constitucionais só exercem o controle de constitucionalidade. Não seria melhor retirar do Supremo brasileiro suas muitas outras competências e transformá-lo exclusivamente no Guardião da Constituição?

2. O Supremo Tribunal Federal tem sido chamado, pelos Poderes Legislativo e Executivo, a fazer as vezes destes dois outros. Reflita sobre até que ponto o Supremo atual tem extrapolado suas competências constitucionais.

capítulo sete

Princípios e normas constitucionais: interpretação, aplicação e eficácia

Conteúdos do capítulo:

- Normas-princípios constitucionais e normas-regras constitucionais.
- Normas constitucionais estruturantes do Estado.
- Aplicação e eficácia das normas constitucionais.
- Interpretação da Constituição e questões correlatas ao processo interpretativo.

Após o estudo deste capítulo, você será capaz de:

1. diferenciar princípio constitucional de regra constitucional e, ao mesmo tempo, perceber que tanto os princípios quanto as regras são normas constitucionais;
2. compreender que, entre as normas constitucionais, há aquelas estruturantes do Estado, tais como a opção pela federação, pelo presidencialismo, pela tripartição dos Poderes e pela democracia representativa;
3. reconhecer que a ciência da interpretação é a hermenêutica, bem como que o ato de desvendar significados é o trabalho interpretativo propriamente dito;
4. aplicar as normas constitucionais sempre sabendo que algumas delas são *self-executing* (autoaplicáveis) e outras são *not-self-executing* (não autoaplicáveis);
5. identificar a eficácia da norma constitucional.

Este capítulo pode ser considerado uma parte do livro dedicada à hermenêutica constitucional. Primeiramente, então, temos de definir hermenêutica geral.

Hermenêutica é a ciência da interpretação. Interpretar é o ato de desvendar significados. Assim, desde já, fica definida uma diferença entre hermenêutica e interpretação. A primeira contém os códigos interpretativos, ou seja, aquelas regras que o exegeta deve ter em mente para descodificar situações que lhe são apresentadas pelo mundo físico. Assim, podemos crer que as regras hermenêuticas se assemelham a pequenos *chips* de computador que o mundo das coisas postas vai inserindo em nosso cérebro, metáfora esta em que os *chips* são as regras, e o computador é nossa cabeça.

Em um exemplo geral, podemos afirmar que um agricultor é um hermeneuta em seu campo de atuação. A experiência do dia a dia vai lhe inculcando regras, tais como: nuvens acinzentadas e pesadas são o contrário de um céu limpidamente azul; umidade alta é o contrário de atmosfera seca. Essas duas contrariedades bastarão para que o agricultor faça a seguinte interpretação: "vai chover!". Nesse caso, a hermenêutica foi a somatória do conhecimento com a experiência, e foi a hermenêutica que proporcionou ao agricultor interpretar conclusivamente que iria chover.

No campo do Direito brasileiro, evidentemente, existem regras hermenêuticas que são passadas ao intérprete pelo conhecimento e pela experiência. Aqui, estamos aludindo ao Direito infraconstitucional brasileiro. Pois bem, o intérprete – principalmente o juiz ou o criador da norma individual e concreta – deve estar atento a regras gerais de hermenêutica jurídica infraconstitucional constantes na Lei de Introdução às Normas do Direito Brasileiro (LINDB – Brasil, 1942). Essa Lei de Introdução prevê, por exemplo: a norma posterior revoga a anterior; se o juiz deve aplicar o direito nacional ou o direito estrangeiro em uma relação privada marcada por algum elemento de conexão internacional; quando uma lei entra em vigor no Brasil. Conhecendo a Lei de Introdução, o magistrado, previamente, saberá qual o direito material que deverá aplicar em um caso concreto, por exemplo no divórcio com divisão de bens e guarda de filhos menores entre o casal litigante João e Maria. A Lei de Introdução é hermenêutica; as leis sobre divórcio, pensão alimentícia e divisão de bens são as normas materiais; a cabeça do juiz é o elemento de transição entre a hermenêutica e o caso concreto, sendo óbvio que o magistrado deve interpretar todas as normas de Direito positivo, as gerais e abstratas, para sentenciar; a sentença é fruto direto de seu trabalho interpretativo, o qual se justifica e retira sua validade do sistema posto de normas (ou seja, do Direito positivo). Na doutrina brasileira, temos o grande clássico Carlos Maximiliano (2020), que há décadas é utilizado pelos bons professores para o entendimento da hermenêutica do Direito abaixo da Constituição, quer dizer, das normas infraconstitucionais. Sobre a hermenêutica específica para a Constituição, trataremos a partir do próximo parágrafo.

A hermenêutica constitucional tem suas especificidades e se aplica às normas constitucionais e ao resto do sistema jurídico infraconstitucional; mas tudo começa pela Constituição. Aliás, esta é exatamente a primeira regra da hermenêutica constitucional: tudo começa pela Constituição, o que significa que eu só posso interpretar o Código Civil ou o Código Penal a partir da Constituição, e não deles próprios.

O grande constitucionalista da história da academia brasileira, o Professor Celso Seixas Ribeiro Bastos, nosso saudoso Celso Bastos, que é o maior entendido de hermenêutica constitucional em língua portuguesa, certa vez, durante aula que lecionava em sua casa, falava sobre os cânones (as regras) de hermenêutica constitucional. Enquanto falava Celso Bastos, eu o interrompi e disse: "Professor Celso, eu acho que eu devo interpretar tal norma constitucional segundo a LINDB". Ouvindo minha interrupção, Celso Bastos balançou negativamente a cabeça e gritou: "Alexandre, interprete o menos pelo mais, nunca o mais pelo menos! Você não pode usar a Lei de Introdução para interpretar algo que é maior do que ela, a Constituição. Faça o contrário, interprete a Lei de Introdução e todas as outras normas infraconstitucionais segundo a Constituição. A Constituição é a cabeça, o resto são 'normaszinhas'". Após dizer isso, em tom ao mesmo tempo sério e jocoso, Celso Bastos ria e ria. Aqui vai uma homenagem minha a esse grande Professor, o mais importante – e talvez único – hermeneuta constitucional brasileiro, pelo menos o único que deva ser levado a sério. Pois bem, Celso Bastos, ainda jovem, viu-se acometido de câncer em estágio terminal. Em vez de parar de dar aulas, transferiu as aulas da PUC de São Paulo para seu apartamento no bairro Jardins, na capital paulista. Foi em uma quinta-feira que fomos surpreendidos com a notícia de seu passamento. Eis o Professor que merece ser de fato chamado de Professor com "P" maiúsculo, o único de que ouvi falar que dava aulas em sua casa e em estágio final de vida acometida por doença gravíssima. Aos seus familiares, principalmente à minha irmãzinha Juliana Cardoso Ribeiro Bastos, todo o meu carinho e a minha saudade.

Pois bem, falemos sobre a hermenêutica constitucional. Já dissemos que a primeira regra hermenêutica para que bem se possa interpretar a Constituição é a de que nós só podemos interpretá-la a partir dela própria, e não a partir da LINDB, do Código Tributário ou de outra lei qualquer. Passemos, então, didaticamente, a enumerar cânones (regras) da hermenêutica constitucional.

- **Primeira regra de hermenêutica constitucional:** interprete a Constituição e todas as demais normas do sistema jurídico a partir da própria Constituição.
- **Segunda regra de hermenêutica constitucional:** a Constituição é hierarquicamente superior às demais normas. Logo, a Constituição é maior do que as leis e do que todas as outras normas do sistema.
- **Terceira regra de hermenêutica constitucional:** a Constituição é um documento ao mesmo tempo normativo e político. Normativo porque ocupa o topo do sistema de normas jurídicas. Político porque é o documento que estrutura a *pólis*[1].
- **Quarta regra de hermenêutica constitucional:** a linguagem da Constituição deve receber uma interpretação acessível ao povo, não somente ao jurista letrado, e isso deve ser assim justamente porque a Constituição, ao estruturar o país do povo, fala diretamente ao povo, ao povo em primeiro

---

[1] Toda e qualquer Constituição tem normas cumpridoras de duas funções, quais sejam: (1) estruturar a comunidade política chamada *Estado*; (2) definir e garantir direitos fundamentais. Por estruturação da *pólis*, deveomos entender o conteúdo das normas que estruturam (configuram) o Estado, sendo exemplo disso as opções da Constituição brasileira de 1988 por um Brasil republicano, federal, presidencialista, democrático e com tripartição dos Poderes. Portanto, o Brasil não é monarquista, nem unitário, nem parlamentarista, nem ditatorial e nem com Poderes concentrados. É aqui que devemos entender a opção daquele que fez a Constituição (o Poder Constituinte originário) pela república, pela federação, pelo presidencialismo, pela democracia e pela independência e harmonia entre Legislativo, Executivo e Judiciário. É nesse sentido que a Constituição, além de ser um documento normativo, também é uma Carta Política. Por fim, fica advertido o leitor que a palavra *política* é aqui usada no sentido grego de *pólis* (πόλις), e não no sentido corriqueiro de política partidária ou mera politicagem, dessas que temos visto por aí em verdadeiras panfletagens ativistas que fogem do estrito mundo das normas e da concepção grega de *pólis*.

lugar[2], depois ao juiz e aos demais letrados. Logo, não podemos ler e interpretar a Constituição do mesmo modo como lemos e interpretamos o Código Penal.

- **Quinta regra de hermenêutica constitucional:** saber diferençar Constituição material de Constituição formal. Constituição material são as normas essencialmente constitucionais, quais sejam: (a) as estruturantes do Estado; (b) as definidoras e garantidoras de direitos fundamentais. Constituição formal é tudo aquilo que o Poder Constituinte originário inseriu por escrito no documento oficial promulgado com o nome de *Constituição*. Nesse sentido, as normas materialmente constitucionais são historicamente muito mais importantes – no sentido de perenidade e na história do Direito Constitucional – do que as normas formalmente constitucionais.

- **Sexta regra de hermenêutica constitucional:** princípio da proporcionalidade (da razoabilidade ou da cedência parcial recíproca). O que é isso? No caso de o juiz se deparar com um litígio que envolva dois direitos fundamentais, um contra o outro, o magistrado não pode fazer de conta que um deles não existe. Ele deverá ser razoável o suficiente para aplicar naquele processo judicial o princípio que mais se adequa à concretude da questão posta em litígio. Por exemplo: liberdade de imprensa *versus* direito à privacidade. Às vezes, prevalecerá uma; às vezes, deverá ser aplicada preponderantemente a outra.

---

2 Isso não é desculpa para esses "juristas" que se autodenominam "neoconstitucionalistas" deixarem de aplicar a letra da lei e de todas as demais normas em busca daquilo que julgam digno, isso porque a dignidade, apesar de ser um princípio constitucional, não deixa de ser um conceito vago que não pode abrir campo para que o(a) "jurista neoconstitucionalista" passe por cima das regras constitucionais. E que isso lhes sirva como um manifesto do positivismo clássico contra o "neoconstitucionalismo", contra o jusnaturalismo e contra a tal doutrina do direito alternativo.

> **Para saber mais**
>
> Há muitas outras regras de interpretação constitucional (ou seja, hermenêutica constitucional) elencadas nos poucos bons livros brasileiros sobre o assunto. Todavia, preferimos encerrar a temática neste exato ponto, quando indicamos ao leitor maiores aprofundamentos naquele que melhor escreveu sobre hermenêutica constitucional no Brasil e em língua portuguesa: Celso Bastos.
>
> BASTOS, C. R. **Curso de direito constitucional**. 22. ed. São Paulo: Malheiros, 2010.
>
> BASTOS, C. R. Hermenêutica e interpretação constitucional. 4. ed. São Paulo: Malheiros, 2014.

7.1 Normas-princípios constitucionais e normas-regras constitucionais

Celso Bastos (2010, p. 51) leciona que "a Constituição é um sistema aberto de regras e princípios". Tão pequena frase merece longa análise preliminar para que, antes de abordarmos as normas-princípios, retomemos o assunto sobre o que é uma Constituição, do que ela é composta e como são suas normas. A primeira análise sintática será feita para que compreendamos a expressão *sistema aberto*.

Por **sistema aberto** deve ser entendido, em primeiro lugar, que o sistema a que se referiu Bastos é o ordenamento jurídico, defluindo-se disso que a Constituição contém normas jurídicas e que, pelo fato de a Constituição brasileira ser rígida, ela é hierarquicamente superior às demais normas componentes do sistema. Pronto: está desvendada a expressão *sistema*. Agora, chega a hora de entendermos o porquê de o sistema ser aberto. Pois bem, o sistema normativo constitucional é aberto porque as normas constitucionais, como já dissemos, são estruturantes do Estado, ou seja, organizadoras da *pólis* no sentido grego da palavra. Ela não é simplesmente um documento normativo comum, como o Código Tributário Nacional ou o Código Penal. Veja bem, nestes dois últimos, encontramos a totalidade da norma jurídica com antecedente, consequente e sanção. Eis a fórmula da norma jurídica completa, aqui reapresentada:

$$(p \to q) \lor (-q \to S)$$

Por exemplo, se Maria não pagar o IPTU que está previsto na Lei Municipal, sendo proprietária de imóvel no perímetro urbano do Município de Curitiba, a consequência de sua omissão será o pagamento forçado pela via do processo de execução, de modo que, mesmo após ajuizado o respectivo processo, se Maria ainda optar pelo não pagamento, terá bens seus penhorados e postos em praça pública para a satisfação do crédito tributário municipal. Passemos ao Código Penal e façamos de conta que Maria, em uma desavença com João, em vez de se evadir do local para evitar conflitos, prefere matar João com 78 facadas no peito, e isso foi testemunhado por 78 pessoas e filmado por 78 câmeras. Interpretando-se o art. 121 do Código Penal em vigor, temos que Maria cometeu o crime de homicídio, porque lhe é proibida a conduta de matar alguém, a qual, se levada a cabo, redunda em uma possível condenação da assassina.

O que quisemos dizer nos exemplos do Código Tributário e do Código Penal foi que, em simples artigos desses dois diplomas normativos, encontramos, em sua totalidade, a fórmula da norma jurídica $[(p \to q) \lor (-q \to S)]$. Nas normas constitucionais estruturantes do Estado, eu jamais encontrarei a mesma situação apresentadora de antecedente, de consequente e de sanção, isso porque não há uma relação jurídica entre João e Maria, nem entre a Municipalidade e Maria. Quando a Constituição estabelece que Brasília é a capital da República, paramos e perguntamos: Quais são as duas pessoas em relação? Qual é o antecedente? Qual é o consequente? Como poderemos descumprir "Brasília é a capital da República"? Ora, as normas estruturantes não têm duas pessoas em relação, nem antecedente, nem consequente e nem são passíveis de descumprimento. Vejam bem, como é que eu vou descumprir "Brasília é a capital da República"? Dizendo que Curitiba é a capital da República? Ora, se eu disser isso, vão me chamar de louco, mas não haverá sanção, porque uma norma constitucional estruturante é sempre aberta.

Nas Constituições concisas escritas mundo afora e que partiram do modelo único norte-americano de 1787, não encontramos minúcias nem relações, nem mesmo no campo dos direitos fundamentais. Sabemos que a Constituição brasileira não é concisa; pelo contrário, ela é analítica, o que quer dizer que tem muitas palavras, sendo a mais extensa do mundo. Todavia, mesmo na Constituição brasileira, as normas de direitos fundamentais são abertas. Interpretemos o *caput* do art. 5º – do que nele consta concluímos que todos têm direito à vida; todos têm direito à liberdade; todos têm direito à igualdade; todos têm direito à propriedade; todos têm direito à segurança. Mas, e daí? A resposta é que, a partir do comando constitucional proclamando abertamente que todos têm direito à vida, então eu vou interpretar o resto do sistema para dizer que: é proibido matar; é proibido o aborto; é proibida a eutanásia; é proibido o infanticídio; é proibido o genocídio. Tais raciocínios conclusivos são retirados do *caput* do art. 5º, em uma integração constitucional deste com o Código Penal brasileiro. Aliás, aqui estávamos explicando o que significa "sistema aberto de normas e princípios", e, de fato, esclarecemos o conteúdo da palavra *sistema* e o conteúdo da palavra *aberto*. No meio das explicações, surgiu a questão da **integração constitucional**. O surgimento dessa importante expressão nos obriga a inserir, neste parágrafo, explicações suplementares. Pois bem, vamos lá: se eu ficar só no "todos têm direito à vida", nada acontecerá porque esta é uma norma constitucional aberta de direito fundamental que necessita integrar-se, a partir de si própria, com o resto do sistema, de modo que, com base no comando constitucional e no Código Penal, eu, sendo juiz, condenarei a grávida que abortou. Isso significa que as minúcias da composição da norma jurídica completa integram, a partir da Constituição, também o Código Penal, lembrando, evidentemente, que a Constituição é maior do que o Código Penal. Fica, então, o leitor advertido e ciente do significado da importantíssima expressão **integração constitucional**. Por fim, é preciso ter em mente que a *integração constitucional* é um serviço interpretativo que o juiz deve prestar obrigatoriamente quando desvenda o sistema normativo encabeçado pela Carta Magna, e isso deve ser feito não só pelo juiz, mas também por qualquer operador do Direito.

Iniciamos esta seção transcrevendo Celso Bastos (2010, p. 51), que leciona que "a Constituição é um sistema aberto de regras e princípios". Já explicamos o que é sistema; já elucidamos o que é aberto; agora falta esclarecer o que são regras e princípios. Nesse sentido, sendo a Constituição o documento normativo ocupante do ápice do sistema, ela contém normas jurídicas em seu texto. Há normas que se configuram dentro da modalidade **normas-princípios** constitucionais; há normas que se configuram na modalidade **normas-regras** constitucionais.

Diante disso, imediatamente já surge uma pergunta em nossa cabeça: existe hierarquia entre princípio e regra constitucional? A resposta é a seguinte: (a) as regras devem ser interpretadas segundo os princípios; (b) regras e princípios constitucionais são elementos de Direito positivo, o que significa que não há princípio jurídico fora do sistema jurídico e não há princípio constitucional fora da Constituição; (c) as regras são regras porque marcadas pela concretude de nelas se detectarem antecedente, consequente e sanção, ou seja, a fórmula da norma jurídica completa, qual seja: $[(p \rightarrow q) \vee (-q \rightarrow S)]$; (d) os princípios são desprovidos de qualquer concretude e só podem ser compreendidos na integração sistemática que se faz no ato da interpretação, sendo proibido ao intérprete, porém, burlar a regra em nome do princípio; (e) os princípios são mais abertos e evasivos do que as regras, que, conforme já vimos, são concretas. Mas ainda nos resta responder à pergunta: As regras constitucionais são mais importantes do que os princípios constitucionais? A resposta é: As regras devem ser aplicadas justamente porque são concretas; os princípios servem para ser aplicados no ato da interpretação das regras. Nesse sentido, eu não posso dizer que regras são mais importantes do que princípios, ou vice-versa. O que eu não posso fazer é, em nome de algum princípio – seja lá qual for! – deixar de aplicar a regra ou aplicá-la erroneamente e ao arrepio da língua portuguesa. Assim, de certo modo, a regra acaba sendo o objetivo final do exegeta, e o princípio é o meio pelo qual a regra se aplicará. A regra é a meta; em linguagem futebolística, a regra é o gol! O princípio, em futebol, equivaler-se-ia ao meio, ou seja, à estratégia de meio de campo para que o atacante receba a bola e marque o gol. Aqui vale alertar o leitor do seguinte modo: muito cuidado, mas tenha muito cuidado mesmo com o princípio da dignidade da pessoa humana. A dignidade é o máximo, é o que mais se espera de tudo em prol do ser humano como indivíduo ou como coletividade. Contudo, a dignidade é o mínimo se for mal interpretada e erroneamente aplicada pelo operador do Direito, sobretudo pelo juiz. Não pode o juiz e não pode o Supremo Tribunal Federal brasileiro deixar de aplicar o Direito positivo em nome deste ou de qualquer outro princípio, assim como não pode subverter o conteúdo linguístico e gramatical da norma jurídica positiva.

Aqui, cabe advertir o leitor de que o princípio não decorre da imaginação[3] (Maimônides, 2018) do intérprete, mas sim de sua inteligência racional que só pode ter como referência o Direito positivo, isso para evitar que o intérprete inove o sistema ideologicamente, e não de modo científico.

Normas-princípios constitucionais

No Preâmbulo e nos arts. 1º, 2º, 3º e 4º da Constituição, encontramos os princípios fundantes do Brasil. Sobre o que consta no art. 4º, teceremos comentários específicos a partir do próximo parágrafo. No Preâmbulo[4] e nos arts. 1º[5], 2º[6] e 3º[7], alguns dos princípios regentes da República Federativa do Brasil são estes: bem-estar, desenvolvimento, justiça, fraternidade, pluralismo,

---

[3] Maimônides (2018) diferencia constatações racionais – que podem ser comprovadas cientificamente – de suposições imaginativas. O filósofo e o cientista de qualquer área devem apoiar-se necessariamente naquilo que é comprovável. Maimônides (2018) é provavelmente o mais destacado filósofo e teólogo do judaísmo da Idade Média. Seu pensamento influenciou não só o judaísmo, mas também o cristianismo e o islamismo em uma época em que a Península Ibérica, mais destacadamente a Espanha, era o grande centro mundial das três religiões abraâmicas. Cientistas do nível de Santo Tomás de Aquino e Kant. Nascido em Córdoba, Espanha, no século XII, além de filósofo era também rabino, teólogo, médico e cientista destacado. Pouco ou quase nada referenciado no Brasil, fica aqui Maimônides apresentado ao leitor e fortemente indicado sobretudo aos que imaginam que podem interpretar o sistema jurídico em conformidade com suas imaginações políticas, antropológicas ou sociológicas. A obra *Guia dos perplexos* (Maimônides, 2018) é a que passará a servir como referência aqui.

[4] "Nós, representantes do povo brasileiro, reunidos em Assembleia Nacional Constituinte para instituir um Estado Democrático, destinado a assegurar o exercício dos direitos sociais e individuais, a liberdade, a segurança, o bem-estar, o desenvolvimento, a igualdade e a justiça como valores supremos de uma sociedade fraterna, pluralista e sem preconceitos, fundada na harmonia social e comprometida, na ordem interna e internacional, com a solução pacífica das controvérsias, promulgamos, sob a proteção de Deus, a seguinte Constituição da República Federativa do Brasil" (Brasil, 1988).

[5] "Art. 1º A República Federativa do Brasil, formada pela união indissolúvel dos Estados e Municípios e do Distrito Federal, constitui-se em Estado Democrático de Direito e tem como fundamentos: I – a soberania; II – a cidadania; III – a dignidade da pessoa humana; IV – os valores sociais do trabalho e da livre iniciativa; V – o pluralismo político. Parágrafo único. Todo o poder emana do povo, que o exerce por meio de representantes eleitos ou diretamente, nos termos desta Constituição" (Brasil, 1988).

[6] "Art. 2º São Poderes da União, independentes e harmônicos entre si, o Legislativo, o Executivo e o Judiciário" (Brasil, 1988).

[7] "Art. 3º Constituem objetivos fundamentais da República Federativa do Brasil: I – construir uma sociedade livre, justa e solidária; II – garantir o desenvolvimento nacional; III – erradicar a pobreza e a marginalização e reduzir as desigualdades sociais e regionais; IV – promover o bem de todos, sem preconceitos de origem, raça, sexo, cor, idade e quaisquer outras formas de discriminação" (Brasil, 1988).

harmonia social, paz, soberania, cidadania, dignidade da pessoa humana, valores sociais do trabalho e da livre iniciativa, soberania popular, tripartição dos Poderes, erradicação da pobreza e proibição de discriminações. Esses princípios passam um recado aos intérpretes, principalmente aos juízes: interpretem a Constituição e todas as demais normas jurídicas componentes do sistema segundo os princípios aqui proclamados. No entanto, há outro recado que o Direito positivo transmite aos mesmos destinatários: é certo que as normas jurídicas positivas devem ser interpretadas segundo os princípios – e também segundo as regras – constitucionais, mas saiba que você, ao interpretar, deve compreender previamente que a primeira regra hermenêutica é a da leitura da letra da norma, de modo que se a norma disser X e Y, você não pode transformar X em V nem Y em G. Isso é básico! E será depois – e só depois – da interpretação literal e gramatical que virão a sistemática e todas as outras, não podendo nenhuma delas superar o que está escrito na norma jurídica positivada pela autoridade competente.

Para maiores especificidades sobre a questão principiológica, resolvemos extrair da Constituição oito exemplos de princípios constitucionais. A seguir, veremos um após o outro, enumeradamente.

1. Art. 4º, incisos e parágrafo único[8]

Nesses dispositivos normativos constitucionais, encontram-se os princípios que regem o Brasil em suas relações com a comunidade internacional. Logo, são normas-princípios fundamentais para a própria existência do Brasil como Estado nacional soberano, isso porque, além do Brasil, há outros 192 países na comunidade internacional.

---

8 "Art. 4º A República Federativa do Brasil rege-se nas suas relações internacionais pelos seguintes princípios: I – independência nacional; II – prevalência dos Direitos Humanos; III – autodeterminação dos povos; IV – não-intervenção; V – igualdade entre os Estados; VI – defesa da paz; VII – solução pacífica dos conflitos; VIII – repúdio ao terrorismo e ao racismo; IX – cooperação entre os povos para o progresso da humanidade; X – concessão de asilo político. Parágrafo único. A República Federativa do Brasil buscará a integração econômica, política, social e cultural dos povos da América Latina, visando à formação de uma comunidade latino-americana de nações" (Brasil, 1988).

2. Art. 34, inciso VII e alíneas[9]

Na federação brasileira, a regra é a da autonomia entre União, estados, Distrito Federal e municípios. Tal autonomia não permite que um ente da federação se sobreponha ao outro ente fora dos contornos permitidos pela própria Constituição. É por isso que é errado pensar que a União é soberana; não! Se a União fosse soberana então ela poderia editar leis federais, estaduais e distritais no lugar do estado, do Distrito Federal e do município, e sabemos que a União só pode criar e fazer valer leis federais. O problema em se pensar que a União é soberana é – como sempre – o péssimo uso que se faz da língua portuguesa pela doutrina brasileira. *Soberania* significa necessariamente "poder supremo" e que se sobrepõe a todo outro e a qualquer coisa. Ora, tanto a União não é soberana que ela não pode se sobrepor à Constituição, não podendo, consequentemente, sobrepor-se aos outros três entes da federação.

É por isso que o *caput* do art. 34 aqui analisado é imperativo naquilo que proíbe a União de intervir nos estados e no Distrito Federal. Isso é **regra**! A linguagem é prescritiva – "não intervirá"! –, o que significa que é proibido intervir. No entanto, a intervenção federal passa a ser permitida excepcionalmente no inciso VII, desde que observados os **princípios** elencados nas alíneas do citado inciso.

Perceba que o art. 34 tem uma regra em seu *caput* e vários princípios nas alíneas do inciso VII. Desse modo, como Maimônides, comprovo cientificamente o que é uma regra e o que é um princípio. E quem é que vai dizer que não?

---

[9] "Art. 34. A União não intervirá nos Estados nem no Distrito Federal, exceto para: [...] VII – assegurar a observância dos seguintes princípios constitucionais: a) forma republicana, sistema representativo e regime democrático; b) direitos da pessoa humana; c) autonomia municipal; d) prestação de contas da administração pública, direta e indireta. e) aplicação do mínimo exigido da receita resultante de impostos estaduais, compreendida a proveniente de transferências, na manutenção e desenvolvimento do ensino e nas ações e serviços públicos de saúde" (Brasil, 1988).

3. Art. 37, caput[10]

No dispositivo constitucional aqui comentado, temos os princípios que o administrador público deve observar para colocar em prática o ato de executar governamentalmente (Poder Executivo). Por exemplo, quando o prefeito necessita construir uma ponte, deve entender previamente que ele observará a lei (legalidade, isso porque a licitação pública é uma obrigação que se lhe impõe). Assim, a legalidade é um princípio previsto no *caput* do art. 37, e a Lei de Licitações contém as regras para que o prefeito possa cumprir o princípio constitucional da legalidade, mas não só este, mas também os da impessoalidade, da moralidade, da publicidade e da eficiência.

Mais uma vez, explicamos minuciosamente como deve fazer o intérprete no ato da interpretação dos princípios e das regras. Por isso, repetimos: **as regras devem ser interpretadas segundo os princípios**.

4. Art. 170, incisos e parágrafo único[11]

Esse artigo da Carta Magna e as demais normas que acompanham seu *caput* estabelecem como deve pautar-se a economia brasileira. A primeira conclusão a que se chega, em boa interpretação, é a de que o desenvolvimento econômico não deve ser visto isoladamente. O certo é pensar em um desenvolvimento econômico sustentável, naquele que se baseia no tripé segundo o qual, na

---

10 "Art. 37. A administração pública direta e indireta de qualquer dos Poderes da União, dos Estados, do Distrito Federal e dos Municípios obedecerá aos princípios de legalidade, impessoalidade, moralidade, publicidade e eficiência e, também, ao seguinte: [...]" (Brasil, 1988).

11 "Art. 170. A ordem econômica, fundada na valorização do trabalho humano e na livre iniciativa, tem por fim assegurar a todos existência digna, conforme os ditames da justiça social, observados os seguintes princípios: I – soberania nacional; II – propriedade privada; III – função social da propriedade; IV – livre concorrência; V – defesa do consumidor; VI – defesa do meio ambiente, inclusive mediante tratamento diferenciado conforme o impacto ambiental dos produtos e serviços e de seus processos de elaboração e prestação; VII – redução das desigualdades regionais e sociais; VIII – busca do pleno emprego; IX – tratamento favorecido para as empresas de pequeno porte constituídas sob as leis brasileiras e que tenham sua sede e administração no País. Parágrafo único. É assegurado a todos o livre exercício de qualquer atividade econômica, independentemente de autorização de órgãos públicos, salvo nos casos previstos em lei" (Brasil, 1988).

realidade, devemos entender o desenvolvimento não só da economia, mas sim do próprio ser humano, de modo que já defendemos (Pagliarini, 2013) que a expressão *desenvolvimento sustentável* (DS) tem-se pautado no tripé que representa a conjugação de desenvolvimento econômico (DE) com equidade social (ES) e com proteção ambiental (PA); logo:

$$DS = DE + ES + PA$$

A ordem econômica atenderá aos princípios da soberania nacional, da propriedade e de sua função social, da livre concorrência, da defesa do consumidor, da defesa do meio ambiente, da redução das desigualdades regionais e sociais, da busca do pleno emprego, da livre iniciativa independentemente de autorização de órgãos públicos e do tratamento favorecido para as pequenas empresas. Na conjugação desses princípios, percebemos que o Constituinte foi confuso: ao mesmo tempo em que pendeu para a direita, dirigiu-se à esquerda.

5. Art. 206, incisos e parágrafo único[12]:

As bases da educação brasileira encontram-se dispostas nas normas constitucionais indicadas (art. 206, incisos e parágrafo único). É de acordo com elas – as bases, os princípios – que devemos interpretar todas as normas educacionais do Brasil, pois elas devem atender aos valores da igualdade de condições para acesso

---

12 "Art. 206. O ensino será ministrado com base nos seguintes princípios: I – igualdade de condições para o acesso e permanência na escola; II – liberdade de aprender, ensinar, pesquisar e divulgar o pensamento, a arte e o saber; III – pluralismo de ideias e de concepções pedagógicas, e coexistência de instituições públicas e privadas de ensino; IV – gratuidade do ensino público em estabelecimentos oficiais; V – valorização dos profissionais da educação escolar, garantidos, na forma da lei, planos de carreira, com ingresso exclusivamente por concurso público de provas e títulos, aos das redes públicas; VI – gestão democrática do ensino público, na forma da lei; VII – garantia de padrão de qualidade; VIII – piso salarial profissional nacional para os profissionais da educação escolar pública, nos termos de lei federal; IX – garantia do direito à educação e à aprendizagem ao longo da vida. Parágrafo único. A lei disporá sobre as categorias de trabalhadores considerados profissionais da educação básica e sobre a fixação de prazo para a elaboração ou adequação de seus planos de carreira, no âmbito da União, dos Estados, do Distrito Federal e dos Municípios" (Brasil, 1988).

e permanência na escola, liberdade no aprender, no ensinar, no pesquisar e no divulgar o pensamento, a arte e a ciência, a pluralidade de ideias e a coexistência do ensino público com o privado, a gratuidade do ensino público, a valorização da educação, o concurso público, a gestão democrática do ensino público, o padrão de qualidade, a dignidade salarial do professor e o direito à educação como um todo permanente durante a vida.

Releia o parágrafo anterior. Respire e perceba o quanto é difícil cumprir um princípio na prática. Logo, podemos considerar tais normas-princípios educacionais como partícipes da categoria das programáticas (Ramos, 2015).

6. Art. 216-A, parágrafo 1º e incisos[13]

Os dispositivos constitucionais anunciados são os princípios regentes do sistema nacional de cultura. Eis alguns deles: colaboração entre os governos dos quatro entes da federação mais a iniciativa privada e o povo; desenvolvimento humano, social e econômico; diversidade das expressões culturais; acesso universal à cultura; fomento à cultura.

---

13 "Art. 216-A. O Sistema Nacional de Cultura, organizado em regime de colaboração, de forma descentralizada e participativa, institui um processo de gestão e promoção conjunta de políticas públicas de cultura, democráticas e permanentes, pactuadas entre os entes da Federação e a sociedade, tendo por objetivo promover o desenvolvimento humano, social e econômico com pleno exercício dos direitos culturais. § 1º O Sistema Nacional de Cultura fundamenta-se na política nacional de cultura e nas suas diretrizes, estabelecidas no Plano Nacional de Cultura, e rege-se pelos seguintes princípios: I – diversidade das expressões culturais; II – universalização do acesso aos bens e serviços culturais; III – fomento à produção, difusão e circulação de conhecimento e bens culturais; IV – cooperação entre os entes federados, os agentes públicos e privados atuantes na área cultural; V – integração e interação na execução das políticas, programas, projetos e ações desenvolvidas; VI – complementaridade nos papéis dos agentes culturais; VII – transversalidade das políticas culturais; VIII – autonomia dos entes federados e das instituições da sociedade civil; IX – transparência e compartilhamento das informações; X – democratização dos processos decisórios com participação e controle social; XI – descentralização articulada e pactuada da gestão, dos recursos e das ações; XII – ampliação progressiva dos recursos contidos nos orçamentos públicos para a cultura" (Brasil, 1988).

7. Art. 221 e incisos[14]

Os dispositivos constitucionais anunciados aplicam-se à produção e à programação das emissoras de rádio e televisão. Trata-se da redação original da Constituição de 1988. Ocorre que, de lá para cá, implantou-se, desenvolveu-se e estabeleceu-se firmemente a rede mundial de computadores, que faz as vezes – com muito mais eficácia e rapidez – do rádio e da televisão. É por isso que o art. 221 da Constituição também se aplica à internet. Feito esse esclarecimento atualizador da vontade constituinte, podemos dizer que rádio, televisão e internet devem observar princípios tais como: preferência a finalidades educativas, artísticas, culturais e informativas; promoção da cultura nacional e regional; estímulo à produção independente; regionalização da produção cultural, artística e jornalística; **respeito aos valores éticos e sociais da pessoa e da família**.

Resolvemos grafar em destaque a inteira expressão *respeito aos valores éticos e sociais da pessoa e da família* porque é evidente que nem a televisão nem o rádio, tampouco a internet respeitam valor ético ou da família em hora alguma, nem nas programações matinais. Aliás, a família é a grande vítima da falta de respeito que tem sido imposta pela *mass media* ocidental. Chega-se a falar em *famílias* no plural para toda e qualquer coisa ou situação incluir.

---

14 "Art. 221. A produção e a programação das emissoras de rádio e televisão atenderão aos seguintes princípios: I – preferência finalidades educativas, artísticas, culturais e informativas; II – promoção da cultura nacional e regional e estímulo à produção independente que objetive sua divulgação; III – regionalização da produção cultural, artística e jornalística, conforme percentuais estabelecidos em lei; IV – respeito aos valores éticos e sociais da pessoa e da família" (Brasil, 1988).

8. Art. 226, caput e parágrafos 3º e 7º[15]

Quando lemos e interpretamos o Código Civil e as demais leis regulatórias das situações familiares – e os magistrados e o Conselho Nacional de Justiça devem saber disso porque este é o Direito positivo brasileiro –, é preciso ter em mente os princípios proclamados e impostos pelo *caput* do art. 226 e pelos seus parágrafos 3º e 7º, de modo que o Estado: deve proteger e reconhecer a união estável entre homem e mulher como entidade familiar; e deve propiciar recursos educacionais e científicos para o planejamento familiar digno e observante da paternidade responsável.

Algum leitor pode fazer a seguinte ponderação: Mas isso que está escrito no parágrafo anterior está errado, pois o Supremo e o CNJ aceitam outras entidades familiares. Ora, este autor responde: Eu não disse nada, só reproduzi o que exige a Constituição brasileira, no que aproveito para relembrar que a Constituição é hierarquicamente superior aos ativismos judiciais que se veem por aí sem o menor lastro na Carta Magna.

Normas-regras constitucionais

Primeiramente, não custa lembrar que regras são uma coisa e que princípios são outra coisa. Os princípios são os valores fundantes de uma situação qualquer. Os princípios constitucionais são os valores basilares da própria Constituição, e é com base neles que serão interpretadas as regras constitucionais e as regras e princípios infraconstitucionais. Como vimos linhas atrás, os princípios não são dotados de uma linguagem concreta; eles são evasivos. Ao contrário dos princípios, as regras têm um antecedente, um consequente e são

---

15 "Art. 226. A família, base da sociedade, tem especial proteção do Estado. [...] § 3º Para efeito da proteção do Estado, é reconhecida a união estável entre o homem e a mulher como entidade familiar, devendo a lei facilitar sua conversão em casamento. [...] § 7º Fundado nos princípios da dignidade da pessoa humana e da paternidade responsável, o planejamento familiar é livre decisão do casal, competindo ao Estado propiciar recursos educacionais e científicos para o exercício desse direito, vedada qualquer forma coercitiva por parte de instituições oficiais ou privadas" (Brasil, 1988).

capazes de acarretar uma sanção no caso de descumprimento da norma. O princípio só consegue alguma concretude na chamada *integração constitucional* promovida pelo intérprete. A propósito, guarde bem a expressão *integração constitucional*. Quem a promove é o intérprete: ao visualizar um caso concreto, o intérprete busca a subsunção de alguma norma constitucional naquela situação sob análise; mas não só a subsunção da norma constitucional é aplicada, também das normas infraconstitucionais aplicáveis à concretude situacional. Por fim, sobre integração constitucional, tenhamos em mente que a norma constitucional é o parâmetro para a aplicação de todo o resto do sistema jurídico, e é daí que se dizem coisas do tipo "interpretar o Código Civil segundo a Constituição", e tal raciocínio é correto.

Normalmente, as Constituições são muito mais principiológicas do que dotadas de normas-regras, e o exemplo maior disso é a Carta dos Estados Unidos de 1787. Não é o caso da Constituição brasileira em vigor, que é a mais extensa do mundo e que, exatamente por ser extensa, tem mais normas-regras do que outras Constituições no Direito Constitucional comparado.

Seguem alguns exemplos de normas-regras na Constituição de 1988. Apresentaremos tais exemplos da mesma forma didática e enumerada com que apresentamos alguns exemplos de normas-princípios.

1. Art. 5º, inciso LXVIII[16]

A Constituição prevê "conceder-se-á *habeas corpus*" (Brasil, 1988). Isso significa que o juiz deve conceder o *habeas corpus*, ou seja, que ele deve liberar o preso em tais e tais condições, e as condições estão no corpo do próprio texto constitucional, querem ver? Assim diz a Constituição no mesmo dispositivo: "sempre que alguém

---

16 "Art. 5º [...] LXVIII – conceder-se-á *"habeas-corpus"* sempre que alguém sofrer ou se achar ameaçado de sofrer violência ou coação em sua liberdade de locomoção, por ilegalidade ou abuso de poder" (Brasil, 1988).

sofrer ou se achar ameaçado de sofrer violência ou coação em sua liberdade de locomoção, por ilegalidade ou abuso de poder" (Brasil, 1988). Explicando: dado o fato de uma pessoa humana sofrer ou for ameaçada de violência, ilegal ou abusiva, contra sua liberdade de locomoção, então o juiz deve conceder o *habeas corpus*, o que significa simplesmente que o juiz deve tirar o cidadão da cadeia. Perceba que o texto constitucional do *habeas corpus* tem a estrutura normativa de regra, com antecedente e consequente, e isso se explica na fórmula da norma jurídica que já explicamos aqui neste livro; mas não custa lembrar:

$$[(p \to q) \vee (-q \to S)]$$

Nesse caso, tal fórmula deve assim ser entendida: dado o fato de eu ser livre, então deve ser respeitada minha liberdade ($p \to q$). Ou **(v)**, se uma autoridade pública, de modo ilegal ou abusivo, prender-me, então deve ocorrer minha liberação, e a liberação equivale a uma sanção contra o Estado ($-q \to S$).

2. *Art. 5º, inciso LXIX*[17]:

O mesmo raciocínio e a mesma fórmula usados para o *habeas corpus* também servem para o mandado de segurança, querendo isso dizer que a norma constitucional do mandado de segurança é uma **norma-regra**, e não uma norma-princípio. Nesse sentido, o juiz deve conceder mandado de segurança quando qualquer pessoa tiver um direito líquido e certo seu violado ou ameaçado de violação por ato de autoridade ilegal ou abusivo. Tudo o que foi dito sobre o *habeas corpus* cabe para a compreensão que demonstra que o texto constitucional sobre o mandado de segurança é **norma-regra**, e não outra coisa.

---

17 "Art. 5º [...] LXIX – conceder-se-á mandado de segurança para proteger direito líquido e certo, não amparado por *"habeas-corpus"* ou *"habeas-data"*, quando o responsável pela ilegalidade ou abuso de poder for autoridade pública ou agente de pessoa jurídica no exercício de atribuições do Poder Público" (Brasil, 1988).

3. Art. 5º, inciso LXXI[18]

O mesmo raciocínio e a mesma fórmula usados para o *habeas corpus* também servem para o mandado de injunção, querendo isso dizer que a norma constitucional do mandado de injunção é **norma-regra**, e não uma norma-princípio. Nesse sentido, o juiz deve conceder mandado de injunção quando qualquer pessoa não estiver conseguindo gozar de um direito fundamental previsto na Constituição em razão de falta de norma infraconstitucional regulamentadora, caso em que o Judiciário, ele próprio, no mandado de injunção, regulamentará a situação específica a fim de que o sujeito frua daquele direito fundamental que não conseguia fruir pela falta de norma infraconstitucional regulamentadora. Tudo o que foi dito sobre o *habeas corpus* cabe para a compreensão que demonstra que o texto constitucional sobre o mandado de injunção é **norma-regra**, e não outra coisa.

4. Art. 5º, inciso LXXII[19]

O mesmo raciocínio e a mesma fórmula usados para o *habeas corpus* também servem para o *habeas data*, querendo isso dizer que a norma constitucional do *habeas data* é **norma-regra**, não uma norma-princípio. Nesse sentido, o juiz deve conceder *habeas data* em duas situações: (1) quando for negado a qualquer pessoa o acesso a documento que contém informação personalíssima sua; ou (2) quando a informação a que teve acesso a pessoa estiver incorreta. Tudo o que foi dito sobre o *habeas corpus* cabe para a compreensão que demonstra que o texto constitucional referente ao *habeas data* é **norma-regra**, e não outra coisa.

---

18 "Art. 5º [...] LXXI – conceder-se-á mandado de injunção sempre que a falta de norma regulamentadora torne inviável o exercício dos direitos e liberdades constitucionais e das prerrogativas inerentes à nacionalidade, à soberania e à cidadania" (Brasil, 1988).

19 "Art. 5º [...] LXXII – conceder-se-á *"habeas-data":* a) para assegurar o conhecimento de informações relativas à pessoa do impetrante, constantes de registros ou bancos de dados de entidades governamentais ou de caráter público; b) para a retificação de dados, quando não se prefira fazê-lo por processo sigiloso, judicial ou administrativo" (Brasil, 1988).

7.2 Normas constitucionais estruturantes do Estado

Nas páginas *retro*, vimos que a Constituição tem normas-regras e normas-princípios. Todavia, entendemos que tal classificação é deveras minimalista. Quando a Constituição fala que Brasília é a capital da República e que os três Poderes são harmônicos e independentes entre si, podemos até defluir disso algum princípio, como o da tripartição dos Poderes. Contudo, o que quis o Poder Constituinte originário foi estruturar o Estado brasileiro como tendo em Brasília a sede da União e estruturar o exercício do Poder estatal em três. Logo, tais opções do Constituinte são as estruturações que o Constituinte desejou imprimir no novo Estado brasileiro que estruturou com a Carta de 1988.

7.3 Aplicação e eficácia das normas constitucionais

Originariamente, a temática teve início com a doutrina de Thomas Cooley (1880), seguida por Ruy Barbosa (1932). Segundo o norte-americano, as normas constitucionais são *self-executing* ou simplesmente *not-self-executing*. Traduzindo: para Cooley e para Barbosa, as normas constitucionais são autoexecutáveis ou não autoexecutáveis.

No campo da estruturação do Estado, quando a Constituição atual do Brasil estrutura o país como uma república presidencialista, a norma, ela própria, é autoexecutável no sentido de imprimir à organização estatal brasileira a forma republicana de Estado e o sistema presidencialista de governo. Sobre as normas estruturantes do Estado, logo adiante ofertaremos nossa própria posição científica.

Outro exemplo de norma constitucional autoexecutável é aquele que trata de direito individual ou de qualquer uma das liberdades. Isso significa que, quando a Constituição diz que todos são livres, no fundo ela já está proclamando algo já detectável no mundo dos fatos, uma vez que é verdadeira a assertiva segundo a qual qualquer pessoa é livre, isso se usarmos como modelo a liberdade de locomoção, de modo que a não liberdade é uma exceção que só pode ocorrer segundo a lei (prisão em flagrante etc.). Trocando em miúdos: já está executada a norma constitucional da liberdade porque eu, o escritor deste livro, sou e estou livre, e você, o leitor deste mesmo livro, é e está livre; o contrário disso seria estarmos presos ou de qualquer outra forma privados de nossa liberdade/direito de ir e vir. Tudo isso significa que a norma constitucional da liberdade já está autoimplantada (**aplicada**) pela própria liberdade. Podemos usar o mesmo raciocínio para a liberdade de religião, vejamos: eu sou católico; João é muçulmano; Míriam é judia. Ora, nós três já nascemos livres para sermos católicos, judeus e muçulmanos, de modo que a norma constitucional da liberdade de religião já está executada. Aqui, queremos frisar que se trata da atual Constituição democrática e libertária brasileira, e não dos tempos obscuros de outrora em que não havia nem liberdade de locomoção, muito menos religiosa. O mesmo raciocínio podemos usar para o direito individual à vida; ora, eu estou vivo agora e, por isso, vejo, sinto, escrevo, rio e choro. Tudo isso quer dizer o seguinte: todas as normas constitucionais protetoras de direitos individuais são autoexecutáveis (autoaplicáveis!) porque elas dizem respeito ao próprio estado humano natural da vida, da locomoção livre e da opção por uma religião.

Já as normas constitucionais referentes à segunda e às demais gerações de direitos humanos nunca são autoexecutáveis, isso porque elas são prestacionais, o que significa compreender que o Estado – principalmente ele – e a sociedade civil devem implementar os direitos coletivos. Pensemos juntos: a Constituição afirma que todos têm direito à saúde. No entanto, se ficarmos somente com a boa intenção enunciada pela Carta Magna, então ninguém jamais fruirá do direito à saúde porque nem o Estado nem a sociedade civil construíram hospitais, compraram medicamentos ou contrataram médicos nem enfermeiros. Portanto, a pergunta é: Como uma pessoa em situação de vulnerabilidade social vai poder cuidar da saúde se não foi implantado um sistema público de saúde? É por isso que os direitos sociais, todos eles, necessitam de um Estado provedor, um Estado que invista na saúde de sua população. O mesmo raciocínio podemos usar para o direito à educação; vejamos: a Constituição diz que todos têm direito à educação. Todavia, como uma pessoa em situação de vulnerabilidade social vai ter acesso à escola ou à universidade se o Estado não construiu o prédio com as salas de aula, nem contratou professores e demais serventes? Portanto, aqui também para a fruição do direito à educação o Estado deverá implantar todos os mecanismos para que o povo se eduque e seja educado. Fiquemos com esses dois direitos – à saúde e à educação – como modelos supremos da necessidade de o Estado aplicá-los e colocá-los em execução em favor dos indivíduos e da coletividade como um todo.

O **resumo esquemático** dos três parágrafos que antecederam ao presente é o seguinte:

São normas constitucionais autoaplicáveis e também autoexecutáveis (e eficazes por si sós)[20]:

1. as estruturantes do Estado;
2. as definidoras de direitos individuais.

Não são normas constitucionais autoaplicáveis nem autoexecutáveis:
1. aquelas que dependem de implantação pelo Estado.

Aqui, cabe uma observação muito séria e que é feita para que o governante não se sinta no direito de não criar programas efetivos de implantação das normas de direitos sociais. A ressalva é a seguinte: as normas de direitos sociais se incluem na categoria genérica das normas de direitos humanos ou fundamentais, querendo isso dizer que o parágrafo 1º do art. 5º[21] deve ser cumprido no sentido de estar o administrador obrigado a implantar os direitos

---

20 Em nossa doutrina, fazemos a aproximação entre **aplicação, execução** e **eficácia**. Entendemos que as normas *self-executing* também são autoaplicáveis e por si sós eficazes, isso porque só podemos falar que é eficaz aquilo que é aplicável e executável. Há doutrina divergente que separa a aplicação da eficácia. Para José Afonso da Silva (2007), a aplicabilidade da norma constitucional seria de três espécies: (1) normas de eficácia plena; (2) normas de eficácia contida; e (3) normas de eficácia limitada. Não podemos concordar com a doutrina do Professor José Afonso da Silva, e nisso nós nos apoiamos em Manoel Gonçalves Ferreira Filho (2015, p. 423), que, contra Silva, tece severas críticas no seguinte sentido: "Ora, manda a lógica que as duas espécies (a primeira e a segunda) não sejam separadas quanto à aplicabilidade, quando, no que toca a esta, são iguais. A diferença entre normas de eficácia plena e normas de eficácia contida não está na aplicabilidade, portanto, e sim na possibilidade ou não de ser restringido o seu alcance pelo legislador infraconstitucional, o que nada tem que ver com a aplicabilidade das normas enquanto constitucionais.". Outro autor que apresenta doutrina que diverge da nossa e daquelas dos Professores Manoel Gonçalves Ferreira Filho e Celso Ribeiro Bastos é Fernando Herren Aguillar (2019). Segundo Aguillar (2019) – e outros que com ele concordam –, as normas constitucionais se caracterizam como regras, como princípios ou como *programáticas*. A diferença entre os que defendem as programáticas e a doutrina clássica é a seguinte: as programáticas estão inseridas no gênero dos princípios enunciados pela Constituição, aqueles que a Carta Magna quer seguir e quer que o Brasil implante. Com a devida vênia, entendemos como Celso Bastos para defendermos que as normas constitucionais ou são normas-regras ou são normas-princípios, e as "programáticas" são evidentemente principiológicas porque, para nós, o uso da expressão *programáticas* dá a entender que se trata de meros "programas" a serem implantados em algum dia e em algum lugar no espaço, o que não é verdade, uma vez que normas constitucionais, tanto as regras quanto as principiológicas, devem ser aplicadas, devendo, contudo, o leitor ficar atento ao que já dissemos sobre o assunto, ou seja: algumas normas demoram e custam mais para ser implantadas; simples assim!

21 "Art. 5º [...] § 1º As normas definidoras dos direitos e garantias fundamentais têm aplicação imediata" (Brasil, 1988).

sociais e todos os demais direitos coletivos previstos na Constituição. O mesmo bom senso que estamos utilizando para o administrador devemos também ter em mente enquanto pessoas humanas residentes no Brasil, e nosso raciocínio deve ser assim: é certo que o Poder Executivo deve construir escolas, hospitais e saneamento básico, o Poder Público não pode ficar inerte! Mas é também certo que a construção e o aparelhamento material e humano das escolas, dos hospitais e dos sistemas de saneamento público são programas que levam tempo e custam muito dinheiro! Em outras palavras: **as normas de direitos humanos são de aplicação imediata, todavia:** *tempus regit actum*.

Conforme anunciamos antes, eis aqui nossa própria doutrina sobre o(s) assunto(s) aplicação, eficácia e execução das normas constitucionais. Os **enunciados** que desejamos inculcar nos leitores são estes:

1. Aplicação, eficácia e execução são fenômenos que se aglutinam sob uma só nomenclatura, e preferimos a primeira, qual seja: *aplicação*.
2. A primeira categoria de normas constitucionais autoaplicáveis (ou seja, autoexecutáveis e eficazes por si sós) é a das normas estruturantes do Estado.
3. A segunda categoria de normas constitucionais autoaplicáveis é a das normas de direitos individuais, as liberdades.
4. As normas de direitos sociais e das demais gerações de direitos fundamentais não são aplicáveis por si sós, o que significa que não são autoaplicáveis ou autoexecutáveis, isso porque dependem da ação positiva do Estado, mas isso não quer dizer que o administrador não deva aplicá-las, ou seja: escolas e hospitais devem ser construídos e disponibilizados ao povo!

O resumo de nossa posição doutrinária é o seguinte: adotamos o pensamento de Cooley (1880) e Barbosa (1932), com as inovações aqui proclamadas, sobretudo com apoio em Celso Bastos (2010) e em Manoel Gonçalves Ferreira Filho (2015).

Para findar e para não ficar parecendo que desejamos transformar nossa doutrina em uma ideologia tão autoaplicável quanto os canhões comunistas de Stalin, vale a pena, nas linhas a seguir, explicarmos um pouco dos pensamentos de Manoel Gonçalves Ferreira Filho e Celso Ribeiro Bastos, dois dos constitucionalistas clássicos que admiramos.

Quanto à aplicação das normas constitucionais, Celso Ribeiro Bastos (2010) só fala sobre *aplicação*; ele não usa outras palavras. Com isso, devemos entender que, para o autor, quando se fala em aplicação também se está a falar em execução e em eficácia, o que significa o seguinte: a opinião de Bastos e nossa própria se aproximam no que consideram que aplicação, eficácia e execução da norma constitucional são a mesma coisa, ou seja, execução e eficácia são elementos intrínsecos da aplicação, estão dentro da própria aplicação, de modo que só é possível aplicar norma constitucional executável e eficaz. Logo, com Bastos (2010), confirmamos nossa doutrina e a afirmamos como signo de um constitucionalismo clássico, responsável, positivista, elegante e liberal, querendo constitucionalismo aqui significar ciência do Direito Constitucional. Nesse sentido, no do uso da palavra *constitucionalismo*, entendemos que estão completamente equivocados "as professoras e os professores" que pronunciam o tempo todo a palavra constitucionalismo sem delimitar seu alcance semântico em língua portuguesa, o que significa que estamos dizendo com todas as letras que "essas professoras e esses professores" não sabem nada nem de português nem de Direito Constitucional.

Manoel Gonçalves Ferreira Filho (2015) tampouco faz a diferenciação entre aplicação, eficácia e executividade da norma constitucional. Na mesma linha de nossa doutrina e na de Celso Ribeiro Bastos, Ferreira Filho (2015) parece seguir os ensinamentos seguros e antigos de Thomas Cooley e Ruy Barbosa. Para Manoel Gonçalves Ferreira Filho (2015), as normas constitucionais são:

- exequíveis por si sós;
- não exequíveis por si sós.

> Para findar, eis o resumo – novamente – do que pensamos:
> 1. Aplicação, eficácia e execução são fenômenos que se aglutinam sob uma só nomenclatura, e preferimos a primeira, qual seja: aplicação.
> 2. A primeira categoria de normas constitucionais autoaplicáveis (ou seja, autoexecutáveis e eficazes por si sós) é a das normas estruturantes do Estado.
> 3. A segunda categoria de normas constitucionais autoaplicáveis é a das normas de direitos individuais, as liberdades.
> 4. As normas de direitos sociais e das demais gerações de direitos fundamentais não são aplicáveis por si sós, o que significa que não são autoaplicáveis ou autoexecutáveis, isso porque dependem da ação positiva do Estado, mas isso não quer dizer que o administrador não deva aplicá-las, ou seja: escolas e hospitais devem ser construídos e disponibilizados ao povo!

7.4 Interpretação da Constituição e questões correlatas ao processo interpretativo

Já estudamos a temática da hermenêutica constitucional. Sobre o mesmo assunto, queremos inserir, neste ponto, a opinião mais recente de Jorge Miranda (2021, p. 11), para quem não há uma hermenêutica constitucional própria, "a Constituição deve ser interpretada juridicamente, como qualquer texto jurídico. Simplesmente ser interpretado juridicamente pressupõe reconhecer o papel de supremacia da Constituição [...]". Ainda sobre a temática geral da hermenêutica, salientamos que ela contém regras para a interpretação das normas jurídicas, e se houver uma hermenêutica constitucional específica, esta conterá regras específicas para a interpretação só da Constituição. O que importa aqui são nossas frases que seguem, entre aspas: "Hermenêutica é uma coisa, interpretação é outra. A hermenêutica contém o passo a passo para a interpretação da norma jurídica. A interpretação é o ato de desvendar o significado em si, e isso difere da hermenêutica. Interpreta-se segundo uma hermenêutica. Interpreta-se a norma jurídica segundo uma hermenêutica geral para o Direito, sendo esta a posição de Jorge Miranda – inclusive para a interpretação da Carta Magna. Interpreta-se a Constituição segundo uma hermenêutica própria".

Nas linhas a seguir, observaremos nossa própria doutrina, mais as dos Professores Celso Ribeiro Bastos (2010) e Manoel Gonçalves Ferreira Filho (2015). Faremos o estudo por meio dos enunciados afirmativos ou negativos que ora seguem enumeradamente.

1. O Judiciário, sobretudo o STF, ao interpretar a Constituição, não pode criar normas gerais e abstratas porque nenhum juiz nem o STF são Poder Legislativo

Isso significa que o Brasil é ainda hoje seguidor do sistema jurídico que aqui foi implantado pelos portugueses e que tem como base o Direito romano-franco-germânico, sistema este que os "americanizados" insistem em apelidar de *common law*. Ora, o Brasil é um típico país de *civil law*.

2. Doutrina realista e interpretação

Os grandes seguidores do realismo jurídico são os constitucionalistas dos Estados Unidos, país em que a história lhes propiciou um sistema de precedentes judiciais com força de norma geral e abstrata – realidade esta que jamais foi a brasileira! Na França, o mais destacado pensador realista é o Professor Michel Troper (2008). Segundo o realismo, a interpretação seria um ato de vontade, e não de conhecimento. O perigo do realismo jurídico é a judicialização exagerada, a negação da legalidade, a contestação da democracia, o abandono da separação dos Poderes e o desprezo às normas gerais e abstratas, que são a Constituição, as leis, os tratados internacionais etc. Definitivamente, não pode o juiz desprezar que a interpretação é o ato – sim! – de conhecer o sistema normativo geral e abstrato para aplicá-lo ao caso concreto que está sob sua análise, o que significa dizer que, de fato: (a) a interpretação é um ato de conhecimento; (b) a interpretação não é um ato de vontade; (c) o realismo jurídico está completamente errado, e os brasileiros que o seguem descumprem os ditames do sistema jurídico do Brasil.

3. Interpretação conforme

Por meio da utilização dessa modalidade interpretativa, o juiz interpreta as normas infraconstitucionais e a própria Constituição **conforme a[22] Constituição**, sendo esse o significado e o alcance da expressão que se consubstancia na modalidade *interpretação conforme*. É pela modalidade da *interpretação conforme* que é possível nos depararmos com uma situação aparentemente teratológica, qual seja: a da norma constitucional inconstitucional, conforme se verá no item 6, *infra*. Nos dias atuais, por força da Lei n. 9.868/1999, nas ações diretas de inconstitucionalidade e nas declaratórias de constitucionalidade, pode o STF optar pela interpretação conforme, isto é, aquela que deve ser dada a um ato normativo para que ele seja considerado constitucional sem que seja necessária a declaração de sua inconstitucionalidade (ou seja, de sua invalidade).

4. Integração constitucional

O sistema jurídico se fecha com a Constituição e na Constituição, ou seja, conforme a Constituição e aos pés da Constituição. As demais normas componentes do sistema jurídico se integram entre si e com a Constituição de acordo com os ditames formais

---

22 Alguns juristas usam este "a" com crase, de modo que fica: "interpretação conforme à Constituição". Prefiro, eu, sem crase, por não percebê-la possível em língua portuguesa.

e materiais da Carta Magna, e não de expressões normativas menos relevantes como as leis complementares, as leis ordinárias, as medidas provisórias, os decretos legislativos ou presidenciais e os próprios tratados internacionais (no caso destes, dos tratados internacionais, com as exceções de supralegalidade e dos tratados de direitos humanos [de peso constitucional] já explicadas neste livro). Mas como devemos pensar na integração constitucional para entendê-la? Devemos pensar assim: Quando a Constituição define, no *caput* do art. 5º, que "todos têm direito à vida", isso impõe ao legislador infraconstitucional uma limitação de criar normas que violem o direito à vida, razão pela qual não há como pensar que o Congresso Nacional brasileiro esteja autorizado a criar normas descriminalizando o aborto e a eutanásia, ou normas instituindo a pena de morte.

5. Recepção constitucional

Quando uma Constituição entra em vigor, antes disso já era válido todo um sistema de normas infraconstitucionais que eram vigentes sob o pálio da Constituição anterior. Ora, o primeiro efeito da entrada em vigor de uma Constituição é a total revogação da Carta Magna anterior, sendo isso o que ocorreu com a entrada em vigor da Constituição brasileira de 1988, que revogou completamente a que estava em vigor antes, a de 1967. Logo, a temática da recepção constitucional nada tem a ver com o conflito entre Constituição anterior e Constituição atual. Quando se trata de recepção constitucional, na realidade se quer saber se a Carta Magna recepcionou a legislação infraconstitucional que lhe antecedeu a vigência, e a resposta é a seguinte: (a) as normas infraconstitucionais anteriores à nova Constituição e que afrontam escancaradamente o texto da nova Constituição já estão automaticamente revogadas por essa nova Constituição; (b) todas as demais normas infraconstitucionais são automaticamente recepcionadas pela nova Constituição, e os intérpretes dessa nova Constituição, com o passar do tempo, aferirão a questão da constitucionalidade dessas normas infraconstitucionais, sendo um bom exemplo disso o seguinte: o atual Código Tributário Nacional (CTN), que é um Decreto-Lei de 1967, foi recepcionado pela Constituição de 1988 com a estatura de Lei Complementar; de fato, no caso do CTN, o Supremo lhe deu um *upgrade*, e fez muito bem o STF.

6. Norma constitucional inconstitucional

Será violadora da Constituição de 1988 qualquer nova norma constitucional positivada pelo Poder Constituinte **derivado** que viole as cláusulas pétreas (art. 60, § 4º, CF/1988) e que demonstre potencial capacidade de ferir o regime republicano e o Estado Democrático de Direito.

7. Método gramatical de interpretação

Leva ele a uma compreensão literal do enunciado pela linguagem constitucional posta por escrito na Carta Magna. É sempre a partir da literalidade que o intérprete passará aos demais métodos interpretativos. Primeiramente, ele tem de ter condições de ler e de apreender o texto escrito em sua língua natal ou em outra de seu domínio. Logo, se o texto normativo diz "homem e mulher", em nome de que o intérprete entenderá outra coisa? A literalidade, todavia, muitas vezes é insuficiente ou enganosa ou porque as palavras são plurívocas, ou porque simplesmente o legislador não se exprimiu de modo correto. Disso decorrem as outras interpretações.

8. Método histórico

Ele busca os eventos do mundo físico que nortearam a cabeça dos legisladores na época da criação da norma. Verifica, inclusive, a tramitação dos projetos normativos nas casas componentes dos parlamentos. Muitas leis e outras normas são decorrentes de momentos históricos como guerras, desastres naturais, quebras econômicas, pandemias e outras situações.

9. Método teleológico

Ele busca a finalidade da norma, procura pela intenção, pela vontade da norma: *voluntas legis*. Deve-se diferençar a vontade da lei da vontade do legislador, e o método teleológico busca, pela vontade da lei, descobrir o valor inspirado pela norma.

10. Método lógico-sistemático

Esse método mistura a lógica com a teoria dos sistemas. Em primeiro lugar, devemos levar em conta que os enunciados da lógica são aquelas proposições que foram apresentadas por Aristóteles desde o seu *Órganon* (2009). De fato, o desenvolvimento do raciocínio lógico é o mais alto grau de racionalidade linguística que os seres humanos podem apresentar, e isso é de fundamental importância para o processo interpretativo. De outra parte, temos a questão sistemática ou a teoria dos sistemas (ou teoria das classes, na matemática): é por meio dela que identificamos as coisas como partícipes ou integradas a um reino, um filo, uma classe, uma ordem, uma família, um gênero e uma espécie; são estas as divisões possíveis na natureza, só estas! E é através da teoria dos sistemas que podemos afirmar a verdade de que uma coisa existe, e se existe é porque ela está dentro de outra coisa que também existe. Por exemplo, banana é uma espécie do gênero fruta, que, por sua vez, está em algo maior, em uma família, e assim vai; aqui no exemplo, a propósito, o gênero fruta está dentro da família das comidas.

Não pode haver inteligência sem pensamento lógico, nem inteligência sem pensamento sistemático. É justamente isso o que difere o homem de uma planta ou de um botijão de gás, e não foi por outra razão que René Descartes (2005) disse *Cogito ergo sum* (*Je pense donc je suis*, o que significa "Penso, logo existo").

Aplicados ao Direito e à sua interpretação, a lógica e a interpretação sistemática promovem a boa conduta de se colocar cada coisa em seu devido lugar. Suponha que uma prefeitura qualquer abre concurso público para a contratação de cinco procuradores do Município. No edital – que é "lei entre as partes" –, foi colocado que mulheres não podem candidatar-se. Como se sabe e já foi dito, o edital é norma jurídica e rege o concurso. Contudo, diz a Constituição que "todos são iguais perante a lei" e que "homens e mulheres são iguais em direitos e obrigações" (Brasil, 1988). Ora, a candidata Maria Luísa, que teve sua inscrição indeferida porque, sendo mulher, enquadrava-se na proibição do edital, tinha plena ciência da norma constitucional da igualdade entre mulher e homem, assim como era de seu conhecimento que a Constituição é instrumento normativo hierarquicamente superior ao edital do concurso. O que fez Maria Luísa? Ajuizou um mandado de segurança individual contra o ato de indeferimento de sua candidatura, isso porque o ato de indeferimento foi ilegal e abusivo e cometido por autoridade pública. Com o mandado de segurança em mãos, o juiz imediatamente expediu o correspondente mandado contendo a ordem de inscrição de Maria Luísa no concurso municipal. O que fez o juiz? Ele fez interpretação sistemática e ele usou da lógica aristotélica chamada classicamente de *apofântica*, bem como da lógica jurídica transmitida por Von Wright (2017).

Se prestarmos majorada atenção ao nosso dia a dia, notaremos que tudo o que fazemos tem certo roteiro lógico e sistemático que faz com que as coisas que sigam a lógica sistemática sejam conhecidas pelo qualificativo "normais". Assim, é normal alguém se deparar comigo, o Alexandre, conversando com a Malu no Café dos Palmares. No entanto, se alguém relatar que está conversando sobre política com Tiradentes, o receptor dessa mensagem poderá dizer que o homem que diz ter conversado com Tiradentes é um louco, isso porque Joaquim José da Silva Xavier morreu no final do século XVIII e é impossível conversar com alguém que já morreu. Essa conversa hipotética não respeita os pressupostos da lógica nem se encontra no sistema das possibilidades comunicacionais existentes.

Também na vida corriqueira, a ideia de sistemas corresponde, matematicamente, à teoria das classes. É por essa razão que você poderá julgar estranha esta atitude de Joãozinho: Dona Maria, a mãe de Joãozinho, parou o carro no estacionamento do supermercado e deu ao seu filho a quantia de cem reais para ele comprar uma peça de *filet mignon*. Em vez de se dirigir à prateleira dos frios ou ao açougue, o menino ficou em uma ida-e-volta interminável entre a prateleira dos calçados e a prateleira dos cereais. Ora, para aquele que está testemunhando Joãozinho e que sabe que ele deveria comprar *filet mignon*, a conclusão será a de que Joãozinho já era ou então ficou louco.

Não existe, de modo algum, inteligência sem lógica nem sem noção de sistema.

11. *Interpretação autêntica*

Pode ocorrer de o próprio criador da norma geral e abstrata – geralmente o Poder Legislativo em culturas civilizadas – querer explicar, na própria norma que está criando, seu significado e seu alcance. Portanto, o próprio criador da norma, ao explicá-la, interpreta-a. Essa é a chamada *interpretação autêntica*; é a interpretação de quem editou a norma. Contudo, depois de publicada a norma, mesmo assim ela deverá ser interpretada pelos juízes e pelas demais pessoas e autoridades que vão aplicá-la no mundo dos fatos.

12. *Interpretação jurisprudencial*

O ato de interpretar é um ato de criar, até Kelsen aceitava isso. Entretanto, o ato de criar não é um cheque em branco para que o juiz possa extrapolar, como vêm fazendo alguns integrantes do STF desde a eleição dos chamados *governos progressistas* no Brasil. Pois bem, quando Kelsen percebeu que o juiz, ao interpretar, cria, ele quis dizer o seguinte: o juiz deve necessariamente interpretar a norma geral e abstrata; dessa norma geral e abstrata visualizada no mesmo sistema jurídico advirá a decisão judicial, e a decisão do juiz é a norma individual e concreta criada pelo magistrado para resolver aquela situação daquele caso específico.

No Brasil, uma decisão judicial produz efeitos só entre as partes litigantes. As exceções a essa regra geral são as seguintes: (a) decisões em sede de controle concentrado (direto, abstrato) de constitucionalidade; (b) súmulas vinculantes do STF. Afora isso, entendam os do *common law* e os realistas que:

> Uma decisão judicial produz efeitos só entre as partes litigantes, e compreendam isso logo!

13. *Interpretação constitucional*

Manoel Gonçalves Ferreira Filho (2015, p. 417) não a aceita, nem Jorge Miranda (2021). Só não podemos esquecer que a norma constitucional é dotada de supremacia, sempre. Com as opiniões desses dois eminentes Professores, ficam desbancadas todas as teses que defendem uma hermenêutica própria para a Constituição.

Quanto a mim, penso que as considerações de Manoel Gonçalves Ferreira Filho (2015) e de Jorge Miranda (2021) devam ser absorvidas por todos nós, os professores de Direito Constitucional. Mas penso que aos pensamentos de Ferreira Filho e de Miranda devam ser adicionados os de Celso Bastos (2010), Thomas Cooley (1880) e Ruy Barbosa (1932). Logo, prefiro ficar no meio do caminho entre o saudável minimalismo de Miranda e Manoel Gonçalves e o esquizofrênico exagero dos que escrevem livros e livros com teses e mais teses sobre o que chamam de *hermenêutica constitucional*. Aquele que quiser se aprofundar no meu passo a passo doutrinal para o exercício interpretativo da Constituição deve acessar o início deste capítulo.

> **Para saber mais**
>
> Na doutrina estrangeira, sobressai-se Hans Kelsen:
>
> KELSEN, H. **Teoria pura do direito**. 8. ed. São Paulo: M. Fontes, 2009.
>
> No YouTube, está disponível a aula "O caso Marbury v. Madison", de Arnaldo Sampaio de Moraes Godoy:
>
> GODOY, A. S. de M. **O caso Marbury v. Madison**. Disponível em: <https://www.youtube.com/watch?v=F9LWrH5tnnU>. Acesso em: 18 jan. 2022.

Síntese

Com base na leitura deste capítulo, aprendemos a relevância do ato mental de interpretação, principalmente quando os objetos sob análise são as relações e os casos que envolvem a aplicação das normas constitucionais.

Questões para revisão

1. O Professor Jorge Miranda, que é o pai da Constituição portuguesa de 1976 e o mais influente doutrinador de Direito Constitucional em língua portuguesa:
   a. não admite a existência de uma hermenêutica especificamente constitucional.
   b. admite a existência de uma hermenêutica especificamente constitucional.
   c. entende que não se pode defender a tese da supremacia da Constituição.
   d. leciona que o primeiro cânon da hermenêutica constitucional é o *locus regit actum*.

2. Em eventual embate entre norma-regra e norma-princípio, deveria o intérprete:
   a. preferir o princípio.
   b. aplicar a regra segundo o princípio.
   c. preferir a regra.
   d. servir-se da Lei da Introdução às Normas do Direito Brasileiro, pois nela ele encontrará a solução para a o conflito de normas constitucionais.

3. É exemplo de norma constitucional estruturante do Estado:
   a. a que prevê a liberdade de expressão.
   b. a que prevê a igualdade.
   c. a que prevê a liberdade religiosa.
   d. a que estabeleceu a tripartição dos Poderes.

4. Sobre as normas constitucionais inconstitucionais, é possível afirmar que uma norma prevista na Constituição escrita ofenda a própria Constituição? Explique.

5. As normas constitucionais definidoras de direitos fundamentais, no que diz respeito ao quesito da aplicação, são marcadas por qual característica?

Questões para reflexão

1. Em nome da aplicação do princípio da dignidade da pessoa humana, é possível aceitar toda e qualquer coisa? Nesse sentido, o juiz pode fugir da literalidade da norma escrita posta, em nome da dignidade? A dignidade é maior do que a vida? Há defunto digno?

2. Em termos de hermenêutica constitucional, você adota a posição de Celso Bastos – que entende que há uma hermenêutica própria só para interpretar a Constituição – ou a de Jorge Miranda – que leciona que também a Constituição deve ser interpretada segundo os cânones gerais do Direito?

capítulo oito

Lightspring/Shutterstock

Direito Internacional e Direito Constitucional

Conteúdos do capítulo:

- Noções gerais de Direito Internacional Público (DIP).
- Normas internacionais: Artigo 38 do Estatuto da Corte Internacional de Justiça.
- Hierarquia dos tratados internacionais perante o Direito brasileiro.

Após o estudo deste capítulo, você será capaz de:

1. conceituar Direito Internacional Público e estabelecer a diferença entre este e o Direito Internacional Privado e o Direito Constitucional;
2. compreender as aproximações entre o Direito Internacional Público e o Direito Constitucional, tornando-se capaz, inclusive, de ousar e propor um Direito Constitucional Internacional;
3. entender como o Direito Internacional Público encara a questão da hierarquia (entre normas internacionais e normas nacionais) segundo suas próprias premissas gnosiológicas;
4. elencar as normas internacionais;
5. observar a Constituição brasileira de 1988 no que se refere à hierarquia entre normas nacionais brasileiras e internacionais.

O Direito Constitucional e o Direito Internacional se diferenciam em vários aspectos. Vejamos alguns deles a seguir, em esquema e enumeradamente:

1. Quando se usa a expressão *Direito Internacional*, sem a adjetivação "Público" ou "Privado", o utente está se referindo ao Direito Internacional Público (DIP), sempre! Logo, Direito Internacional = DIP. Em tópico adiante, as razões pelas quais o Direito Internacional Privado (DIPRI) nem pode ser considerado como internacional serão explicadas.
2. Para que possamos diferençar o DIP do Direito Constitucional, temos de compreender o que é um e o que é o outro.
3. O Direito Constitucional é aquele ramo do conjunto nacional de normas jurídicas que são marcadas pela supremacia hierárquica e que cumprem historicamente duas funções: (a) estruturar o Estado, limitando o poder; (b) definir e garantir direitos fundamentais. Eis a definição clássica e positivista de Direito Constitucional.
4. O DIP é o conjunto de normas – internacionais – que regulam as relações entre os sujeitos (pessoas) de DIP, e estas são os próprios Estados soberanos (Brasil, Argentina, França) e as Organizações Internacionais (OI, que são aquelas formadas em tratados constitutivos por Estados soberanos). Ainda buscando uma definição para o DIP, na interpretação dos escritos de Rezek (2018) aliados ao que este autor, eu próprio, tenho produzido cientificamente, podemos reafirmar que o DIP é um conjunto de normas destinadas a criar, modificar e extinguir direitos na sociedade internacional formada por Estados soberanos e OI, postas pelos mecanismos constantes no Artigo 38 do Estatuto da Corte Internacional de Justiça (ECIJ) e que se comunicam pelos modais deônticos da obrigação (O), da proibição (vedação, V) e da permissão (P).

De "1" até "4" *supra*, fizemos as diferenciações entre Direito Constitucional e DIP e já podemos compreender suas definições, suas funções e seus alcances. Ficou faltando, entretanto, o Direito Internacional Privado (DIPRI). Pois bem, o DIPRI é o conjunto de normas nacionais de um país para solucionar conflitos de leis no espaço e para indicar ao juiz a aplicação do direito material nacional ou do direito material estrangeiro em uma relação privada com conexão internacional. Trocando em miúdos: em uma relação privada entre empregado e empregador, entre marido e mulher ou entre comprador e vendedor, estaremos diante da aplicação do Direito do Trabalho, do Direito de Família ou do Direito das Coisas. Não havendo nenhum elemento de conexão internacional na relação privada de trabalho, de família ou de compra e venda, aplica-se simplesmente o direito material brasileiro para resolver qualquer questão litigiosa. Contudo, podemos verificar na relação privada algum elemento de conexão internacional, por exemplo: a noiva é estrangeira e domiciliada em Paris; o empregado presta serviços na modalidade de teletrabalho utilizando seu computador lá de Nova Iorque; o bem que foi vendido é uma fazenda próxima a Camberra, na Austrália. Em todos esses casos, o juiz brasileiro deverá parar o julgamento do mérito para saber se aplica o direito material australiano, ou o dos Estados Unidos ou o francês. Essa é, classicamente, a função do DIPRI, e por tal razão ele não se confunde em hora alguma nem com o Direito Constitucional, muito menos com o Direito Internacional Público. Por fim, guarde-se isto como verdade absoluta: o DIPRI é absolutamente irrelevante e impróprio para que conste em um livro de Direito Constitucional ou em um livro de Direito Internacional Público. Entretanto, **a internacionalização de empresas no século XXI é fator de relevo imenso para o DIPRI em razão de fatores como a arbitragem internacional, os conflitos de competência e as dúvidas sobre a aplicação, pelo juiz ou pelo árbitro, do direito material nacional ou do direito material estrangeiro; eis a extremada** relevância do DIPRI nos tempos atuais de Direito Empresarial Internacional.

8.1 Noções gerais de Direito Internacional Público (DIP)

Para fins de apresentação de uma resumida teoria geral do Direito Internacional Público, é bom insistir no que segue.

O DIP é o conjunto de normas – internacionais – que regulam as relações entre os sujeitos (pessoas) de DIP, e estas são os próprios Estados soberanos (Brasil, Argentina, França) e as Organizações Internacionais (OI, que são aquelas formadas em tratados constitutivos por Estados soberanos). Ainda buscando uma definição para o DIP, na interpretação dos escritos de Rezek (2018) aliados ao que este autor, eu próprio, tenho produzido cientificamente, podemos reafirmar que o DIP é um conjunto de normas destinadas a criar, modificar e extinguir direitos na sociedade internacional formada por Estados soberanos e OI, postas pelos mecanismos constantes no Artigo 38 do Estatuto da Corte Internacional de Justiça (ECIJ) e que se comunicam pelos modais deônticos da obrigação (O), da proibição (vedação, V) e da permissão (P).

8.2 Normas internacionais: Artigo 38 do Estatuto da Corte Internacional de Justiça

No que tange ao Direito nacional, temos a realidade da Constituição rígida em um posto de supremacia. A isso se adiciona o fato de um país ser regido por um sistema de normas. No caso do Brasil, tal sistema – ou ordenamento jurídico – é composto por aquilo que consta no art. 59 da Constituição em vigor. Portanto, que fique claro ao leitor, no início deste capítulo, que o Estado nacional é uma realidade juridicamente fechada, e também é fechada e certa em sentido geopolítico, senão vejamos: Brasília é a capital da República; o Brasil é uma federação composta por 26 estados-membros e o Distrito Federal; Curitiba é a capital do Paraná e Belo Horizonte é a capital de Minas Gerais; a Constituição ocupa o topo do sistema jurídico brasileiro, por isso é mais importante do que as leis. Essas frases todas são aplicáveis à realidade fechada do Estado nacional. E não foi por outra razão que Kelsen identificava o Estado nacional com o Direito, e o Direito com o Estado nacional.

No que diz respeito à comunidade internacional, não existe fechamento algum, jamais houve. Nesse sentido, podemos dizer que o mundo não tem uma capital (nem Nova Iorque, nem Moscou), o mundo não tem uma Constituição, o mundo não tem um "presidente da República" mundial, o mundo não tem um "Congresso Nacional" internacional, o mundo não tem um "Supremo Tribunal Federal" internacional, o mundo não tem as paredes jurídicas nem geopolíticas do Estado soberano. É justamente por isso que a referência normativa do DIP são aquelas espécies classificadas como fontes pelo Artigo 38[1] do Estatuto da Corte Internacional de Justiça.

Estudada minimamente a história do DIP, passamos a analisar as normas de Direito Internacional a partir do Artigo 38 do Estatuto da CIJ, diploma normativo este que relacionou como fontes de DIP (ou seja, como normas internacionais): os tratados, os costumes e os princípios gerais de Direito, tendo feito referência, ainda, à jurisprudência e à doutrina como modos auxiliares na

---

1 "Artigo 38. A Corte, cuja função é decidir de acordo com o direito internacional as controvérsias que lhe forem submetidas, aplicará: a. as convenções internacionais, quer gerais, quer especiais, que estabeleçam regras expressamente reconhecidas pelos Estados litigantes; b. o costume internacional, como prova de uma prática geral aceita como sendo o direito; c. os princípios gerais de direito, reconhecidos pelas nações civilizadas; d. sob ressalva da disposição do Artigo 59, as decisões judiciárias e a doutrina dos juristas mais qualificados das diferentes nações, como meio auxiliar para a determinação das regras de direito" (ECIJ, 2022).

determinação das regras jurídicas internacionais, tendo facultado, por fim, respeitadas certas condições, a utilização da equidade.

Devemos, desde já, firmar o entendimento de que costume e tratado são as principais fontes do DIP, visto que este neles assenta sua normatividade, ou seja, seu **dever ser**, pois o DIP forma-se, principalmente, pelas normas convencionais (tratados) e por aquelas consuetudinárias (costumes) formadas por um elemento material, que é o uso, e um elemento subjetivo que é a *opinio iuris,* sendo Direito pactício o DIP particular, e Direito costumeiro o DIP geral.

Teçamos algumas palavras sobre as outras fontes elencadas no Artigo 38, começando pelos **princípios gerais de Direito**. Estes são fontes que não se confundem com os tratados e os costumes; são peças fundamentais que, inclusive, no exercício da interpretação da norma internacional, fundamentam e dão validade àqueles. Portanto, os princípios fazem parte do DIP positivo e não se confundem com o inexistente Direito natural. Tais princípios do Artigo 38 estão arraigados nos principais sistemas jurídicos das nações civilizadas, devendo-se entender que o termo *nações civilizadas* significa, simplesmente, comunidades vertidas em Estados soberanos. O fundamento de validade dos princípios é o mesmo fundamento de validade dos tratados e do costume, qual seja, o consentimento dos Estados.

Quanto às **decisões judiciárias** como fontes de DIP, lecionamos que são aquelas proferidas pelas Cortes Internacionais nos casos concretos que julgam. Logo, caracterizam-se como normas individuais e concretas que só se aplicam ao caso em si, **mas acabam por servir de referência aos juízes internacionais em outros processos**, porém não referências normativas obrigatórias, porque não têm natureza de normas gerais e abstratas.

O Artigo 38 do Estatuto da CIJ também elencou como fonte do DIP a **doutrina**. Esta não é nem norma geral e abstrata, nem norma individual e concreta. A doutrina internacional é a ciência do DIP. Por exemplo, o que eu estou fazendo aqui, agora, na condição de professor e escritor, é pura doutrina, e ninguém tem de me obedecer porque o que eu escrevo não é tratado, nem costume, nem lei.

Quanto à **equidade**, a possibilidade de sua aplicação, para resolver litígios, pela CIJ, está prevista no item 2 do Artigo 38 do Estatuto. A redação de tal dispositivo é cristalina e dela se desprende que a equidade só pode ser utilizada se as partes que estejam litigando concordarem com seu uso. Todavia, o leitor deste livro já deve estar se perguntando: Mas o que significa essa equidade? Pois bem, *equidade* é o uso, pelo árbitro, daquilo que se conhece por senso de justiça. Por exemplo, o Rei Salomão adotou a equidade no caso em que as duas supostas mães litigavam pelo mesmo filho, quando decidiu que se cortasse o filho ao meio, oportunidade em que Salomão, usando de sua sabedoria, pensou que "a verdadeira mãe vai implorar para que o filho não seja cortado", e foi o que ocorreu, abrindo-se, então, espaço para que Salomão decidisse que o filho era da mãe chorosa, e não da outra (Bíblia, 2022). O problema da equidade é que não se pode esperar de qualquer juiz a sabedoria de Salomão. Ainda mais num mundo que deve ser regido por normas de Direito positivo preferencialmente postas pelos representantes do povo ou pelos legítimos chefes de Estado e de Governo na comunidade internacional. Em resumo: equidade não é norma jurídica; trata-se, sim, de uma situação em que os Estados litigantes, na falta de tratados, de costumes ou de princípios, concordam em conceder ao juiz internacional "carta branca" para julgar segundo seu senso de justiça. Fique sabendo o leitor que nenhum tribunal internacional recebe a referida "carta branca".

Por fim, devemos escrever algumas linhas sobre os atos unilaterais e sobre as decisões das organizações internacionais, também mencionados no Artigo 38. Exemplos de **atos unilaterais** são a notificação, o protesto, a renúncia e o reconhecimento. Tais atos, como o nome confessa, são unilaterais; por isso, produzem efeitos internos, mas até podem causar alguma repercussão internacional, característica esta que não os transforma em normas jurídicas internacionais (nem gerais e abstratas, nem individuais e concretas). Já as **decisões das organizações internacionais** produzem os mesmos efeitos que as decisões judiciárias internacionais, e tudo o que dissemos sobre estas aplica-se também às decisões das organizações internacionais. Nesse sentido, por exemplo, o Brasil está obrigado a cumprir as decisões da ONU ou as do FMI.

Já escrevemos sobre princípios, decisões judiciárias, doutrina, equidade, atos unilaterais e decisões das organizações internacionais. No próximo parágrafo, abordaremos um pouco sobre o costume internacional.

O **costume internacional** é o Direito Consuetudinário Internacional. Quando lecionava em Genebra, Kelsen chegou a dizer que o costume internacional é sua famosa *norma hipotética fundamental* (Leben, 2001). O costume se forma pela soma de dois fatores: (1) uma conduta reiterada por Estados na comunidade internacional; (2) a *opinio vel veritatis (opinio iuris)* sobre a conduta. Por exemplo, o Estado A reiteradamente lança bombas sobre o Estado B; aí está uma conduta reiterada na comunidade internacional. O que a comunidade internacional pensa disso? Ora, ela pensa que isso é proibido, que nenhum Estado deve jogar bombas em outro. Disso decorre a norma costumeira internacional que proíbe a agressão de um Estado sobre outro, e isso não precisa estar escrito em lugar algum. Foi assim que se formou o DIP, pelo costume, e isso é tão Direito positivo quanto um tratado internacional escrito. Nessa comparação, o tratado é um veículo introdutor de norma assentado em suporte físico, ao passo que o costume é um veículo introdutor de norma **não** assentado em suporte físico. Entre costume e tratado não há hierarquia visível; o que existe é o seguinte: é mais fácil interpretar o tratado do que interpretar o costume em virtude do suporte físico do primeiro.

As particularidades sobre os tratados internacionais serão vistas na próxima seção.

8.3 *Hierarquia dos tratados internacionais perante o direito brasileiro*

Nada autoriza nem o leitor nem o exegeta a entender que tratados internacionais são superiores hierarquicamente à Constituição e ao resto do sistema jurídico brasileiro. Nem está autorizado o intérprete a pensar que o Direito brasileiro é sempre superior ao Direito Internacional. A questão da hierarquia é uma pontualidade de Direito positivo que retiramos do próprio sistema jurídico. Perceberá o leitor a existência de escalas hierárquicas a partir do DIP e a partir do Direito nacional brasileiro.

A hierarquia a partir do DIP

Não seria lógico que o DIP fizesse pouco caso de si próprio e não lhe garantisse hierarquia superior. Pois é bem o que acontece a partir da interpretação dos Artigos 26, 27 e 46 da Convenção de Viena sobre o Direito dos Tratados[2].

Portanto, fixemos em mente a seguinte verdade: **o DIP é superior aos Direitos nacionais**, e isso se afirma a partir do próprio DIP e daquilo que representa, juridicamente, sua "Constituição Internacional"[3], que é justamente a Convenção de Viena sobre o Direito dos Tratados.

---

2 "Artigo 26. *Pacta sunt servanda*: Todo tratado em vigor obriga as partes e deve ser cumprido por elas de boa-fé. Artigo 27. Direito Interno e Observância de Tratados: Uma parte não pode invocar as disposições de seu direito interno para justificar o inadimplemento de um tratado. Esta regra não prejudica o artigo 46. SEÇÃO 2 – Nulidade de Tratados – Artigo 46. Disposições do Direito Interno sobre Competência para Concluir Tratados: 1. Um Estado não pode invocar o fato de que seu consentimento em se obrigar por um tratado foi expresso em violação de uma disposição de seu direito interno sobre competência para concluir tratados, a não ser que essa violação fosse manifesta e dissesse respeito a uma norma de seu direito interno de importância fundamental. 2. Uma violação é manifesta se for objetivamente evidente para qualquer Estado que proceda, na matéria, de conformidade com a prática normal e de boa fé" (Brasil, 2009b).

3 Em verdade, defendemos que essa "Constituição Internacional" – não escrita – é formada pela somatória: (a) da Convenção de Viena sobre o Direito dos Tratados; (b) da Carta da ONU; e (c) da Declaração Universal de Direitos Humanos da ONU.

A hierarquia do DIP a partir do sistema jurídico nacional do Brasil

Tivemos a oportunidade de ressaltar que o DIP é superior hierarquicamente aos Direitos nacionais. Tal conclusão partiu das próprias normas de DIP, mais especificamente dos Artigos 26, 27 e 46 da Convenção de Viena sobre o Direito dos Tratados. Mas o que pensa o sistema jurídico brasileiro sobre a questão da hierarquia entre DIP e Direito brasileiro? As explicações estão elencadas na sequência. Antes, porém, de esclarecermos o que pensa o sistema jurídico brasileiro sobre a hierarquia do DIP, é importante expor ao leitor deste livro a realidade de que o Brasil – ou qualquer outro país – pode ser responsabilizado pelo não cumprimento do DIP. Todavia, voltemos ao sistema jurídico brasileiro para explicarmos as camadas hierárquicas detectáveis a partir do próprio Direito do Brasil.

1. Regra geral: tratado internacional e lei ordinária federal têm a mesma hierarquia

Tanto a lei ordinária federal quanto o tratado internacional estão submetidos ao controle de constitucionalidade, tanto pelo modo difuso quanto pelo concentrado. Tal regra geral de hierarquia é ditada pela própria Constituição de 1988[4]. Assim sendo, em caso de conflito entre um tratado e uma lei federal, deverá o juiz aplicar a regra mais recente, seja ela o tratado, seja a lei. Isso ocorre porque o Brasil segue a tradição jurídica segundo a qual *lex posterior derogat priori* (regra *later in time*). Na realidade, o diploma normativo anterior não será tecnicamente revogado, pois o Direito nacional não tem autoridade para revogar o DIP, nem vice-versa. Assim, sem revogação alguma, o juiz aplicará a regra mais nova e afastará

---

4 "Art. 102. Compete ao Supremo Tribunal Federal, precipuamente, a guarda da Constituição, cabendo-lhe: III – julgar, mediante recurso extraordinário, as causas decididas em única ou última instância, quando a decisão recorrida: b) declarar a inconstitucionalidade de tratado ou lei federal" (Brasil, 1988).

a aplicabilidade da regra mais antiga. Em resumo: sendo a lei e o tratado passíveis de controle de constitucionalidade, então tais espécies normativas são iguais (regra da paridade) entre si e inferiores à Constituição. Esta é a regra geral de hierarquia do DIP perante as normas brasileiras segundo o Direito Constitucional do Brasil.

2. *Casos de supralegalidade: exceções em que alguns tratados são superiores às leis brasileiras*

Já vimos que a regra geral é a da paridade entre lei brasileira e tratado internacional. Existem, porém, algumas exceções em que os tratados são superiores às leis. São os casos de **supralegalidade**, e eles são dignos das notas a seguir.

a) Tratados sobre transportes internacionais

A própria Carta Magna[5] brasileira estabelece a superioridade hierárquica dos tratados internacionais sobre transportes em face das leis nacionais que versam sobre o mesmo assunto, desde que haja reciprocidade por parte dos países parceiros.

b) Tratados sobre Direito Tributário

A superioridade hierárquica dos tratados de Direito Tributário de que o Brasil fizer parte em face da lei tributária brasileira decorre do Código Tributário Nacional e de sua complementariedade (pois as leis complementares vêm suplementar a própria Constituição naquilo que ela deixou em aberto para o estabelecimento de dadas regras gerais sobre determinados assuntos).[6] De fato, é imperativo legal o de que o Congresso Nacional, ao criar normas tributárias, deva observar – ou seja, obedecer – os tratados internacionais de Direito Tributário de que o Brasil faz parte. Caso haja lei nacional violando dispositivo de tratado de Direito Tributário, então deverá sempre prevalecer este último, e entre a

---

5 "Art. 178. A lei disporá sobre a ordenação dos transportes aéreo, aquático e terrestre, devendo, quanto à ordenação do transporte internacional, observar os acordos firmados pela União, atendido o princípio da reciprocidade" (Brasil, 1988).

6 "Art. 98. Os tratados e as convenções internacionais revogam ou modificam a legislação tributária interna, e serão observados pela que lhes sobrevenha" (Brasil, 1966).

lei violadora e o tratado haverá uma relação direta de ilegalidade, não de inconstitucionalidade[7].

c) Tratados de extradição

Suponha o leitor a hipótese de a Croácia solicitar ao Governo brasileiro a extradição de alguém que está sendo processado – ou que já foi condenado – pela Justiça Penal da Croácia. O Governo brasileiro encaminhará o pedido de extradição do Governo da Croácia ao Supremo Tribunal Federal, e esta Corte julgará o pedido de acordo com os ditames da Lei de Migração brasileira (Brasil, 2017). Agora vem uma segunda hipótese: o Governo da Itália pede ao brasileiro a extradição de alguém que está sendo processado – ou que já foi condenado – pela Justiça Penal da Itália. O Governo brasileiro encaminhará o pedido de extradição do Governo da Itália ao Supremo Tribunal Federal, e esta Corte julgará o pedido **de acordo com os ditames do Tratado Bilateral Brasil-Itália sobre Extradição**, caso em que a aplicação da Lei de Migração brasileira será secundária e suplementar, prevalecendo o tratado em observância à regra *lex specialis derogat generali*.

Diante das explicações do parágrafo anterior, devemos ter em mente a seguinte realidade jurídica: o tratado bilateral de extradição tem preferência em face da Lei de Migração, sendo esta mais uma exceção de supralegalidade de tratado em relação à lei brasileira.

d) Tratados para integração da América Latina

A Constituição em vigor foi generosa no que tange ao processo de integração do Brasil com seus tradicionais parceiros da América Latina[8]. De fato, uma maior proximidade teve início no Governo Itamar Franco com a criação do Mercosul, bloco macroeconômico

---

7 Na realidade, a inconstitucionalidade será indireta pelo fato de ter sido desobedecida a Constituição naquele dispositivo que prescrevia que o Congresso Nacional observasse o tratado anterior de Direito Tributário.

8 "Art. 4º A República Federativa do Brasil rege-se nas suas relações internacionais pelos seguintes princípios: Parágrafo único. A República Federativa do Brasil buscará a integração econômica, política, social e cultural dos povos da América Latina, visando à formação de uma comunidade latino-americana de nações" (Brasil, 1988).

que engloba Brasil, Argentina, Paraguai e Uruguai. Contudo, qualquer outra integração latino-americana foi pensada como bem-vinda pelo Poder Constituinte originário brasileiro, razão pela qual só podemos interpretar que referidas normas de integração postas por tratados serão superiores à lei doméstica.

e) Outras situações de supralegalidade
Marina Faraco (citada por Gama, 2017) elenca como casos de supralegalidade as possibilidades apresentadas pelo art. 1º, inciso I, do Código de Processo Penal (CPP)[9] e pelo art. 13 do Código de Processo Civil (CPC)[10]. Esses dois casos são de **ressalva em favor do DIP**, sendo merecedora de concordância e aplausos a doutrina de Marina Faraco.

3. Tratados internacionais de direitos humanos: regras equivalentes às normas constitucionais[11]

São várias as razões que induzem os bons cientistas do Direito[12] (a partir do positivismo jurídico e da interpretação sistemática) a não terem dúvidas sobre a hierarquia constitucional dos tratados internacionais de direitos humanos de que o Brasil fizer parte, e esse entendimento já era possível antes da atabalhoada Emenda Constitucional n. 45/2004. Enumeremo-las:

---

9 "Art. 1º O processo penal reger-se-á, em todo o território brasileiro, por este Código, ressalvados: I - os tratados, as convenções e regras de direito internacional" (Brasil, 1941).

10 "Art. 13. A jurisdição civil será regida pelas normas processuais brasileiras, ressalvadas as disposições específicas previstas em tratados, convenções ou acordos internacionais de que o Brasil seja parte" (Brasil, 2015a).

11 A fonte deste item "3" é: Pagliarini (2014).

12 Para os Ministros do STF, os tratados internacionais de direitos humanos são maiores que a lei, mas menores que a Constituição. Confirme-se isso em: "EMENTA: Prisão Civil. Depósito. Depositário infiel. Alienação fiduciária. Decretação da medida coercitiva. Inadmissibilidade absoluta. Insubsistência da previsão constitucional e das normas subalternas. Interpretação do art. 5º, inc. LXVII e §§ 1º, 2º e 3º, da CF, à luz do art. 7º, § 7, da Convenção Americana de Direitos Humanos (Pacto de San José da Costa Rica). Recurso improvido. Julgamento conjunto do RE n. 349.703 e dos HC n. 87.585 e n. 92.566. É ilícita a prisão civil de depositário infiel, qualquer que seja a modalidade do depósito" (STF, Recurso Extraordinário n. 466.343-1/SP. Disponível em: <https://redir.stf.jus.br/paginadorpub/paginador.jsp?docTP=AC&docID=595444>. Acesso em: 24 jan. 2022).

1ª) A partir da consideração de que a Constituição nasceu, por escrito e formalmente, no final do século XVIII para cumprir a função de estruturar o Estado e a de proclamar e garantir **direitos fundamentais, só é possível inferir que normas de direitos humanos são normas materialmente constitucionais**.

2ª) O Preâmbulo da Constituição brasileira em vigor fala em "assegurar o exercício dos direitos sociais e individuais, a liberdade, a segurança, o bem-estar, o desenvolvimento, a igualdade e a justiça como valores supremos de uma sociedade fraterna [...]" (Brasil, 1988). Isso significa que, antes de tudo, o Brasil do Poder Constituinte de 1988 é um país que deve primar pela observância ampla dos direitos fundamentais. Complementam e concretizam o que aqui é dito os arts. 1º, II, III e IV; 3º, IV; 5º, § 1º; 6º; 7º; 8º; 9º; 10º; 11; 12; 13; 14; 15, entre vários outros mais específicos plasmados formalmente na Carta.

3ª) No que tange às relações internacionais do Brasil, quis a Assembleia Nacional Constituinte de 1988 que este país fosse regido, entre outros princípios, pelo da **prevalência dos direitos humanos** (art. 4º, II); prevalência... frise-se!

4ª) Desejamos, aqui, apelidar o § 2º do art. 5º de *janela aberta* para a prevalência dos direitos humanos e para a introdução de normas dessa espécie em nosso ordenamento jurídico. Por meio da interpretação dessa normativa, inferimos que o constituinte de 1988, humildemente, não desejou fechar o elenco de direitos fundamentais somente nos 78 incisos casuísticos do art. 5º. Deixou, destarte, a janela aberta para que também possam ser consideradas normas de **direitos humanos** as provenientes de princípios constitucionais e de **tratados internacionais**. Isso significa que a Constituição criou três edifícios de peso constitucional para a construção dos direitos humanos com a mesma estatura e a mesma eficácia que tem o próprio texto formalmente escrito. Pelo exposto, os três edifícios constitucionais de direitos humanos são:

1) aqueles elencados enumeradamente na Carta;

2) os que os intérpretes da Constituição apontarem como decorrentes de princípios constitucionais de direitos humanos;

3) os que forem formalizados em tratados internacionais de que o Brasil fizer parte.

5ª) A Emenda Constitucional n. 45 é inconstitucional! Isso porque criou uma dificuldade para os tratados internacionais de direitos humanos. A partir da referida emenda, tais tratados passaram a dever tramitar no Congresso como se emendas constitucionais fossem, e, como é sabido, antes da EC n. 45, os tratados internacionais tramitavam pelo Congresso necessitando de maioria simples em sua votação única. Ora, criar um caminho – como criou a EC n. 45 – que dificulte a caracterização e a execução de normas de direitos humanos em um país de democracia tardia é, para além da ignorância, má vontade e violação explícita ao preexistente art. 60, parágrafo 4º, que, em português claro, prescreve que não deve ser objeto de deliberação proposta de emenda tendente a abolir (ou a diminuir o grau de abrangência dos) os direitos fundamentais. Entretanto, a EC n. 45 criou norma formalmente constitucional e, enquanto não for derrubada pela Corte Suprema, deve ser aplicada. Daí, pergunta-se: E os tratados de direitos humanos que o Brasil ratificou antes da emenda em tela? A resposta é: São normas materialmente constitucionais, do mesmo modo, por se tratar de normas de direitos humanos; são normas que, na época, seguiram o trâmite que existia (ato jurídico perfeito), o mesmo da votação da lei ordinária, sendo, portanto, tais tratados, perfeitamente aceitáveis como normas de direitos humanos, porque, apesar de naquele tempo serem votados no Congresso como leis ordinárias, na realidade – em sua substância material –, veiculavam já aqueles tratados normas materialmente constitucionais por serem tratados de direitos humanos.

6ª) Inconstitucional ou não, a EC n. 45[13] introduziu na Constituição a norma segundo a qual terão hierarquia constitucional os tratados de direitos humanos aprovados no Congresso Nacional (desde que tenham seguido o trâmite e obtido o quórum de uma Emenda Constitucional – art. 5º, § 3 º, CF/1988).

A afirmação é peremptória: tratados internacionais de direitos humanos têm hierarquia constitucional no sistema jurídico brasileiro pelas razões ora expostas.

Trâmite dos tratados: negociação, aprovação e ratificação

O passo a passo dos tratados internacionais é uma temática de DIP e Direito Constitucional ao mesmo tempo. Aqui será vista a parte do Direito Constitucional, isso porque este livro esboça umas primeiras linhas de Direito Constitucional, não de DIP, realidade esta que nos faz anunciar que esta seção será pouco extensa.

Primeiramente, falemos sobre a representatividade do Estado soberano na comunidade internacional. Representam seus países as seguintes autoridades: presidentes das Repúblicas; primeiros-ministros; reis, ou seja, chefes de Estado ou de Governo, o que significa o mesmo que Poder Executivo. Não têm representatividade alguma chefes ou membros dos dois outros Poderes, isto é, não representam o país nem o deputado, nem o presidente da Câmara dos Deputados, nem o senador, nem o presidente do Senado Federal, nem juiz algum, nem o presidente do STF. No caso do Brasil, somente o presidente da República tem autoridade para propor, negociar, assinar e ratificar tratados internacionais. O Congresso Nacional só divide com o presidente da República o *treaty-making-power* naquilo que é o órgão que aprova ou não o

---

13 Desde que entrou em vigor a EC n. 45 (em dezembro de 2004), o único tratado internacional votado no Congresso Nacional como Emenda Constitucional foi a Convenção sobre os Direitos das Pessoas com Deficiência e seu Protocolo Facultativo, assinada em Nova Iorque em 30 de março de 2007 (Brasil, 2009a).

tratado assinado pelo presidente da República, sendo o chefe do Executivo Federal, inclusive, quem ratifica – ou não – o tratado internacional eventualmente aprovado pelo Congresso Nacional.

No caso do Brasil, o ministro das Relações Exteriores e seus diplomatas, embaixadores e cônsules, devidamente autorizados pelo presidente da República e no interesse exclusivo deste, levam a cabo as negociações com representantes de outros países ou de Organizações Internacionais. É por isso que os corpos diplomáticos dos países são obrigados a falar e a escrever com proficiência em seu próprio idioma e em francês (a língua oficial da diplomacia universal até hoje) e inglês (a língua mais importante do mundo). A prática diplomática brasileira fez deste país, desde os tempos do Império e por conta do talento vanguardista do Barão do Rio Branco, um grande centro mundial de diplomacia, característica esta que perdurou até o governo Lula – quando veio a decadência pelo fato de o francês ter sido retirado como língua obrigatória das provas de ingresso do Instituto Rio Branco; decadência esta notável também por conta da opção por alinhar o Brasil com mais ênfase com os regimes totalitários de esquerda ou marcados pelo terror, tais como Venezuela e Irã. Tal situação de decadência foi um pouco mitigada por Michel Temer e seu Ministro das Relações Exteriores José Serra, mas voltou imperiosa no governo Bolsonaro em razão das opções que esse Presidente leva a cabo de maneira desastrosa perante a comunidade internacional quando nega a pandemia de covid-19 que está em curso na data da publicação deste livro e despreza a participação do Brasil nos foros ambientais internacionais. Com isso, digo, na primeira pessoa do singular e com muita propriedade e conhecimento de causa, que Lula, Dilma e Bolsonaro estão a destruir toda a relevância diplomática internacional que o Brasil demonstrou ao mundo em todos os seus governos, exceto nesses três.

Os passos são os seguintes:

1. O presidente da República expede ao seu ministro das Relações Exteriores (MRE) e aos seus diplomatas ordem de início de negociações para que se concretize o tratado "x" com o país "y".
2. O MRE e seus diplomatas negociam.
3. O projeto de tratado volta ao presidente da República, que o assina ou não.
4. Assinado o tratado pelo presidente da República, este elabora a mensagem de encaminhamento do pacto ao Congresso Nacional, a qual segue acompanhada da exposição de motivos de autoria do MRE; logo, são três os documentos que a Presidência da República remete ao Congresso: o tratado em si, a mensagem presidencial e a exposição de motivos do MRE.
5. O Congresso aprova – ou não – o tratado, não tendo autoridade alguma para emendá-lo[14].
6. Aprovado o tratado, o presidente do Congresso (e do Senado) aprova o respectivo decreto-legislativo dando conta da referida aprovação no Diário Oficial da União. Feito isso, o presidente do Congresso remete ao presidente da República o tratado aprovado e o decreto.

---

14 Ao analisar um projeto de tratado que lhe enviou o presidente da República, o Congresso Nacional não pode emendar, mudar o texto. Por exemplo, se o tratado entre Brasil e Martinica previu a troca de carvão por banana nanica, não pode o Congresso Nacional vetar a banana nanica e inserir maçã em seu lugar. Caso o Congresso não aceite banana nanica, então que trate de não aprovar o tratado, nunca de emendá-lo, isso é proibido pelo DIP. Outra hipótese: caso o Congresso brasileiro não esteja de acordo com um artigo qualquer ou uma cláusula do tratado, do mesmo modo ele não pode modificar palavras; o que o Congresso pode fazer é a aposição de restrição ao artigo inteiro, restrição esta que deve ser transformada em reserva pelo presidente da República na oportunidade da ratificação. Quanto a reservas do presidente da República feitas por iniciativa própria, ele tem autoridade constitucional para isso; todavia, os Artigos 26 e 27 da Convenção de Viena sobre o Direito dos Tratados inibe a prática unilateral da reserva presidencial, isso porque a reserva representa, ao final e ao cabo, uma quebra na confiança entre os países que celebraram o pacto e que no pacto combinaram "x", "y" e "z", mesmo porque o DIP se baseia totalmente na boa-fé, na reciprocidade, no consentimento e na *pacta sunt servanda*.

7. Se estiver de acordo, e isso o chefe do Executivo faz discricionariamente, o presidente da República ratifica – ou não – o tratado e publica no Diário Oficial da União o respectivo decreto presidencial, comunicando a ratificação ao(s) país(es) parceiro(s) por meio do ato jurídico do depósito do tratado.
8. O tratado internacional só vale depois de publicado todo esse trâmite no Diário Oficial da União.

Para saber mais

Para que se aprofundem os leitores nos estudos de Direito Internacional Público, considerando, além deste, também o Direito Constitucional brasileiro, assistam à a palestra que o Ministro Francisco Rezek proferiu no lançamento do nosso *Direito constitucional e internacional dos direitos humanos*:

FGV – Fundação Getúlio Vargas. **Lançamento do Livro**: Direito constitucional internacional dos direitos humanos. Disponível em: <https://www.youtube.com/watch?v=Hz9QgaxAvdY>. Acesso em: 18 jan. 2022.

Síntese

O Direito Constitucional e o Direito Internacional Público aproximam-se no que ambos podem cumprir: as funções de (1) estruturar uma comunidade política – o Estado, no caso do Direito Constitucional; a sociedade internacional, no caso do Direito Internacional Público; e de (2) definir e garantir direitos fundamentais – no Estado, pelo Direito Constitucional; na sociedade internacional, pelo Direito Internacional Público. No capítulo aqui sintetizado, estas questões foram analisadas considerando as normas da Constituição brasileira de 1988.

Questões para revisão

1. Aos olhos do Direito Internacional Público, é correto considerar que:
   a. o Direito Constitucional é superior hierarquicamente ao Direito Internacional.
   b. tanto Direito Internacional quanto Direito Constitucional gozam da mesma hierarquia.
   c. o Direito Internacional é superior hierarquicamente ao Direito Constitucional.
   d. Direito Civil e Direito Constitucional se equivalem em hierarquia.

2. Segundo o que consta no art. 102, inciso III, alínea "b", da Constituição brasileira de 1988 e em normas infraconstitucionais, a regra geral sobre a estatura dos tratados internacionais perante o Direito brasileiro é:
   a. a da paridade, de modo que o Supremo Tribunal Federal pode julgar inconstitucionais tanto o tratado quanto a lei ordinária federal.
   b. a da paridade.
   c. a da hierarquia superior dos tratados.
   d. a da paridade entre Direito Internacional, Direito Civil e Constituição.

3. Segundo o art. 98 do Código Tributário Nacional, é correto afirmar sobre os tratados internacionais de Direito Tributário de que o Brasil fez parte:
   a. As leis tributárias nacionais são maiores do que os tratados internacionais de Direito Tributário.
   b. Os tratados internacionais de direito tributário são superiores hierarquicamente às normas infraconstitucionais brasileiras de Direito Tributário.

c. As leis tributárias nacionais são iguais aos tratados internacionais de Direito Tributário.

   d. O Direito Internacional Público sempre será superior ao Direito nacional brasileiro.

4. Os tratados internacionais de direitos humanos vigentes no Brasil são dotados de qual hierarquia?

5. O que significa e quando ocorre a supralegalidade?

Questões para reflexão

1. O Brasil é tido como um país um tanto quanto avesso à superioridade do Direito Internacional Público em termos hierárquicos. Não devia o Brasil ser mais aberto ao Direito Internacional, com vistas a buscar o fim de maior integração do país à comunidade internacional?

2. O Direito Internacional é dominado pelos cinco grandes da ONU (Estados Unidos, China, Rússia, França e Reino Unido)? Justifique sua resposta sem confundir Direito com economia internacional.

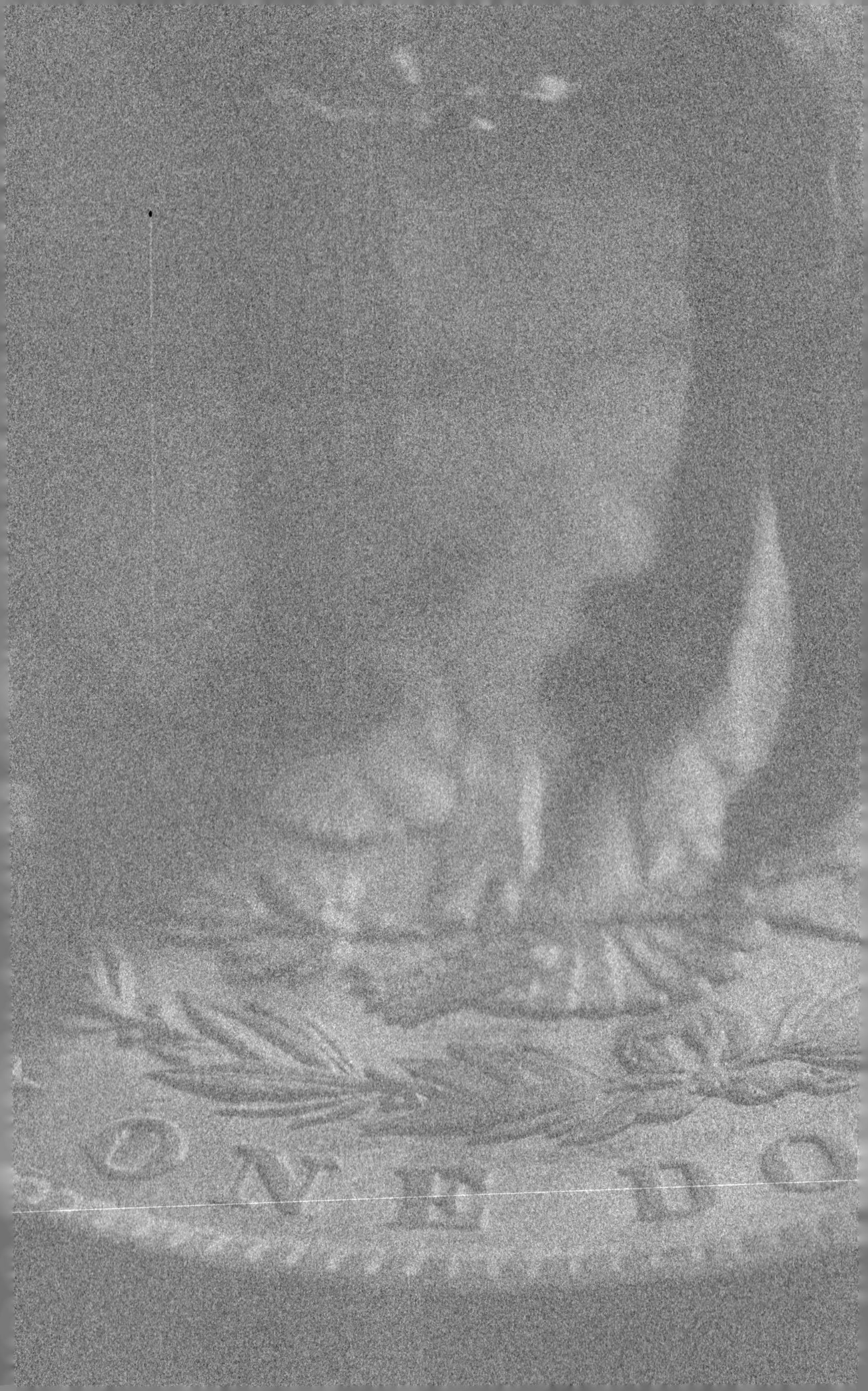
ONE DO

capítulo nove

Relações Internacionais, Ciência Política e Teoria Geral do Estado: disciplinas independentes

Conteúdos do capítulo:

- Autonomia da disciplina Relações Internacionais.
- Autonomia da disciplina Ciência Política.
- Autonomia da disciplina Teoria Geral do Estado.

Após o estudo deste capítulo, você será capaz de:

1. reconhecer a autonomia das disciplinas Relações Internacionais, Ciências Políticas e Teoria Geral do Estado;
2. compreender que as disciplinas citadas se distinguem do Direito Constitucional propriamente dito.

O Direito Internacional Público (DIP) é uma coisa; o Direito Internacional Privado (DIPRI) é outra; e o Direito Constitucional (DC) é, ainda, outro objeto completamente distinto dos dois outros antes mencionados. Do mesmo modo, somos obrigados, por várias razões, a identificar a temática das Relações Internacionais distintamente. Assim, também, a Ciência Política.

Já explicamos pormenorizadamente o que são o DIP, o DIPRI e o DC. Pois bem, chega a hora de definir as temáticas das Relações Internacionais e da Ciência Política.

Quanto às **Relações Internacionais**, as explicações serão feitas sucintamente e de dois modos: (1) a identificação das Relações Internacionais como um curso universitário distinto do de Direito; (2) a inserção dos princípios que regem as Relações Internacionais do Brasil no art. 4º da Constituição de 1988.

Nas Faculdades de Direito brasileiras, existe curso específico intitulado Relações Internacionais. Ele não se confunde, de modo algum, com as Ciências Jurídicas, mas com estas pode correlacionar-se. É comum encontrar na grade do curso de Relações Internacionais disciplinas jurídicas como o DIP e, às vezes, até o DIPRI e o DC. Entretanto, tal disposição curricular não é obrigatória porque as Relações Internacionais têm independência em relação ao Direito e buscam um objeto singular e próprio. Podemos definir as *relações internacionais* como aquelas protagonizadas pelos atores contemporâneos da sociedade internacional, entre eles: as grandes empresas transnacionais, as três religiões monoteístas partidas do Oriente Médio – principalmente a que tem por base política a Santa Sé romana –, os partidos políticos bem assentados – tais como o Partido Conservador inglês e o Partido Democrata norte-americano –, os Estados nacionais soberanos, as cidades inteligentes – tais como Tóquio, Nova Iorque e Curitiba –, os defensores do desenvolvimento sustentável, as bolsas de valores e os grandes investidores internacionais, adicionando-se a esta lista – que pode ser infinita – os detentores da informação digital e dos meios de comunicação.

Em termos estatais e a partir da Constituição de 1988, o Brasil, em suas relações internacionais, rege-se pelos princípios elencados na inteireza do art. 4º[1].

Portanto, são assuntos que afetam as relações do Brasil não só com outros sujeitos de DIP (Estados nacionais e Organizações Internacionais), mas com todos os atores de influência nas relações internacionais propriamente ditas os seguintes: a independência nacional, a prevalência dos direitos humanos, a autodeterminação dos povos, a não intervenção, a igualdade entre os Estados, a defesa da paz, a solução pacífica dos conflitos, o repúdio ao terrorismo e ao racismo, a cooperação entre os povos para o progresso da humanidade, a concessão de asilo político e a integração da América Latina. Por fim, cabe informar que o art. 4º da Constituição brasileira está inserido no Título I da Carta, juntamente aos arts. 1º, 2º e 3º, em hipóteses normativas que elencam os princípios fundamentais regentes da República Federativa do Brasil.

Quanto à **Ciência Política**, as universidades brasileiras não têm sabido o que fazer, e isso se deve muito provavelmente à ocupação de seus quadros por grupos ideológicos principalmente ligados a uma esquerda política que não trabalha, não pensa e não estuda. Em virtude de tamanho desatino que marca a academia brasileira desde meados dos anos 1960, a Ciência Política tem sido apresentada como um curso universitário autônomo. Todavia, há universidades em que o mesmo curso se intitula de modo pluralizado (Ciências Políticas). Ainda, para enterrar de vez as esperanças de se identificar o que possa vir a ser a(s) Ciência(s) Política(s), é costume chamá-la, outrossim, de *Ciência Política com Teoria do*

---

[1] "Art. 4º A República Federativa do Brasil rege-se nas suas relações internacionais pelos seguintes princípios: I – independência nacional; II – prevalência dos direitos humanos; III – autodeterminação dos povos; IV – não-intervenção; V – igualdade entre os Estados; VI – defesa da paz; VII – solução pacífica dos conflitos; VIII – repúdio ao terrorismo e ao racismo; IX – cooperação entre os povos para o progresso da humanidade; X – concessão de asilo político. Parágrafo único. A República Federativa do Brasil buscará a integração econômica, política, social e cultural dos povos da América Latina, visando à formação de uma comunidade latino-americana de nações" (Brasil, 1988).

Estado, ou *Teoria do Estado* e *Ciência Política* ou, por fim, *Teoria Geral do Estado*. O fato é que a esquerda brasileira conseguiu destruir completamente a compreensão da Teoria Geral do Estado e/ou da Ciência Política. Com isso, invalidou os ensinamentos dos fundadores da Teoria do Estado e dos Estudos Políticos no Brasil, entre os quais o mais importante deles, que foi o Professor Orlando Magalhães Carvalho (1951), o criador, em pessoa, dos mais aprofundados estudos de Teoria Geral do Estado em toda a história do Brasil, não tendo Orlando ficado estanque só em uma teorização do ente político chamado Estado, mas estendido a compreensão da sociedade política chamada *Estado* para dentro de algo ainda maior chamado *Política*, razão pela qual criou e manteve na Universidade Federal de Minas Gerais a mundialmente célebre *Revista Brasileira de Estudos Políticos* (RBEP), querendo isso dizer que, para Orlando, o Estado é uma espécie que está dentro do gênero da política. Tal lógica nem passa pela cabeça dos professores atuais de Direito Constitucional e de Ciência Política, pois eles mal sabem usar o vernáculo e se equivocam na expressão dos significados dos constitucionalismos possíveis. Feitas as críticas constantes neste extenso parágrafo, o leitor deve estar a se perguntar: Mas o que é essa tal de Ciência Política? Faz muito bem o leitor em perguntar, de modo que eis a resposta: A Ciência Política é o ramo **genérico** do saber que estuda o homem na condição de fenômeno que se organiza socialmente, não só na forma de Estado, mas em todas as modalidades; é o estudo da *Pólis* grega, onde se desenvolviam as relações sociais entre os agricultores, os banqueiros, os políticos propriamente ditos, os filósofos, os homens, as mulheres, as crianças e os idosos. Nesse sentido, podemos dizer que a Ciência Política estuda a *Pólis* nacional, ao passo que as Relações Internacionais estudam a *Cosmópolis* internacional, ou seja o *mundus*. Mas a dúvida continua, e surge uma segunda pergunta: O que é a **Teoria Geral do Estado**? Em resposta, eis que a Teoria Geral do Estado é o método descritivo do fenômeno público chamado *Estado*, para uns, um fruto exclusivo do Direito (Kelsen), para outros, um fruto não só do Direito, mas de outros fatores ao Direito conjugados, tais como a antropologia, a sociologia, a economia. Quanto ao fenômeno estatal, preferimos nos fazer acompanhar de Hans Kelsen. Quanto ao objeto da Teoria Geral do Estado (TGE), acompanhamos Orlando Magalhães Carvalho (1951, p. 33) para dizer que a TGE "tem como objeto o conhecimento sistemático do Estado. É ela a ciência do Estado".

Assim, perceba bem o leitor, em português bem claro e acessível, que: o DC é uma coisa; o DIP é outra coisa; o DIPRI é outra coisa; a Ciência Política é outra coisa; e, por fim, a TGE também é coisa distinta disso tudo. Note que todas as siglas e nomenclaturas constantes neste parágrafo foram exaustivamente explicadas nas páginas anteriores.

> **Para saber mais**
>
> Para aprofundamento, indicamos a sequência dos vídeos "História das Relações Internacionais I", do professor Peter Demant:
>
> UNIVESP – Universidade Virtual do Estado de São Paulo. **História das Relações Internacionais I**. Disponível em: <https://www.youtube.com/playlist?list=PLxI8Can9yAHdeo-EG99oR6IyJAaTksojr>. Acesso em: 18 jan. 2022.
>
> Indicamos também a consulta aos seguintes livros do professor Orlando Magalhães Carvalho:
>
> CARVALHO, O. M. **Caracterização da teoria geral do Estado**. Belo Horizonte: Kriterion, 1951.
>
> CARVALHO, O. M. **O mecanismo do governo britânico**. Belo Horizonte: Amigos do Livro, 1943.

Síntese

Não se confunde o Direito Constitucional nem com as Relações Internacionais, nem com a Teoria Geral do Estado, nem com a Ciência Política. São ciências distintas e, no caso específico do Direito, há o conjunto sistêmico de normas válidas postas pela autoridade competente.

Questões para revisão

1. Por que o Direito é autônomo em relação a outras disciplinas?
   a. O Direito não é autônomo e é influenciado pelas outras disciplinas.
   b. O Direito não é autônomo, tanto que o juiz pode embasar e motivar suas decisões em sua consciência religiosa ou política.
   c. O Direito não é autônomo porque é uma espécie do gênero maior que é a política.
   d. Porque é um objeto cultural prescritor de condutas, e as outras disciplinas tratam de seus objetos gnosiológicos específicos, que não se confundem com o Direito.

2. A Teoria Geral do Estado estuda:
   a. o Estado.
   b. a sociedade internacional.
   c. as relações sociais entre as pessoas humanas.
   d. as relações civis.

3. Qual é o objeto da disciplina Relações Internacionais?
   a. O estudo do Estado na condição de pessoa de Direito Internacional Público.
   b. As relações entre as pessoas privadas no mundo globalizado.
   c. As relações internacionais entre os vários atores da sociedade internacional.
   d. A história das guerras e de suas consequências no mundo.
4. As Faculdades de Direito se equivocam quando inserem na grade a Ciência Política em vez da Teoria Geral do Estado?
5. Quais são os atores (sujeitos) estudados pela Ciência Política?

Questões para reflexão

1. Não erra o ministro do Supremo quando fundamenta sua decisão na sociologia ou na política?
2. Se o Direito regula as relações internacionais, por qual razão o Direito não se mistura com as relações?

Consultando a legislação

As normas gerais e abstratas que inspiram o cientista do Direito Constitucional são, em primeiro lugar, a Constituição, depois, os tratados internacionais de direitos humanos e aqueles outros que estruturam a comunidade internacional na qual se insere o Estado.

No sentido exposto no parágrafo anterior, neste livro intitulado *Direito constitucional: primeiras linhas*, foram analisadas a Constituição da República Federativa do Brasil de 1988, bem como a Carta da ONU (Organização das Nações Unidas, 1945), a Declaração de Direitos Humanos (ONU, 1948), os dois Pactos Internacionais de Direitos (Civis e Econômicos, ONU, 1976) e o Pacto de São José da Costa Rica (Organização dos Estados Americanos, 1969). Todos eles, somados, formam o arcabouço normativo que inspiram a Constituição **material** (não a formal) brasileira.

Em razão do princípio da integração constitucional, inúmeras normas infraconstitucionais brasileiras e estrangeiras foram igualmente citadas neste livro.

Todo o conjunto normativo ora mencionado encontra respaldo nas referências que constam ao final deste livro.

Considerações finais

Este é o primeiro de nossos dois livros que a Editora InterSaberes lançará englobando todo o Direito Constitucional brasileiro. Nesta parte inaugural, exaurimos a Constituição naquilo que se refere à Teoria da Constituição. Em consequência disso, analisamos a Carta Magna desde seu processo de concepção até a possibilidade de se declarar uma norma inconstitucional em vista da realidade decorrente da supremacia. Todo o processo histórico do constitucionalismo ocidental foi exposto, não só o deste país.

Com base na compreensão de que a Constituição cumpre duas funções (a de estruturar o Estado e a de definir e garantir direitos fundamentais), escolhemos como objeto deste livro, além do que consta no parágrafo anterior, os direitos fundamentais e seus instrumentos de garantia, ao mesmo tempo em que expusemos o desenvolvimento (no Brasil e em outros países) dos mecanismos de defesa da Constituição. Portanto, elaboramos um pequeno tratado de Processo Constitucional, e o fizemos em homenagem ao Professor José Alfredo de Oliveira Baracho.

As questões da interpretação e da aplicação das normas constitucionais foram tratadas neste livro com fundamento nas doutrinas mais importantes (e tradicionais) do Brasil e de Portugal.

Consideramos absolutamente necessário difundir no Brasil a nossa doutrina de aproximações entre Direito Constitucional e Direito Internacional Público, e isso nos foi possível graças a Kelsen e à noção de direito positivo.

Já que os atuais (e mais jovens) professores brasileiros de Direito Constitucional confundem o Direito com outros ramos do conhecimento humano, fizemos questão de diferençar Direito (e Direito Constitucional) de outros saberes, mais especificamente da Ciência Política, das Relações Internacionais e da Teoria Geral do Estado.

Eis o livro *Direito constitucional: primeiras linhas*. Em breve, a InterSaberes também lançará aquele que representará o fechamento do Direito Constitucional e que será intitulado *Direito constitucional: segundas linhas,* quando abordaremos – básica e genericamente – as normas constitucionais estruturantes do Estado.

Por enquanto, esperamos que seja suficiente para inculcar em vocês todos a primeira metade do Direito Constitucional, cujo título desta obra fazemos questão de repetir: **Direito constitucional: primeiras linhas.**

Referências

AGOSTINHO, Santo. **A Trindade**. São Paulo: Paulus, 1995.

AGOSTINHO, Santo. **O livre-arbítrio**. São Paulo: Paulus, 1997.

AGUILLAR, F. H. **Distinção entre princípios constitucionais e normas programáticas na Constituição Federal**. 2019. Disponível em: <http://genjuridico.com.br/2019/11/04/normas-programaticas-constitucionais/>. Acesso em: 18 jan. 2022.

ARISTÓTELES. **Órganon**. São Paulo: Edipro, 2009.

BARACHO, J. A. de O. **Direito processual constitucional**: aspectos contemporâneos. Belo Horizonte: Fórum, 2008.

BARBOSA, R. **Comentários à Constituição Federal brasileira**. São Paulo: Saraiva, 1932.

BARBOSA, R. **Oração aos moços**. Rio de Janeiro: Edições Casa de Ruy Barbosa, 1999.

BASTOS, C. R. **Curso de direito constitucional**. 22. ed. São Paulo: Malheiros, 2010.

BASTOS, C. R. **Hermenêutica e interpretação constitucional**. 4. ed. São Paulo: Malheiros, 2014.

BÍBLIA (Novo Testamento). São João. Português. **Bíblia Ave-Maria**. cap. 4, vers. 4-42. Disponível em: <https://www.bibliacatolica.com.br/biblia-ave-maria/sao-joao/4/>. Acesso em: 18 jan. 2022.

BOBBIO, N. **A era dos direitos**. Tradução: Carlos Nelson Coutinho. Apresentação: Celso Lafer. Rio de Janeiro: Elsevier, 2004.

BONAVIDES, P. **Curso de direito constitucional**. 35. ed. São Paulo: Malheiros, 2020.

BRASIL. Constituição (1824). **Diário Oficial [da] República dos Estados Unidos do Brasil**, Rio de Janeiro, 22 abr. 1824. Disponível em: <http://www.planalto.gov.br/ccivil_03/Constituicao/Constituicao24.htm>. Acesso em: 18 jan. 2022.

BRASIL. Constituição (1937). **Diário Oficial [da] República dos Estados Unidos do Brasil**, Rio de Janeiro, 10 nov. 1937. Disponível em: <http://www.planalto.gov.br/ccivil_03/Constituicao/Constituicao37.htm>. Acesso em: 18 jan. 2022.

BRASIL. Constituição (1988). **Diário Oficial da União**, Brasília, DF, 5 out. 1988. Disponível em: <http://www.planalto.gov.br/ccivil_03/Constituicao/Constituicao.htm>. Acesso em: 18 jan. 2022.

BRASIL. Constituição (1988). Emenda Constitucional n. 45, de 30 de dezembro de 2004. **Diário Oficial da União**, Brasília, DF, 31 dez. 2004. Disponível em: <http://www.planalto.gov.br/ccivil_03/constituicao/emendas/emc/emc45.htm>. Acesso em: 24 jan. 2022.

BRASIL. Decreto n. 6.949, de 25 de agosto de 2009. **Diário Oficial da União**, Poder Executivo, Brasília, DF, 26 ago. 2009a. Disponível em: <http://www.planalto.gov.br/ccivil_03/_ato2007-2010/2009/decreto/d6949.htm>. Acesso em: 18 jan. 2022.

BRASIL. Decreto n. 7.030, de 14 de dezembro de 2009. **Diário Oficial da União**, Poder Executivo, Brasília, DF, 15 dez. 2009b. Disponível em: <http://www.planalto.gov.br/ccivil_03/_ato2007-2010/2009/decreto/d7030.htm>. Acesso em: 18 jan. 2022.

BRASIL. Decreto n. 8.368, de 2 de dezembro de 2014. **Diário Oficial da União**, Poder Executivo, Brasília, DF, 3 dez, 2014. Disponível em: <http://www.planalto.gov.br/ccivil_03/_ato2011-2014/2014/decreto/d8368.htm>. Acesso em: 18 jan. 2022.

BRASIL. Decreto-Lei n. 2.848, de 7 de dezembro de 1940. **Diário Oficial da União**, Poder Executivo, Brasília, DF, 31 dez. 1940. Disponível em: <https://www.planalto.gov.br/ccivil_03/decreto-lei/del2848.htm>. Acesso em: 18 jan. 2022.

BRASIL. Decreto-Lei n. 3.689, de 3 de outubro de 1941. **Diário Oficial da União**, Poder Executivo, Brasília, DF, 24 out. 1941. Disponível em: <http://www.planalto.gov.br/ccivil_03/decreto-lei/del3689compilado.htm>. Acesso em: 18 jan. 2022.

BRASIL. Decreto-Lei n. 4.657, de 4 de setembro de 1942. **Diário Oficial [da] República dos Estados Unidos do Brasil**, Rio de Janeiro, 9 set. 1942. Disponível em: <http://www.planalto.gov.br/ccivil_03/decreto-lei/Del4657.htm>. Acesso em: 18 jan. 2022.

BRASIL. Lei n. 5.172, de 25 de outubro de 1966. **Diário Oficial da União**, Poder Legislativo, Brasília, DF, 31 out. 1966. Disponível em: <http://www.planalto.gov.br/ccivil_03/leis/l5172compilado.htm>. Acesso em: 18 jan. 2022.

BRASIL. Lei n. 9.868, de 10 de novembro de 1999. **Diário Oficial da União**, Poder Legislativo, Brasília, DF, 11 nov. 1999. Disponível em: <http://www.planalto.gov.br/ccivil_03/leis/l9868.htm>. Acesso em: 24 jan. 2022.

BRASIL. Lei n. 10.406, de 10 de janeiro de 2002. **Diário Oficial da União**, Poder Legislativo, Brasília, DF, 11 jan. 2002. Disponível em: <http://www.planalto.gov.br/ccivil_03/LEIS/2002/L10406.htm>. Acesso em: 18 jan. 2022.

BRASIL. Lei n. 12.063, de 27 de outubro de 2009. **Diário Oficial da União**, Poder Legislativo, Brasília, DF, 28 out. 2009c. Disponível em: <http://www.planalto.gov.br/ccivil_03/_ato2007-2010/2009/lei/l12063.htm>. Acesso em: 24 jan. 2022.

BRASIL. Lei n. 12.764, de 27 de dezembro de 2012. **Diário Oficial da União**, Poder Legislativo, Brasília, DF, 28 dez. 2012. Disponível em: <http://www.planalto.gov.br/ccivil_03/_ato2011-2014/2012/lei/l12764.htm>. Acesso em: 18 jan. 2022.

BRASIL. Lei n. 13.105, de 16 de março de 2015. **Diário Oficial da União**, Poder Legislativo, Brasília, DF, 17 mar. 2015a. Disponível em: <http://www.planalto.gov.br/ccivil_03/_Ato2015-2018/2015/Lei/L13105.htm>. Acesso em: 18 jan. 2022.

BRASIL. Lei n. 13.445, de 24 de maio de 2017. **Diário Oficial da União**, Poder Legislativo, Brasília, DF, 25 maio 2017. Disponível em: <http://www.planalto.gov.br/ccivil_03/_ato2015-2018/2017/lei/l13445.htm>. Acesso em: 18 jan. 2022.

BRASIL. Senado. Comissão Afonso Arinos elaborou anteprojeto de Constituição. **Senado Notícias**, 1º out. 2008. Disponível em: <https://www12.senado.leg.br/noticias/materias/2008/10/01/comissao-afonso-arinos-elaborou-anteprojeto-de-constituicao>. Acesso em: 18 jan. 2022.

CANARIS, C.-W. **Pensamento sistemático e conceito de sistema na ciência do direito**. Lisboa: Fundação Calouste Gulbernkian, 2002.

CANOTILHO, J. J. G. **Constituição dirigente e vinculação do legislador**: contributo para a compreensão das normas constitucionais programáticas. 2. ed. Coimbra: Coimbra, 1982.

CARVALHO, O. M. **Caracterização da teoria geral do Estado**. Belo Horizonte: Kriterion, 1951.

CARVALHO, O. M. **O mecanismo do governo britânico**. Belo Horizonte: Amigos do Livro, 1943.

COOLEY, T. M. **The General Principles of Constitutional Law in the United States of America**. Boston: Little, Brown and Company, 1880.

DESCARTES, R. **Discurso sobre o método**. São Paulo: L&PM, 2005.

DIMOULIS, D. Igualiberdade: notas sobre a crítica dos direitos humanos. **Ius Gentium**, v. 7, n. 1, p. 22-39, jun. 2016.

DIMOULIS, D.; PAGLIARINI, A. C. **Direito constitucional internacional dos direitos humanos**. Belo Horizonte: Fórum, 2012.

ECIJ – Estatuto da Corte Internacional de Justiça. Disponível em: <http://www.direitoshumanos.usp.br/index.php/Corte-Internacional-de-Justi%C3%A7a/estatuto-da-corte-internacional-de-justica.html>. Acesso em: 18 jan. 2022.

ESTADOS UNIDOS DA AMÉRICA. **The Constitution of the United States**. 1787a. Disponível em: <https://www.whitehouse.gov/about-the-white-house/our-government/the-constitution/>. Acesso em: 18 jan. 2022.

ESTADOS UNIDOS DA AMÉRICA. **The Constitution**: Preamble. 17 Sept. 1787b. Disponível em: <https://constitutioncenter.org/interactive-constitution/preamble>. Acessado em: 18 jan. 2022.

ESTADOS UNIDOS DA AMÉRICA. The Mayflower Compact. In: **Constitutional Rights Foundation**. Disponível em: <https://www.crf-usa.org/foundations-of-our-constitution/mayflower-compact.html>. Acesso em: 18 jan. 2022.

FACHIN, Z. **Curso de direito constitucional**. 7. ed. Rio de Janeiro: Forense, 2015.

FERREIRA FILHO, M. G. **Curso de direito constitucional**. 40. ed. São Paulo: Saraiva, 2015.

FERREIRA FILHO, M. G. **Direitos humanos fundamentais**. 15. ed. São Paulo: Saraiva, 2016.

FRANÇA. **Confédération Générale du Travail**. Disponível em: <https://www.cgt.fr/>. Acesso em: 18 jan. 2022.

FRANÇA. **Les Constitutions de la France**. Disponível em: <https://www.conseil-constitutionnel.fr/la-constitution/les-constitutions-de-la-france>. Acesso em: 18 jan. 2022.

FUNCIONALITÁ. **Quais são os graus de classificação do autismo?** 7 out. 2020. Disponível em: <https://www.funcionalita.com.br/quais-sao-os-graus-de-clas sificacao-do-autismo>. Acesso em: 18 jan. 2022.

GAMA, M. F. L. Pluralismos jurídicos e conflitos normativos: a solução de antinomias sob a racionalidade dualista. In: GUIMARÃES, A. M. da C.; MARQUES, M. A. **Direito Internacional e globalização econômica**. Belo Horizonte: Arraes, 2017. p. 61-67.

HAMILTON, A.; JAY, J.; MADISON, J. **The Federalista Papers**. New York: Dover Thrift, 2014.

HAMILTON, A.; JAY, J; MADISON, J. **O federalista**. Belo Horizonte: Líder, 2003.

HOLANDA. **Constituição**. Disponível em: <https://www.government.nl/topics/constitution>. Acesso em: 18 jan. 2022.

HORTA, R. M. **Direito constitucional**. 5. ed. Belo Horizonte: Del Rey, 2010.

ITÁLIA. **Statuto Albertino**. E-book.

KANT, I. **À paz perpétua**: um projeto filosófico. Petrópolis: Vozes, 2020.

KELSEN, H. **Teoria pura do direito**. 8. ed. São Paulo: M. Fontes, 2009.

LEBEN, C. **Hans Kelsen**: ecrits français de droit international. Paris: PUF, 2001.

LOCKE, J. **Second Treatise of Government**. Indiana: Hackett Publishing Company, 1980.

LUCAS JR., R. E. **The Industrial Revolution**: Past and Future. Minneapolis: Federal Reserve Bank of Minneapolis, 2003. Disponível em: <https://www.minneapolisfed.org/article/2004/the-industrial-revolution-past-and-future>. Acesso em: 18 jan. 2022.

MAIMÔNIDES. **Guia dos perplexos**. São Paulo: Sêfer, 2018.

MAXIMILIANO, C. **Hermenêutica e aplicação do direito**. 22. ed. Rio de Janeiro: Forense, 2020.

MAXWELL, K. (Coord.). **O livro de Tiradentes**: transmissão atlântica de ideias políticas no século XVIII. São Paulo: Penguin Classics/Companhia das Letras, 2013.

MEIRELLES, H. L. **Mandado de segurança**. 23. ed. São Paulo: Malheiros, 2001.

MIRANDA, J. **Curso de direito constitucional**. Lisboa: Universidade Católica, 2016a. v. 1.

MIRANDA, J. Entrevista com o Professor Jorge Miranda. **DESC – Direito, Economia e Sociedade Contemporânea**, Campinas (SP), v. 4, n. 1, p. 7-17, jan./jun. 2021. Disponível em: <https://desc.facamp.com.br/seer/index.php/FACAMP/issue/view/6/DESC%20v4n1%202021>. Acesso em: 18 jan. 2022.

MIRANDA, J. Morte a pedido viola ou não a Constituição? **Diário de Notícias**, Lisboa, 2016b. Disponível em: <https://www.dn.pt/portugal/morte-a-pedido-viola-ou-nao-a-constituicao-5025878.html>. Acesso em: 18 jan. 2022.

MIRANDA, J. **Teoria do Estado e da Constituição**. 5. ed. Rio de Janeiro: Forense, 2019.

MORAES, A. de. **Direitos humanos fundamentais**. 11. ed. São Paulo: Atlas, 2017.

MORE, T. **Utopia**. eBook Kindle, 2020.

MÜLLER, F. **Fragmento (sobre) o poder constituinte do povo**. São Paulo: RT, 2004.

MÜLLER, F. **Quem é o povo?** A questão fundamental da democracia. 3. ed. São Paulo: Max Limonad, 2003.

ONU – Organização das Nações Unidas. **Declaração Universal dos Direitos Humanos**. 10 dez. 1948. Disponível em: <https://www.unicef.org/brazil/declaracao-universal-dos-direitos-humanos>. Acesso em: 18 jan. 2022.

ONU – Organização das Nações Unidas. **Pacto Internacional dos Direitos Civis e Políticos**. 16 dez. 1966a. Disponível em: <https://www.oas.org/dil/port/1966%20Pacto%20Internacional%20sobre%20Direitos%20Civis%20e%20Pol%C3%ADticos.pdf>. Acesso em: 18 jan. 2022.

ONU – Organização das Nações Unidas. **Pacto Internacional dos Direitos Econômicos, Sociais e Culturais**. 19 dez. 1966b. Disponível em: <https://www.oas.org/dil/port/1966%20Pacto%20Internacional%20sobre%20os%20Direitos%20Econ%C3%B3micos,%20Sociais%20e%20Culturais.pdf>. Acesso em: 18 jan. 2022.

PADILHA, R. **Direito constitucional**. 4. ed. São Paulo: Método, 2014.

PAGLIARINI, A. C. **A Constituição europeia como signo**: da superação dos dogmas do Estado nacional. Prefácio: Friedrich Müller. Apresentação: Fauzi Hassan Choukr. Rio de Janeiro: Lumen Juris, 2005.

PAGLIARINI, A. C. A construção do Direito Constitucional Internacional pelos direitos humanos. **Revista do Instituto de Direito Brasileiro**, Lisboa, ano 3, n. 1, p. 401-424, 2014.

PAGLIARINI, A. C. A inconfidência e Tiradentes: o filme. **Redes: Revista Eletrônica Direito e Sociedade**, Canoas (RS), v. 7, n. 2, p. 181-187, ago. 2019. Disponível em: <https://revistas.unilasalle.edu.br/index.php/redes/article/view/5533>. Acesso em: 18 jan. 2022.

PAGLIARINI, A. C. **Constituição e direito internacional**: cedências possíveis no Brasil e no mundo globalizado. Rio de Janeiro: Forense, 2002.

PAGLIARINI, A. C. **Desenvolvimento e direitos humanos**. Rio de Janeiro: Instituto Millenium, 2013. Disponível em: <https://www.institutomillenium.org.br/ptdesenvolvimento-direitos-humanos/>. Acesso em: 18 jan. 2022.

PAGLIARINI, A. C. **Direitos e garantias fundamentais**. Curitiba: InterSaberes, 2021.

PAGLIARINI, A. C. Justificativas favoráveis à criação do Tribunal Constitucional Internacional. **Notandum**, ano 19, n. 41, p. 45-52, maio/ago. 2016. Disponível em: <http://www.hottopos.com/notand41/45-52Pagliarini.pdf>. Acesso em: 18 jan. 2022.

PAGLIARINI, A. C. Tribunal constitucional internacional e Mundus Novus. **Revista Direito Público**, Porto Alegre, v. 13, n. 73, p. 57-74, 2017. Disponível em: <https://www.portaldeperiodicos.idp.edu.br/direitopublico/article/view/2677/pdf>. Acesso em: 18 jan. 2022.

PEREIRA, C. M. da S. **Instituições de Direito Civil**. Introdução ao Direito Civil. Teoria geral de Direito Civil. Rio de Janeiro: Forense, 2020. v. 1.

PFERSMANN, O. **Positivismo jurídico e justiça constitucional no século XXI**. Tradução e coordenação: Alexandre Coutinho Pagliarini. Prefácio: Jorge Miranda. Apresentação: Francisco Rezek. São Paulo: Saraiva/IDP, 2014.

PIOVESAN, F. **Direitos humanos e o direito constitucional internacional**. 18. ed. São Paulo: Saraiva, 2018.

PORTUGAL. Parlamento. **Revisões constitucionais**. Disponível em: <https://www.parlamento.pt/RevisoesConstitucionais/Paginas/default.aspx>. Acesso em: 18 jan. 2022.

RAMOS, E. da S. **Ativismo judicial**: parâmetros dogmáticos. 2. ed. São Paulo, Saraiva, 2015.

REALE, M. **Teoria do direito e do Estado**. 5. ed. São Paulo: Saraiva, 2012.

REALE, M. **Teoria e prática do direito**. São Paulo: Saraiva, 1984.

REZEK, F. A guerra contra o terrorismo viola o direito internacional. **O Estado de S. Paulo**, 22 maio 2011. Entrevista. Disponível em: https://internacional.estadao.com.br/noticias/geral,a-guerra-ao-terror-viola-o-direito-internacional-imp-,722448. Acesso em: 18 jan. 2022.

REZEK, F. **Direito internacional público**: curso elementar. 17. ed. São Paulo: Saraiva, 2018.

RIVERO, J.; MOUTOUH, H. **Libertés publiques**. 8. ed. Paris: PUF, 2003.

RÚSSIA. Constituição da República Socialista Federativa Soviética Russa: Constituição da Revolução Proletária de outubro de 1917. Constituição de Lenin, Sverdlov e Trotsky. 10 jul. 1918. Disponível em: <http://www.scientific-socialism.de/LeninDireitoeMoral100718.htm>. Acesso em: 21 jan. 2021.

SCHWAB, K. **A quarta revolução industrial**. São Paulo: Edipro, 2018.

SENADO FEDERAL. **Constituições brasileiras**. Disponível em: <https://www12.senado.leg.br/noticias/glossario-legislativo/constituicoes-brasileiras>. Acesso em: 18 jan. 2022.

SHEEN, F. **A vida de Cristo**. São Paulo: Mordekai, 2019.

SIEYÈS, E. J. **Qu'est-ce que le tiers-état?** Paris: eBook Kindle, 1789.

SILVA, J. A. **Aplicabilidade das normas constitucionais**. 8 ed. São Paulo: Malheiros, 2007.

SILVA, J. A. **Curso de direito constitucional positivo**. 43. ed. Salvador: Juspodivm, 2020.

SOUZA, L. C. P. de. **A trama do texto e da imagem**: um jogo de espelhos. São Paulo: Annablume, 2010.

TROPER, M. **A filosofia do direito**. São Paulo: M. Fontes, 2008.

TSE – Tribunal Superior Eleitoral. **Dia da conquista do voto feminino no Brasil é comemorado nesta segunda (24)**. 24 fev. 2020. Disponível em: <https://www.tse.jus.br/imprensa/noticias-tse/2020/Fevereiro/dia-da-conquista-do-voto-feminino-no-brasil-e-comemorado-nesta-segunda-24-1>. Acesso em: 18 jan. 2022.

UNIÃO EUROPEIA. **Carta dos Direitos Fundamentais da União Europeia**. 18 dez. 2000. Disponível em: <https://www.europarl.europa.eu/charter/pdf/text_pt.pdf>. Acesso em: 24 jan. 2022.

UNITED NATIONS. **United Nations Charter**. Disponível em: <https://www.un.org/en/about-us/un-charter/full-text>. Acesso em: 18 jan. 2022.

WERNECK, G. Museu da Inconfidência completa 70 anos como guardião da história de Minas. **Estado de Minas Gerais**, 19 jul. 2014. Disponível em: <https://www.em.com.br/app/noticia/gerais/2014/07/19/interna_gerais,549727/museu-da-inconfidencia-completa-70-anos-como-guardiao-da-historia-de-minas.shtml>. Acesso em: 18 jan. 2022.

WRIGHT, G. H. von. **Lógica deóntica**. Santiago de Chile: Olejnik, 2017.

Respostas

Capítulo 1

Questões para revisão

1. b
2. d
3. a
4. Surgiu no final do século XVIII impulsionado pela Guerra da Independência dos Estados Unidos (1776) e pela Revolução Francesa (1789), quando foram positivadas as mais influentes Constituições escritas daquele período histórico (Estados Unidos, 1787; França, 1791). Nessa época, os norte-americanos e os franceses almejavam estruturar os respectivos Estados e neles definir e garantir direitos fundamentais.
5. Normas materialmente (essencialmente) constitucionais formam o histórico do Direito Constitucional no que estruturam a comunidade política chamada *Estado* e no que definem e instrumentalizam direitos e garantias fundamentais. Normas formalmente constitucionais são aquelas que foram inseridas no corpo da Constituição escrita, sejam ou não tais normas cumpridoras das funções clássicas da Constituição.

Capítulo 2

Questões para revisão

1. b

2. d

3. b

4. Mesmo o Poder Constituinte originário, nos tempos atuais, não pode, em seu exercício de elaborar a nova Constituição, suprimir direitos fundamentais conquistados pelo Direito Constitucional consuetudinário e/ou previstos em tratados internacionais, tais como liberdade e igualdade, razão pela qual a escravidão jamais poderá ser adotada novamente neste país.

5. Sim, já é perceptível o Direito Constitucional internacional, aquele que (1) estrutura a cosmópolis e que nela (2) define e garante direitos humanos.

Capítulo 3

Questões para revisão

1. c

2. d

3. a

4. Resolve-se no caso concreto, pelo juiz, que deverá observar o que nós, doutrinadores, intitulamos de *princípio da proporcionalidade* ou *princípio da cedência parcial recíproca*. Por exemplo, imaginemos que um jornal publica notícia sobre a prisão de certo político. De um lado, temos a liberdade de imprensa, que é um direito fundamental constitucional; de outro, temos os direitos à privacidade e à honra do político. Nesse caso, juiz algum, ao considerar o conflito de direitos, vai proibir o jornal de publicar notícias sobre a condenação de quem é personagem público e lida com dinheiro do povo. Deve o jornal, no entanto, ser moderado, de modo que a notícia não extrapole os limites da liberdade de imprensa e do direito à informação; deve-se evitar qualquer crime contra a honra do condenado. Isso se chama *razoabilidade*.

5. No caso dos direitos individuais das liberdades, lecionamos que o Estado deve *laisser faire, laisser passer* (ou "deixar fazer, deixar passar"). Nesse sentido, por exemplo, para que um indivíduo continue a fruir de sua liberdade de ir e vir, basta ao Estado não fazer nada contra ele, ou seja, abster-se de o prender sem razão. Já no campo dos direitos sociais, temos o Estado provedor. De fato, o Estado deve agir providencialmente para a implantação de direitos coletivos, tais como saúde e educação, isso porque o Estado social não pode ser abstêmio.

Capítulo 4

Questões para revisão

1. d
2. d
3. c
4. Não, a antiga Carta Magna é totalmente ab-rogada, e nem há espaço para repristinação.
5. Sim, desde que a emenda constitucional alargue os direitos reformados. Não, se a emenda tende a abolir ou a diminuir o grau de abrangência de certos direitos fundamentais.

Capítulo 5

Questões para revisão

1. b
2. a
3. d
4. Sim, na Constituição brasileira de 1988 são igualmente usadas com a mesma significação, qual seja: aqueles direitos positivados em favor da vida e da existência digna do ser humano, visto este, individual ou coletivamente, em um meio-ambiente sadio.
5. Na primeira geração dos direitos humanos, privilegiou-se o "eu". Na segunda geração, privilegiou-se o "nós". Na terceira, privilegiou-se o "eles" mais o "tudo". Logo, não há consistência científica na defesa de muitas gerações de direitos humanos.

Capítulo 6

Questões para revisão

1. b
2. c
3. c

4. Os modelos dos Estados Unidos e da Áustria concomitantemente, isso porque se utiliza do controle incidental, que ocorre em um caso concreto, bem como do controle concentrado, que acontece direta e abstratamente sem a necessidade de caso concreto entre sujeitos litigantes.

5. Não, o que ocorre é o ajuizamento da ação por uma das autoridades competentes previstas no art. 103 da Constituição de 1988. Não há conflitos de interesses entre sujeitos "a" e "b". Há, sim, o questionamento sobre a pertinência de certa norma questionada em face do texto da Constituição. É por isso que essa espécie de controle ocorre abstratamente, em razão da falta de litigantes.

Capítulo 7

Questões para revisão

1. a
2. b
3. d
4. É possível, sim, que uma norma que esteja na Constituição escrita ofenda a própria Constituição. É o caso de normas postas por meio de emendas constitucionais que tenham desobedecido o comando do parágrafo 4º do art. 60 da Constituição brasileira de 1988.
5. Necessidade de aplicação imediata, pelo juiz, que, a título de falta de norma infraconstitucional regulamentadora, não pode, de modo algum, omitir-se. A aplicação imediata aqui referida decorre do parágrafo 1º do art. 5º da Carta Magna brasileira de 1988.

Capítulo 8

Questões para revisão

1. c
2. a
3. b
4. Os direitos humanos internacionais postos por tratados têm a mesma hierarquia das normas constitucionais, segundo o que prescrevem o art. 5º e seus parágrafos 2º e 3º da Constituição de 1988.
5. Verifica-se a supralegalidade (tratado internacional superior a lei brasileira) nos tratados de direito tributário, nos tratados de extradição, nos tratados para a integração da América Latina e nos tratados de transportes internacionais.

Capítulo 9

Questões para revisão

1. d

2. a

3. c

4. Erram clamorosamente as Faculdades de Direito brasileiras quando eliminam da grade a Teoria Geral do Estado, confundindo-a com a Ciência Política, e se equivocam porque a Teoria Geral do Estado e a Ciência Política são disciplinas científicas completamente distintas, cada qual com seu objeto gnosiológico autônomo.

5. São todos aqueles que influem no processo decisório da sociedade, o que não se confunde com Direito nem com Estado, razão pela qual sindicatos, professores e outras sociedades organizadas podem ser consideradas como sujeitos (pessoas) da Ciência Política.

Sobre o autor

Alexandre Coutinho Pagliarini tem pós-doutorado em Direito Constitucional pela Universidade de Lisboa. É doutor e mestre em Direito do Estado pela Pontifícia Universidade Católica de São Paulo (PUC-SP). Atua como professor titular nos Cursos de Mestrado e Graduação em Direito do Centro Universitário Internacional Uninter e como Conselheiro da Editora InterSaberes. Também é pesquisador na Universidade de Lisboa, na Universidade Católica Portuguesa e na Sorbonne (Paris I). É advogado constitucionalista e internacionalista, bem como parecerista e conferencista no Brasil e no exterior.

Os papéis utilizados neste livro, certificados por instituições ambientais competentes, são recicláveis, provenientes de fontes renováveis e, portanto, um meio **responsável** e natural de informação e conhecimento.

FSC
www.fsc.org
MISTO
Papel produzido a partir de fontes responsáveis
FSC® C103535

Impressão: Reproset
Junho/2022